Danksagung

Allen Mitarbeitern der UNITEQ möchte ich hiermit danken. Es ist schön,
auf eine solche Zeit mit solchen Freunden zurückblicken zu können.
Wir haben uns misstrauisch betrachtet, sind uns näher gekommen und
haben in unserem Bereich etwas geschafft, was im Großen nicht gelang:
die schnelle deutsch-deutsche Vereinigung.
Wir haben zusammen Höhenflüge und Abstürze erlebt und uns nicht
unterkriegen lassen.
Für mich war es die interessanteste und aufregendste Zeit meines Lebens.

Bedanken möchte ich mich bei Herrn Michael Schumann, der dieses Buch
in vortrefflicher Weise bearbeitet hat.

Winfried Woite

Winfried Woite

Wilder Osten Joint Venture

Tatsachen-Report
eines unternehmerischen Abenteuers

Inhalt

Novembernacht

Den Schlüssel warf ich auf den Schreibtisch und den Mantel auf die
Fußbank vor dem Sessel. Es war noch früh am Abend, gerade erst
halb sieben. Doch ich war müde, als hätte ich vierzehn Stunden lang
gearbeitet. Müde und vor allem lustlos, ohne dass ich dafür einen
Grund erkennen konnte.
Ich ließ den Tag an mir vorüberziehen. Er war geruhsam und
ereignislos verstrichen.
Ich ließ warmes Wasser in die Wanne laufen und konnte mir nicht
mehr länger einreden, dass meine Müdigkeit die Folge einer
verschleppten Erkältung war. Es hatte schließlich eine Zeit gegeben,
in der ich mühelos zwölf oder vierzehn Stunden arbeiten konnte.
Und es hatte mir Spaß gemacht. Ich konnte kaum schlafen, vor all
den Ideen, die mir durch den Kopf rauschten. Das Gebiet der
Systemanalyse war für mich wie maßgeschneidert gewesen. Zum
ersten Mal in meinem Leben konnte ich mein technisches und mein
betriebswirtschaftliches Wissen optimal kombinieren. Ich schrieb
Warenwirtschaftssysteme für Kaufhäuser, Verlage und Institute der
TU. Unsere kleine Firma, die *Unisoft*, die Spezialistin für „universell
einsetzbare Software", war an der Modernisierung von Berliner
Institutionen beteiligt gewesen, die noch heute als Wahrzeichen der
Stadt gelten. Jetzt sah es allerdings aus, als würde ich nie mehr den
Enthusiasmus zurückgewinnen, den ich nach der Gründung
unserer *Unisoft* aufgebracht hatte.
Ich schlich durch die Wohnung und schaltete mich durch das
Fernsehprogramm, bis ich einen Spielfilm erwischte. Eine
Gemeinschaftsproduktion von ARD und ORF, wie sich aus den
näselnden Stimmen schlussfolgern ließ. Anspruchslose Dialoge,
abgesondert von den gleichen Gesichtern, die schon seit
Jahrzehnten die Mattscheibe bevölkerten. Als nach fünf Minuten das
Wort „Kommissar" fiel, merkte ich, dass ich in einem „Tatort"
gelandet war. Ich schloss die Augen.
Auf dem Bildschirm redete der Kommissar inzwischen auf die
Industriellen-Gattin ein, die endlich gestand, von den
Machenschaften ihres Mannes gewusst zu haben. Und auch von

dem Mord? Dem Kommissar war die Geduld gerissen. Er hatte keine Lust mehr, sich anlügen zu lassen! Die Frau starrte ihn entgeistert an, und über den Film geblendet, lief eine Nachrichtenzeile:

„DDR öffnet Grenze...Weitere Meldungen im Anschluss an diese Sendung..."

Meine Müdigkeit war weg. Ich schaltete auf andere Programme und sah den gleichen Ticker über den Bildschirm laufen. Hieß das etwa, dass wir bald ohne Visum 'rüber fahren durften? Nein, die DDR hatte wahrscheinlich ihr Reisegesetz verabschiedet. Seit drei Wochen wurde in der neuen Regierung unter Egon Krenz darüber diskutiert. „Weitere Meldungen im Anschluss an diese Sendung." Solange wollte ich nicht warten. Ich schaltete um auf das Fernsehen der DDR. Das war in letzter Zeit ohnehin interessanter als die Westprogramme. Doch im ersten Programm der DDR lief ein Spielfilm, und der lief ohne Nachrichtenticker.
Das zweite brachte eine Unterhaltungssendung des Jugendprogramms 'elf 99'. Über eine Öffnung der Grenzen fiel in dieser Runde kein Wort. Nur um mich zu vergewissern, dass die Meldung ein Schnellschuss westlicher Korrespondenten war, schaltete ich um auf SFB.
Scheinwerfer beleuchteten das Gelände. Die Menschen, denen Mikrophone vor das Gesicht gehalten wurden, brachten keinen Satz hervor. Frauen brachen in Tränen aus und wandten sich von der Kamera ab. Männer schüttelten den Kopf: „...Ick gloobe es nich, ick kann's noch nicht..." Im Hintergrund war die Mauer zu erkennen. Aus einem Tor über einer Brücke kam im Schritttempo ein Trabant nach dem anderen heraus, dazwischen Massen von Menschen zu Fuß, aneinander gequetscht und noch mitten auf der Brücke mit der Angst im Gesicht, dass im allerletzten Moment die Schranke wieder fallen würde - und einem Ausdruck der Fassungslosigkeit beim Erreichen von Westberliner Gebiet. Junge Leute rannten über eine Wiese, um die Mauer so schnell wie möglich hinter sich zu lassen. Der Reporter am Ü-Wagen setzte mehrmals zu dem Satz an: „Hier, am Übergang Invalidenstraße ... " Die Übertragung wurde unterbrochen, eine Rückblende zeigte Politbüromitglied Schabowski, der gegen sieben Uhr abends eine Ankündigung verlas und eine unübersehbare

Menschenmenge, die sich zwei Stunden später auf der anderen
Seite der Mauer gebildet hatte. Darauf wurde wieder zur Life-
übertragung von der Invalidenbrücke geschaltet, der Reporter hielt
gerade einer Frau, die in einer Gruppe auf ihn zu stolperte, das
Mikrophon hin. „Wann hatten Sie persönlich erfahren, dass die
Mauer ... " Die Frau unterbrach ihn, umfasste seine Hände, „einmal
über den Ku' damm laufen, nur einmal, morgen wird die Mauer
wieder zu sein ... "
Ich sprang auf, riss den Mantel vom Haken, schnappte den
Autoschlüssel und schlug die Tür hinter mir zu. Auf der Straße war
es ruhig wie jede Nacht in Charlottenburg. In der Ferne klappte eine
Wagentür. Ich bog in den Ku' damm ein und fuhr auf die
Gedächtniskirche zu. Der Verkehr war flüssig, nur in Richtung
Breitscheidplatz etwas dichter als auf der Gegenfahrbahn.
Ich konnte es mir noch nicht vorstellen. Doch es hatte sich
abgezeichnet. Es hatte in der Luft gelegen.
An der Ecke zur Uhlandstraße geriet der Verkehr ins Stocken. Aus
Kneipen und Touristen-Restaurants waren Gäste ohne ihre Mäntel
vor die Tür getreten, wo sie fröstelnd nach verschiedenen Seiten
Ausschau hielten. Eine Parklücke war nirgendwo mehr zu
entdecken. Ich fuhr meinen Wagen in das Parkhaus
Meineckestraße. Als ich zurück zum Ku'damm kam, war der
Menschenauflauf spürbar stärker geworden, aus verschiedenen
Richtungen waren Autohupen zu hören, und die meisten Leute trieb
es an die Kreuzung zur Joachimsthaler Straße.
Noch bevor ich das Kranzler-Eck erreicht hatte, brach von allen
Seiten ein Hupkonzert los, Fußgänger rannten quer über die
Kreuzung, Autofahrer ließen ihre Wagen mitten auf der Straße
stehen und stürmten einem beigefarbenen Trabant entgegen. Die
fünf Insassen wurden auf die Schultern gehoben, ihre Gesichter
spiegelten das ungläubige Staunen wider, den Glückszustand, der
noch nicht begriffen werden konnte. Ich versuchte mir vorzustellen,
was sie jetzt sahen, auf der Joachimsthaler Straße/Ecke Tauentzien,
wie sie es wahrnehmen würden und wusste, dass es
ausgeschlossen war, mich in sie hineinzuversetzen. Autos mit dem
„I" im Nummernschild tauchten in größer werdenden Konvois auf; ein
himmelfarbener Trabant, ein Wartburg, ein grauer Trabant, ein
Trabant in Badezimmerfarben, die Fahrer, Beifahrer, Mitfahrer

sprangen auf die Straße, rieben sich die Augen, ein erster
Sektkorken knallte über den Platz. Die Gesichter der Männer waren
ebenso von Tränen verschmiert wie die der Frauen. Kashmirmäntel
rieben sich an Anoraks und Kunstlederjacken, Statussymbole
verloren innerhalb von Minuten ihre Bedeutung. Plötzlich sah ich
eine Limousine mit türkisfarbenem Metallic-Anstrich, die mit jedem
Meter, den sie auf der Kreuzung vorwärtskam, doppelt so stark
federte wie ein Citroen. Die Fenster an den Vordertüren waren halb
herabgelassen. Ich beugte mich zum Fahrer: „Was ist denn das für
ein Modell?"
„Ein Wolga, ob wir hier irgendwo noch einen Parkplatz finden?"
„Savignyplatz vielleicht."
Beiden Männern war anzusehen, dass sie, so benommen sie auch
sein mochten, ihr Selbstvertrauen nicht völlig in der Euphorie
aufgehen lassen wollten. Sie wechselten einen Blick und der
Beifahrer öffnete mir die Hintertür.
Mühsam dirigierte ich sie dem Savignyplatz entgegen. Seit vier
Stunden, erzählten sie, seien sie unterwegs gewesen. Die
Ankündigung von Schabowski hatten sie wörtlich genommen, wie
zehntausende mit ihnen, die es nicht mehr interessierte, wie die sich
ständig widersprechenden Erlasse einer desolaten Regierung zu
verstehen seien. Nach 22 Uhr war der Checkpoint Charlie von den
„Organen" nicht mehr als Ausländerübergang aufrecht zu erhalten
gewesen. Sie erzählten weiter, dass sie am nächsten Morgen um 7
Uhr auf ihren Arbeitsstellen erwartet würden, und auch die Absicht
hätten, dort zu erscheinen. Ich fragte sie, ob sie sich von mir
einladen ließen, gleich hier in der Nähe des Savignyplatzes. Ich
dachte an eines der spanischen Restaurants in der Wielandstraße.
Sie zuckten mit den Achseln. "Geld hätten wir genug. Wir arbeiten ja
ooch. Wenn Sie vielleicht ... aber tauschen nützt Ihnen ja ooch nicht
viel."
Ich hatte den empfindlichsten Punkt der Verbrüderung getroffen.
„Na sicher nützt es mir was. Spätestens nächste Woche möchte ich
auch mal wieder rüber fahren." Ich tauschte beiden 100 Mark im
Verhältnis 1:1.
Bis drei Uhr morgens saßen wir bei gebackenen Sardinen, Pollo und
Vino rosado und tauschten, unter den ausgelassenen Darbietungen
des hauseigenen Gitarerros, Informationen über unser Leben zu

beiden Seiten der Mauer aus. Wenn die Ostberliner vielleicht
erstaunt über mein Dasein als freier Unternehmer gewesen waren,
so war ich noch mehr fasziniert von den Berichten des
Abteilungsleiters im VEB Glühlampenwerk NARVA und des
Dispatchers der Handelsorganisation, der die Belieferung der
„gastronomischen Versorgungseinrichtungen" eines ganzen
Stadtbezirks zu koordinieren hatte. Bevor wir uns verabschiedeten,
war es mir noch geglückt, die Rechnung unauffällig an der Theke zu
begleichen.
Spät am nächsten Vormittag wurde ich beim Eintreffen in der Firma
von Hildes - meiner Firmenmitinhaberin - verständnisvollem Lächeln
empfangen. Sie war erst wenige Minuten vor mir gekommen, und für
die nächsten Stunden rechneten wir nicht auf Verstärkung durch
weitere Mitarbeiter. Voll von den Eindrücken der letzten Nacht gaben
wir uns nicht mehr der Illusion einer kontinuierlichen Arbeit hin.
„Das ist das Ende der DDR", sagte sie in trockenem Ton.
Die Radikalität dieser Behauptung verwirrte mich etwas. Mit der
gestrigen Nacht hatte unzweifelhaft eine vierzigjährige Frostperiode
ihr Ende gefunden. Fest stand auch, dass wir jetzt vor nicht
absehbaren Veränderungen standen. Über das Ende eines faktisch
bestehenden Staates zu spekulieren, schien mir jedoch zu gewagt.
Die folgenden Wochen ließen mit jedem Tag deutlicher das Ausmaß
der Veränderungen erahnen, die noch bevorstehen würden.
Demonstrationen in der Tschechoslowakei und Bulgarien erzwangen
die Auflösung von Systemen, die für die Ewigkeit errichtet schienen.
Der Bundeskanzler verkündete in Bonn ein Konföderationskonzept,
das für einen Zeitraum von zehn Jahren angelegt sein sollte, und
versprach drei Wochen später in Dresden den baldigen Vollzug der
deutschen Einheit. Sein Gastgeber Modrow war neben ihm auf dem
Podium zum Mantelhalter degradiert worden.
Unisoft wurde von den Ereignissen fast überhaupt nicht tangiert, sah
man einmal davon ab, dass unsere Vertragspartner aus der
Einzelhandelsbranche kaum noch ansprechbar waren. Freunde und
Bekannte hatten ihre kurze Euphorie wieder abgeschüttelt und
achteten darauf, dass ihr Leben in den gleichen Bahnen ablief wie
bisher. Gelegentlich war ein Murren über die Ostler zu hören, die in
den Supermärkten den ganzen Bestand an Schokoladen-
Weihnachtsmännern weggekauft hatten.

Ende Dezember war das Brandenburger Tor offen, die Mark der DDR wurde von der Staatsbank 3:1 getauscht und noch nicht abgelaufene Mehrfachberechtigungsscheine konnten in den Müll geworfen werden. Westberliner Banken tauschten die Mark der DDR allerdings zum Kurs von 12:1 um.

Eine unerwartet einfache Idee

Am letzten Sonntag im Januar war ich mit Eva bei einem
befreundeten Paar zum Mittagessen eingeladen.
„Entschuldige bitte, ich hatte dich noch gar nicht mit Felix aus dem
Osten bekannt gemacht." Beiläufig erwähnte sie noch die Branche,
in der ich tätig war. Das unbestimmte Lächeln meines Gegenübers
wechselte plötzlich in einen Ausdruck interessierter Gespanntheit.
„Gibt es eigentlich drüben ein Studienfach", fragte er mich, „das zum
Schreiben von Software befähigt? Es interessiert mich schon
deshalb, weil die Programmierer in unserem Betrieb sich ihre
Kenntnisse fast ausschließlich selbst erarbeiten müssen."
„So war es im Prinzip auch bei mir." Ich erzählte ihm, dass ich mein
Studium der Elektrotechnik noch mit einem Studium der
Betriebswirtschaft kombiniert hatte, ohne damals bereits zu ahnen,
wie vorteilhaft das für das Gebiet der Systemanalyse sein würde.
„War es schwierig, nach dem Studium gleich eine Stelle zu finden?"
fragte Felix.
Ich versuchte zu erklären, dass es nicht vordringlich um das Finden
einer Stelle ging, sondern um das Hineinwachsen in ein bestimmtes
Gebiet. Damit waren wir dann auch schon beim Thema der
Selbständigkeit; bei meiner Tätigkeit als Geschäftsführer einer der
ersten Firmen, die Apple-Computer verkaufte und meiner späteren
Hinwendung zur Software, die ja von den Anwendern erst allmählich
als der wichtigste Bestandteil eines EDV-Systems erkannt wurde.
Felix' Lächeln hatte sich nach innen gekehrt.
„Ich habe mir jetzt die Preise in den Läden bei euch angesehen.
6.000 Mark für einen Mikrocomputer. Robotron verlangt für einen
Rechner von annähernder Leistung 60.000 Mark. Diese Geräte
haben dann aber auch die Größe eines Waschtischs. Wenn die
Währung der DDR eines Tages konvertierbar werden sollte, ist es
aus mit Robotron. Ich könnte mir auch vorstellen, dass die
Lieferzeiten der Westfirmen etwas kürzer sind als bei uns."
„Bei Großaufträgen hatten wir manchmal schon bis zu drei Wochen
Lieferzeit."
„Wie lange, sagten Sie gerade?“

„Robotron hat eine Lieferzeit von zwei Jahren."
„Und andere Firmen?"
"Gibt es nicht. Robotron hat das EDV-Monopol für die gesamte
DDR."
„Womit sie anscheinend überfordert sind."
„Natürlich. Aber vor der Wende war das nicht weiter tragisch. Jetzt
allerdings, wo es sich abzeichnet, dass die DDR bald den RGW
verlassen wird, wird es prekär, verstehen Sie? Marktwirtschaft soll
eingeführt und die DDR-Produktion dem Weltmarkt angepasst
werden. Ich frage mich, wie eine moderne Wirtschafts-Organisation
ohne angemessenes EDV-System funktionieren soll." Felix
räusperte sich. „Ich erkläre Ihnen auch gern, wieso mich diese
Sache im Moment beschäftigt. Ich arbeite in der
Grundmittelabteilung des EAB ... "
„Des? ... "
„VEB Elektroanlagenbau Berlin. Eines der größten Kombinate der
DDR. Wir haben eine Belegschaft von 56.000 Leuten. Davon 16.000
bei uns auf der Rhinstraße, in Marzahn. Unser Exportvolumen allein
in die SU umfasste mehr als zwei Milliarden Mark pro Jahr. Ob für
Kraftwerke, Handelsschiffe, Bergbau, Schulen oder Hotels, die
elektrotechnische Ausrüstung kommt von EAB ... "
„Ich muss Sie nochmal kurz unterbrechen. Grundmittelabteilung? ... "
„Na ... Beschaffung. Und dort sitzen wir jetzt auf einem Etat von 60
Millionen für den Kauf neuer Computer. Bestellen wir nun bei
Robotron? Oder warten wir ab, wie es sich mit der Währung
entwickelt? Mit dem Risiko, dass uns vielleicht irgendwann der Etat
entzogen wird."
Jetzt hatte ich es begriffen: Felix war im Einkauf tätig. „Stehen Ihrem
Betrieb denn keine Devisen zur Verfügung?"
"Dem Betrieb? So einfach ist das nicht. Aber die Frage stellt sich gar
nicht, da wir die Computer ja in der DDR bestellen können."
„In einem Jahr habt Ihr die D-Mark!" Mit dieser Bemerkung löste Eva
bei den Gästen eine leichte Irritation aus.
„Was wollt ihr?", fragte sie daraufhin, „eine halbsozialistische DDR
mit einem Häppchen Marktwirtschaft und einer von Bonn gestützten
Ost-Währung? Das kann ich mir nicht vorstellen."
„Die D-Mark schon in einem Jahr? Wie soll unsere Wirtschaft das
verkraften?"

Rund um den Tisch wurde jetzt über die angekündigten Wahlen im März und über die Frage, ob die DDR ökonomisch überleben könne, diskutiert.

Joint-Venture. Dieses Wort fiel mehrmals. Die Regierung hatte kurz zuvor eine Verordnung erlassen, die die Gründung dieser Unternehmensform gestattete. Verstanden wurde darunter ein gemeinsames Vorhaben zwischen rechtlich und wirtschaftlich voneinander unabhängigen Unternehmen, bei dem die Partner die Führungsverantwortung und das finanzielle Risiko gemeinsam tragen. Auswirkungen auf die DDR-Wirtschaft versprach man sich davon jedoch nicht, da die Gewerbefreiheit noch nicht eingeführt war. „Wie denn auch", klagten jetzt die Ostberliner Gäste, „wenn täglich Minister ausgewechselt und Kompetenzen immer unklarer werden."

„Glauben Sie nicht, dass auch bald die Gewerbefreiheit eingeführt wird?", fragte ich Felix, „gerade die Modrow-Regierung müsste doch an neuen Impulsen für die Wirtschaft interessiert sein."

„Wahrscheinlich. Aber diese Joint-Venture-Verordnung hat noch einen anderen Haken. Einen, der die Investoren nicht gerade anlockt. Die Gründung soll nämlich nach DDR-Recht vollzogen werden."

„Aber die Rechtsform hängt doch vom Firmensitz ab."

„Der soll natürlich auch in der DDR sein."

„Verstehe ... " Mir war plötzlich eine Idee gekommen, eine so überraschend einfache Idee, dass ich sie im ersten Moment selbst kaum ernst nehmen konnte. Während das Gespräch am Tisch weiterverlief, gewann diese Idee an Konturen, und wie um mich selbst zu zügeln, stellte ich eine Frage, von deren negativer Antwort ich überzeugt war:

„Gibt es eigentlich schon ein Gesetz, nach dem Westbürger in der DDR ein Konto mit Ostmark eröffnen können?"

Felix schaute mich erstaunt an. „Das gibt es schon seit Ewigkeiten. Sie hätten schon vor Jahren zur Staatsbank gehen und ein Konto mit 20 Pfennig Restumtausch-Geld eröffnen können. Darauf gab es sogar Zinsen."

„Was hältst du davon, Computer in die DDR zu verkaufen", fragte ich Hilde am nächsten Montag in der Firma. Ich erzählte ihr von dem Problem, das Felix und seine Kollegen in der

„Beschaffungsabteilung" bedrückte. Sie schien mich aber nicht
gleich zu verstehen.
„Wir sind eine Software-Firma ... "
„... und können genauso gut als Handelsunternehmen tätig werden.
Wir kaufen die Computer bei westlichen Lieferanten und verkaufen
sie an den EAB."
„Der uns dann die Computer in D-Mark zahlen würde, oder wie
stellst du dir das vor?"
„Wieso in D-Mark? Wir multiplizieren den Einkaufspreis mit dem bei
den Banken üblichen Umtauschkurs 1:10 ...", ich rechnete kurz
nach, „dann wären wir allerdings schon bei den Preisen von
Robotron. Wir würden keinen Gewinn machen, aber auch keinen
Verlust."
„Und was hätten wir davon?"
„Kurzfristig? Einen nicht hoch genug einzuschätzenden Vorsprung
an Kontakten, an Verbindungen. Den gewinnen wir jetzt nur durch
eine Vorleistung. Wir erfüllen sozusagen erstmal einen Wunsch.
Denn was immer wir auch liefern werden, wir liefern es sofort, und es
wird von besserer Qualität als von Robotron sein. Langfristig
gesehen, haben wir ein Bein in einem Markt, der völlig neu im
Entstehen ist. Lohnt sich das etwa nicht?"
Hilde hielt die Arme verschränkt und kommentierte jeden Satz von
mir mit amüsiertem Blick. Dann wandte sie sich plötzlich ab. „Das ist
mir zu unkonkret."
Ich bemühte mich um einen sachlichen, beinah desinteressierten
Tonfall. „Wir liefern dem EAB die Hardware, soweit es für uns
finanziell vertretbar ist, und entwickeln ihnen anschließend die für sie
passende Software."
„Und das Geld willst du dann im Koffer zurücktransportieren, um es
hier umzutauschen."
„Nein! Wir legen drüben ein Konto an. Keine der zur Wahl
angetretenen Parteien kann es sich leisten, die Währungsfrage auf
die lange Bank zu schieben. Im Übrigen glaubt kein Mensch mehr an
einen Wahlsieg der SED-Nachfolgerin. Du wirst sehen, noch in
diesem Jahr wird sich unsere Investitionsbereitschaft auszahlen."
„Na gut. Wenn du so davon überzeugt bist. Zu allererst müssten wir
ausrechnen, was *Unisoft* für den Einkauf der Ware vorstrecken
könnte."

Gleich nach diesem Gespräch vereinbarte ich einen Termin mit meinem Sachbearbeiter bei der Bank, Herrn Haertel. Erkundigen wollte ich mich vor allem, wie hoch zur Zeit meine private Kreditwürdigkeit eingeschätzt wurde. Es schien mir nicht unwichtig zu wissen, bis zu welcher Grenze ich in der Lage wäre, eventuelle Belastungen von *Unisoft* abzufedern.

Noch vor dem Eingang zur Bank bremste ich meine Schritte und blieb überrascht vor der Währungstabelle im Schaufenster stehen. Der Kurs der DDR-Mark war auf 8:1 gestiegen. Vor Neugier gespannt, nahm ich Herrn Haertel gegenüber Platz. „Die Ost-Mark scheint sich wieder zu erholen."

„Ist doch kein Wunder", Herr Haertel legte sich einen wissenden Ausdruck zu, „jetzt, wo es klar ist, dass die CDU die Volkskammer-Wahlen gewinnt."

„Sie scheinen ja hervorragend informiert zu sein."

„Unsere Kunden von drüben sind zumindest davon überzeugt. Sie heben jetzt nicht mehr ihre Guthaben ab, um sie hier zum Kurs von 12:1 zu verschleudern. Nein, nein, die nehmen zum Teil schon beträchtliche Kredite auf. Die Geschäftsleitung hat übrigens entschieden, Ostwährung nur noch in geringem Umfang zu tauschen."

„Hier in der Zweigstelle?"

„Nein, nein, das kommt aus Frankfurt." So ungebrochen von der eigenen Wichtigkeit überzeugt, hatte ich Herrn Haertel noch nie erlebt. Wollte er vielleicht seinen Kunden gegenüber den Anschein erwecken, dass er gerade von einer Präsidiumssitzung der Bundesbank zurückgekehrt sei? Doch abgesehen davon hatte ich den Eindruck, dass es nicht verkehrt sein könne, hier noch etwas nachzubohren.

„Die Banken sind also gar nicht an einem so rasanten Fall der DDR-Mark interessiert ..."

Herr Haertel schüttelte den Kopf. „Niemand, der verantwortlich denkt, kann daran interessiert sein. Wir wollen schließlich nicht, dass dort überhaupt keine Kaufkraft mehr vorhanden ist. Wenn es dann soweit ist."

Diesen Satz ließ ich mir im Stillen auf der Zunge zergehen. Das war wirklich schön gesagt. Die Bürgerbewegung, die sich um der DDR willen mit der Stasi geschlagen hatte, konnte einem schon leid tun.

Aber diesen Aspekt wollte ich jetzt nicht mit Herrn Haertel erörtern.
„Dann wäre also", fragte ich ihn, „der von der Staatsbank festgelegte
Kurs von 3:1 doch nicht so abwegig?"
„Ach, ich bitte Sie! Der ist doch völlig unrealistisch! Das hieße ja,
dass die Mark der DDR dem Wert des Franc entspräche."
„Aber wie findet man denn nun einen fairen Kurs heraus? Ich habe
nämlich einen Bekannten im Osten, der sich selbständig machen
möchte. Wir sind übereingekommen, dass ich ihn mit Bürotechnik
unterstütze. Ich kann ihm die Ausrüstung nicht schenken, aber
übervorteilen möchte ich ihn auch nicht."
Herr Haertel lehnte sich zurück. „Wenn Sie ihm 6:1 berechnen, ist er
gut bedient."
Auf dem Rückweg zur Firma hatte ich noch einen Umweg an
anderen Banken vorbei gemacht und fand Herrn Haertels
Einschätzung mehr oder weniger bestätigt. Der Kurs lag zwischen
9:1 und 7:1. An einem Schalter hatte ich auf meine Frage, ob ich
20.000 Mark der DDR tauschen könne, eine abschlägige Antwort
erhalten. Die Angestellte hatte mich dabei mit dem gleichen Blick
bedacht, den ich kürzlich einem fliegenden Geldwechsler am
Bahnhof Zoo zugeworfen hatte.
Nun saß ich über die Unterlagen von *Unisoft* gebeugt und grübelte
über einem Problem, das geklärt werden musste, bevor ich dem
EAB überhaupt ein Angebot machen konnte: 60 Millionen Mark der
DDR standen dem Kombinat für den Kauf von Hardware zur
Verfügung. Bei einem Kurs von 6:1 würde *Unisoft* für 10 Millionen D-
Mark Ware verkaufen können. Für 10 Millionen D-Mark, die auf
ungewisse Zeit vorgelegt werden müssten. Da niemand erraten
konnte, wann eine Währungsregelung getroffen werden würde, für
welchen Zeitraum *Unisoft* also diese Mittel vorstrecken müsste, ließ
sich auch nicht die Höhe des Risikos berechnen, das unsere Firma
eingehen würde. So ging es natürlich nicht!
Ich versuchte, meinen Plan noch einmal in aller Nüchternheit zu
überdenken.
Für den EAB dürfte es schon von Vorteil sein, wenn er nur für einen
Teil seines Ankaufsetats westliche Bürotechnik bekäme. Bei dem
angenommenen Kurs würden wir in kleinerem Umfang weit
preiswerter liefern als Robotron und könnten obendrein noch eine
handelsübliche Gewinnspanne festlegen. Als rechtliche Absicherung

käme jedoch nur ein Joint-Venture mit dem EAB in Frage. Eine andere Möglichkeit konnte ich mir auch nach intensivstem Nachdenken nicht vorstellen.

Ich musste mir nur noch einmal ernsthaft überlegen, wieso mir so viel an dieser Idee lag. War es wirklich der Reiz einer neuen Situation?

Ja, das war es. Den Umbruch der östlichen Welt konnte ich nicht mit einem Achselzucken übergehen. Er fand schließlich vor meiner Haustür statt. Marktwirtschaft wurde über Nacht eingeführt. Das hatte es noch nie gegeben. Welches Debakel das mit sich bringen konnte, sah man bereits am Beispiel von Ungarn. Die einzigen Branchen, die dort zu florieren schienen, waren die Porno-Märkte und der Gebrauchtwagenhandel. Auf Dauer kein allzu festes Fundament für eine Volkswirtschaft!

Westliches Marketing. Ich verfügte über die Kenntnisse, die nur drei Kilometer von meinem Schreibtisch entfernt dringend benötigt wurden. Und ich konnte ein Geschäft zum beiderseitigen Vorteil anbieten. Das war immer noch die solideste Basis für „Entwicklungshilfe". Es war schließlich bekannt, welchen Unmut es erzeugt, wenn Geben und Nehmen keine ausgeglichene Bilanz aufweisen. Warum sollte ich also nicht bei diesem EAB anfragen, ob Interesse am Kauf von Computern bestünde?

Wahrscheinlich, so stellte ich mir plötzlich vor, saßen sie genau in diesem Augenblick dort in der Direktionsetage beisammen und tüftelten an einem künftigen Marketing-Konzept. Wahrscheinlich nahmen an der Runde auch schon westliche Experten teil, mit Joint-Venture-Verträgen in den Aktenköfferchen.

Die Idee, ein Großkombinat der DDR mit Computern auszurüsten, erschien mir plötzlich sehr naiv.

Sollte ich meine Aktivitäten nicht eher in breitere Bereiche streuen? Als Hard- und Software-Service, für kleine und neugegründete Betriebe. Vier, fünf Computer und dazu ein Konzept für ein modernes Warenwirtschaftssystem. Halt! Es gab ja noch keine Gewerbefreiheit. Doch irgendwann in den nächsten Wochen oder Monaten würde sie eingeführt werden. Bis zu diesem Zeitpunkt würde ich ja schon Vorbereitungen für den Aufbau eines kleinen Vertriebsnetzes treffen können. Und für diesen Vertrieb lag es doch nahe, DDR-Bürger auszubilden!

Ost-West-Kontakte

„Können Sie mir sagen, welche Zeitung am meisten gelesen wird?“
Die Rentnerin, die in den Kiosk auf der U-Bahn-Station
Friedrichstraße eingepfercht war, warf mir einen erschöpften Blick
zu. „Welche Zeitung wollen Sie denn?"
„Die, die am meisten gelesen wird."
Mit einer verständnislosen Geste wies sie gegen die Leiste, an der
die Tageszeitungen angeklammert waren. Ich trat zurück, um zu
sehen, was die anderen Kunden kauften. Nach fünf Minuten gab ich
es auf. Niemand war gekommen, eine Zeitung zu kaufen.
Am Kiosk vor dem Haupteingang des Bahnhofs war schon regerer
Betrieb. Erstaunt beobachtete ich, wie mehr als die Hälfte der Käufer
nach dem „Neuen Deutschland" verlangten. Ich sah keinen Grund
mehr, mich anders zu entscheiden.
Gleich neben dem Kiosk blätterte ich die Zeitung durch, um zu
sehen, ob meine Wahl richtig gewesen war. Tatsächlich. Eine ganze
Seite war mit Anzeigen gefüllt, darunter auch von Firmen aus dem
Westen. Ein angetrunkener Witzbold torkelte auf mich zu und
fauchte mir etwas von „roten Socken" ins Ohr. Ich faltete mein ND
zusammen und fuhr zurück zu *Unisoft*. Nach zweistündigem Versuch
hatte ich dann endlich die Anzeigenabteilung des 'Neuen
Deutschland' am Apparat. Während ich noch diktierte, „Westberliner
Firma sucht Kooperationspartner ...", wurde ich schon mit leicht
verunsichertem Tonfall unterbrochen: „Anzeigen können nur von
Bürgern der DDR aufgegeben werden."
„Ach so? In Ihrer heutigen Ausgabe sehe ich beispielsweise die
Anzeige einer Firma aus Konstanz."
„Das ist möglich, ja. Haben Sie Freunde oder Bekannte in der DDR?
Ein Bürger der DDR kann unter Vorlage seines Personalausweises
jederzeit eine Anzeige aufgeben."
„Auch wenn es klar wäre, dass er im Auftrag handeln würde?"
Nach einem Augenblick des Schweigens erhielt ich zur Antwort:
„Unter Vorlage des Personalausweises können Bürger der
DDR..." Ich hatte begriffen. Jetzt gab es schon zwei Gründe, die
Verbindung zu Felix aufzunehmen. Ungeachtet meiner 'Hard- und

Software-Services'-Planung wollte ich dem EAB auf jeden Fall mein Angebot unterbreiten.

Von Joachim erfuhr ich noch in der gleichen Stunde, dass Felix kein eigenes Telefon habe, und dass ein Versuch, ihn im Kombinat zu erreichen, absolut sinnlos sei. Der EAB habe anscheinend nur Außenanschlüsse ins Gebiet der DDR. „Du kannst dich ja", so wurde ich getröstet, „dem Treffen zwischen Felix und mir in der kommenden Woche anschließen. Und gewöhn' dich daran, dass du dich bei Kontakten in die DDR, egal von welcher Art sie sind, mit Geduld wappnen musst. Hast du schon einen Plan, wie du Kontakte zu den anderen Ost-Firmen aufnehmen könntest?"

„Mailing, würde ich sagen. Die Methode, die seit mehr als fünfzig Jahren üblich ist."

„Und die Adressen? Erzähl jetzt nichts von einem Branchenbuch. Es soll zwar eins geben, aber ich habe noch niemanden getroffen, der eins hat. Über die Postämter kann man jedenfalls keins beziehen."

Das war in der Tat eine wenig beflügelnde Aussicht. Ich hatte jedoch nicht die Absicht, vor solchen kleinen Widrigkeiten zu kapitulieren. Dafür fühlte ich mich schon viel zu stark mit meiner neuentstandenen Idee verbunden.

Die Parterre-Wohnung in der Schönhauser Allee, die ein Bekannter von Felix zum Möbelgeschäft umrüsten wollte, schien für das Projekt durchaus geeignet zu sein. Die Fensterfront ließe sich nach Joachims Einschätzung erweitern, und die eine Stützwand, die nicht herausgerissen werden könne, würde den künftigen Raum nur zur Hälfte teilen. Die Ortsbesichtigung war damit abgeschlossen.

Jetzt endlich hatte ich die Gelegenheit, Felix meine Vorstellungen zu erläutern. Sie stießen nicht nur schlechthin auf Erstaunen; sie schienen beinah Fassungslosigkeit hervorzurufen.

„Finden Sie es so unrealistisch?", fragte ich ihn. „Gibt es da vielleicht Probleme, von denen ich nichts wissen konnte? Ich dachte nur, dass Ihre Abteilung die Idee aus ihrer Sicht prüfen könnte, und wenn sich daraus ein Vorteil für Sie ergäbe, dann wüsste ich nicht, warum es nicht probiert werden sollte."

Felix schüttelte den Kopf. „So ein Geschäft liegt erstmal außerhalb unserer Vorstellungskraft. Ich fürchte, dass es an so simplen Hindernissen wie Zöllen und Importgenehmigungen scheitern wird. Obwohl Ihnen zur Zeit niemand sagen könnte, was davon noch

gültig ist."
„Hier auf der Schönhauser scheint das auch niemanden mehr zu
interessieren."
An der gegenüberliegenden Straßenseite parkte ein VW-Bus mit
Westberliner Kennzeichen. Die Ladetür war weit geöffnet. Zwei
junge Männer mit Baseballmützen verkauften Kassetten westlicher
Herkunft. Ich schlenderte zusammen mit Felix hinüber und fand
meine Annahme bestätigt. Die Käufer zahlten in Mark der DDR.
„Eine Importgenehmigung haben die sich selbst erteilt!" Felix schob
die Hände in die Taschen und nickte stumm.
„Warum", fuhr ich fort, „sollte das gleiche nicht auch auf einer
ernsthaften Basis möglich sein?"
„Es wird schwierig werden, beim EAB jemanden zu finden, der dafür
die Verantwortung übernehmen würde. Früher lag das in der
Zuständigkeit von Brahm, dem Kombinatsleiter. Der sitzt jetzt in
seinem Büro und wartet auf seine Entlassung. Alter Bonze, politisch
belastet. Das übliche. Es scheint nur niemanden mehr zu geben, der
ihn entlassen könnte. Kann uns aber egal sein, ich werde Ihren
Vorschlag auf jeden Fall der Abteilung unterbreiten. Und Ihre
Anzeige gebe ich morgen im ND auf."
„Habt Ihr noch Lust auf'n Bier?", fragte Joachim.
„Hier, irgendwo auf der Schönhauser?"
Wir hatten. Nach wenigen Schritten wies Felix auf einen Imbissstand
unter den Hochbahngleisen. „Den gab es schon vor dem Bau der
Mauer. Ist bekannt für die leckersten Bockwürste von Berlin."
Joachim reihte sich mit Felix in die Schlange am Wurststand ein. Ich
selbst hatte im Moment keinen Appetit auf einen dieser urwüchsigen,
currybestrichenen Schwengel, die die Vorübereilenden in den
Fäusten hielten. Meine Neugier trieb mich stattdessen zu einem der
Schreibwarengeschäfte, von denen es allein in der Schönhauser
Allee mehr als zehn zu geben schien.
Ich war fasziniert. Schreibmäppchen mit Kroko-Mustern,
Briefbeschwerer mit Büffelköpfen, verstellbare Halterungen für
Bleistiftstummel und Anspitzer in Form einer Erdkugel waren
zwischen Spielkarten, Stammbuchbildchen und 20cm hohen
Fernsehtürmen drapiert. Sollte es zu einer Währungsunion kommen,
hätten Läden dieser Art gegen die Kaufhäuser kaum noch eine
Chance. Und darüber war ich überhaupt nicht glücklich. Gab es

denn zum Untergang dieser Geschäfte überhaupt keine Alternative
mehr?

Zumindest würden sie sich nicht mehr die gewohnte
Platzverschwendung leisten können. Eine breite, über Eck
verlaufende Wandfront war ungenutzt, wie schon von außen durch
die Scheibe zu erkennen war.

Ich betrat den Laden und beugte mich über den Vitrinen-Tresen.
Füllhalter mit goldenen Federn reihten sich über gewellte
Samtbezüge. Die Preise schienen dem Taschengeld von Schülern
angepasst zu sein. Ich wartete, bis die anderen Kunden den Laden
verlassen hatten, dann stellte ich mich kurz vor, zeigte der
Verkäuferin meine *Unisoft*-Visitenkarte und fragte sie, was sie davon
hielte, wenn ich ihr ein Kopiergerät in die freie Ecke stellen würde.

„Die Einnahmen könnten wir uns teilen, die Wartung übernehme ich
und Gebühren für die Aufstellung oder ähnliches brauchen Sie nicht
zu zahlen."

„Hm ... ich weiß nich'. Müsst' ich fragen ... "

„Ihren Chef, oder Chefin?"

Sie dachte nach und schüttelte den Kopf.

„Ist denn jemand da, mit dem ich sprechen könnte?"

„Weiß ich jetzt nich'."

Ich bot ihr an, meine Adresse dazulassen, doch mit diesem
Vorschlag schien ich einen heftigen Schreck in ihr ausgelöst zu
haben.

„Ich kann auch selbst nochmal vorbei kommen, wenn Ihnen das
lieber ist. Wann, denken Sie, wüssten Sie denn ungefähr Bescheid,
ob ein Interesse besteht?"

„Weiß nich', vor Sommer, glaub ich nich'. Müsst' ich fragen."

Jetzt hatten wir Ende Februar. Ich entschuldigte mich für die Störung
und verließ den Laden. Felix und Joachim erwarteten mich vor der
Tür. Wir brauchten nicht lange zu suchen, um eine Kneipe zu finden,
die uns zusagte.

„Gibt es eigentlich", fragte ich Felix nach dem zweiten Bier, „unter
DDR-Bürgern so etwas wie eine Abneigung gegen den Abschluss
von Geschäften? Vielleicht als Folge der sozialistischen
Erziehung?"

„Wie kommen Sie denn darauf? Man war immer gezwungen, die
Augen offen zu halten. Die Leute hatten ja gewöhnlich ihre

Kunststoff-Beutel bei sich, und wenn man irgendwo eine Schlange sah, reihte man sich ein. Egal, was es gab, man konnte alles gebrauchen, meistens zum Tauschen. Und Handwerker ließen sich für Reparaturaufträge außerhalb der Warteliste in der Regel nur in D-Mark bezahlen."
Ich nahm einen tiefen Schluck und versuchte, mich mit dem rätselhaften Verhalten der Verkäuferin abzufinden.
Vier Tage später erhielt ich den ungeduldig erwarteten Rückruf von Felix. „Wir müssen es als Wunder betrachten, dass es mir gelungen ist, zu Ihnen durchzukommen. Was Ihre Anzeige betrifft, so hat das ND mich an die Annahme für Auslandsanzeigen verwiesen, die sie selbst aufsuchen müssten. Die Gebühr ist in Devisen zu entrichten."
„Dabei kann ich gleich noch 100 D-Mark für die Beschaffung eines Branchenbuches aussetzen. Glauben Sie, ob die so etwas drucken?"
„Branchenbuch? Moment mal! So ein Ding habe ich letzte Woche bei uns in der Abteilung gefunden habe. Auf einem Regal, unter einer dicken Staubschicht. Es scheint hier niemand zu benötigen. Die Adressen, die wir brauchen, haben wir ja auch in der Kartei. Ja ... Ihr Vorschlag für den Computer-Verkauf stieß, um es kurz zu sagen, auf großes Interesse, die Abteilungsleiter wollten sich aber nicht festlegen. Im Grunde können sie's auch gar nicht. Gestern waren Leute von Siemens im Werk, die kündigten an, dass die den EAB übernehmen werden. Die seien, so heißt es aber, nur am Werks-Gelände und an den ungelernten Band-Arbeitern interessiert. Alle qualifizierten Kräfte sollen entlassen werden ..."
„Wie bitte? Das halte ich für ausgeschlossen!"
„Ich kann nur wiedergeben, was man uns erzählt hat, ich saß ja nicht mit am Tisch. Ich weiß sowieso nicht mehr, was ich alles glauben soll. Zwei Tage vorher waren Vertreter von Bosch hier gewesen, die angeblich das gleiche zu verstehen gegeben hätten. Aber davon abgesehen, wollen einige Programmierer aus der Produktionsabteilung mit Ingenieuren aus der Planungs- und der Entwicklungsabteilung einen Besuch von Ihnen vorbereiten. Wahrscheinlich brauchen wir dafür gar keine Genehmigung mehr."
Ich konnte mich bei Felix vorerst nur bedanken, indem ich ihn in das exklusive mexikanische Restaurant einlud, das ich eine Woche zuvor entdeckt hatte.

Die beiden jungen Herren, die mir in meinem *Unisoft*-Büro gegenüber saßen, hatte ich unter 42 Bewerbern ausgewählt. Meine Anzeige war auf eine wirklich bemerkenswerte Resonanz gestoßen. Die eigenwilligste Zuschrift stammte von einem Azubi aus Cottbus, der mir seinen Ausbildungsbetrieb zum Kauf anbot. Kaum weniger erstaunt war ich über den Brief eines „Transportarbeiters", der mich unter Hinweis auf seine „Verfolgung unter dem SED-Regime" um die Finanzierung eines Autosalons bat, und über die vertraulichen Angebote des „Managers" einer Dresdner Heavy-Metal-Band, der seine „marktwirtschaftlichen Erfahrungen im grenzüberschreitenden Verkehr mit der CSSR" hervorhob. Sie, und noch mancher andere hatten offensichtlich das Wort „Hardware" missverstanden.
Die von mir Eingeladenen, Herr Ahrens und Herr Leonhardt, waren fast die einzigen gewesen, die über eine gewisse Vorstellung von selbständiger Vertriebstätigkeit verfügten. Man hätte sie für Zwillinge halten können, die beiden Endzwanziger aus Köpenick mit ihren Schnurrbärten, Föhnwellen und bunten Lederkrawatten, die in der DDR offenbar als Zeichen einer marktwirtschaftlichen Orientierung galten. Gemeinsam hatten sie eine elektrotechnische Ausbildung abgeschlossen und arbeiteten seitdem im Kabelwerk Oberspree. Sie betonten, dass ihr Interesse schon seit langem der Computertechnik gelte und sie sich bereits von ihrem Begrüßungsgeld im November '89 einführende Literatur beschafft hätten. Ich verstand diese Anspielung. Natürlich würde ich sie mit dem notwendigen Informationsmaterial versorgen, so, wie es auch selbstverständlich wäre, dass ich mich an den kommenden Wochenenden ganz ihrer Verkaufs- und Produktschulung widmen würde. In ihren Pupillen flackerte eine kurze Irritation auf, doch ihre Minen blieben kontrolliert. Ich fand, dass ich es mit ihnen versuchen sollte.

Im Sessel bei mir zu Hause sitzend, stellte ich, mit dem Ostberliner Branchenbuch auf den Knien, eine Liste der Betriebe zusammen, denen ich ein Angebot unterbreiten wollte. Bei Interesse würden wir dann nach Einführung der Gewerbefreiheit einen Vertrag unterzeichnen, und ich wäre ihr erster westlicher Partner auf dem freien Markt.

Dabei wurde ich aber das Gefühl nicht los, dass ich drauf und dran war, den zweiten Schritt vor dem ersten zu machen. Die Eröffnung der diesjährigen CeBIT in Hannover war für die übernächste Woche vorgesehen, und nur dort würde ich den notwendigen überblick über Preise, Neuheiten und Liefermodalitäten gewinnen. Anderseits würde ich jedoch ohne genauere Vorstellungen über den Bedarf und vor allem über die im Osten gewünschten Programme nach der Messe nur einen allgemeinen Lieferkatalog aufstellen können. Wie immer ich es auch drehte und wendete, es ließ sich keine logische Vorgehensweise entwickeln.

Wenn ich doch vorher wenigstens noch ein einziges Gespräch mit einem potentiellen Kunden führen könnte! Ich entschloss mich, gleich am nächsten Morgen eine weitere Annonce im 'Neuen Deutschland' aufzugeben: „Westberliner Firma offeriert Hard- und Software-Service. Telefon, etc." Zusätzlich zum vorgesehenen Mailing hätte ich damit dann wirkliche alle Möglichkeiten der Kontaktaufnahme ausgeschöpft.

Mitten ins Nachdenken platzte das Telefonklingeln. Es war Felix. „Montag zehn Uhr am Haupteingang vom EAB. Ich hole Sie ab. Die Wache weiß Bescheid."

Es war ein riesiges Gelände. Zwischen Flachbauten, Baracken, Lagerflächen und Gleisanlagen standen Montagehallen und mehrstöckige Fabrik- und Verwaltungsgebäude. Die ältesten, noch in rotem Backstein, waren um die Jahrhundertwende erbaut worden, die jüngsten in der universal-sozialistischen Plattenbauweise. In eines dieser Gebäude wurde ich von Felix geführt. Neugierige Blicke trafen mich von allen Seiten, während er gutgelaunt seinen Kollegen zunickte. In der dritten Etage strebte er auf eine Tür zu, hinter der ich einen Büroraum mit drei oder vier Anwesenden vermutete.

Wir betraten einen Saal. Ungefähr 30 Leute, die um einen Tisch versammelt waren, erhoben sich. Jeder einzelne begrüßte mich mit Handschlag. Der Tisch war mit Kaffeegeschirr gedeckt. Auf fünf Tellern türmten sich Berge von Kuchen und Gebäck. Einen solchen Empfang hatte ich bis zum letzten Augenblick nicht erwartet. Bei Produktvorführungen in westlichen Firmen konnte man von Glück sprechen, wenn ein kompetenter Ansprechpartner sich zehn Minuten Zeit nahm. Und hier war ein ganzes Komitee versammelt.

Immerhin war ich gründlich vorbereitet und überzeugt, die

Erwartungen dieser großen Runde wahrscheinlich noch zu übertreffen. Tagelang hatte ich mir Gedanken über eventuell geeignete Programme gemacht, über Standard-Software, die möglichst vielseitig einsetzbar sein sollte. Auf einem Toshiba-Laptop führte ich jetzt Programme für Tabellenkalkulation mit Datenbankfunktion vor, für Textverarbeitung mit Einbindung von Grafiken, für Planungen und Kostenanalysen, aber auch Versionen für den technisch-wissenschaftlichen Bereich und natürlich Tools für Datensicherung, Textsuche und Kompatibilität. Man umringte mich, beugte sich zum Bildschirm und hörte mir geduldig zu, so dass ich glaubte, ein erhebliches Interesse geweckt zu haben. Sekretärinnen brachten frischen Kaffee, und es wurde eine zweite Kuchenpause gemacht.

Ein jüngerer Herr, der mir während der Begrüßung als Cheftechniker Dr. Braun vorgestellt worden war, bedankte sich „im Namen aller" für die Vorführung. Dann richtete er seinen Blick auf eine der Zimmerlinden, die auf den Fensterbänken standen. „Die Programme sind unsere Programmierer ja gewohnt, selbst zu schreiben." Einige der Anwesenden nickten bestätigend. „Was uns fehlt, sind die Computer."

„Das ist mir schon bewusst", sagte ich. „Ziel meiner Vorführung ist letztlich, herauszufinden, welche Art von Hardware für Sie am geeignetsten wäre."

„Wieviel Computer könnten Sie denn ungefähr liefern?"

Ich holte tief Luft, dann erzählte ich von der IBM-Welt, vom Apple-Konzept, vom Microsoft-Imperium, von der fortschreitenden Spezialisierung der Japaner und leitete dann über zu den professionellen Anwendern, die sich für ein Software-System entscheiden und daraufhin ihren Gerätepark anlegen.

„Es muss nicht unbedingt das Teuerste sein", wurde mir erwidert. Allmählich begriff ich, worin das Missverständnis lag. Robotron war der einzige Hersteller in der DDR, und dessen Systeme waren natürlich untereinander kompatibel. Die mitgelieferte Software konnte anscheinend nach Belieben verändert werden. Know-How-Schutz war gewiss nicht die Sorge von Robotron, hatten sie doch einen Teil ihres Wissens selbst durch Technologie-Spionage erlangt. Ganz gewiss hatten die am Tisch versammelten Techniker und Ingenieure ihrerseits begriffen, wovon ich sprach, aber das wahre

Ausmaß der Spezifikation konnte überhaupt nicht nachvollzogen werden.

Die Armbanduhr der Sekretärin, die mir Kaffee einschenkte, zeigte, dass der Nachmittag schon angebrochen war.

„Könnten Sie denn Epson-Computer liefern?", wurde ich gefragt.

„Sicher. Ich kann prinzipiell alles liefern, was auf dem Markt ist. Wie kommen Sie auf Epson?"

„Robotron hatte manchmal Drucker von Epson weiterverkauft, wenn sie selbst in Lieferschwierigkeiten waren. Gute Qualität. Ein spürbarer Unterschied zu dem, was man kannte."

„Es ist durchaus möglich, gute Qualität für einen günstigen Preis zu bekommen. Ich werde mich auf der CeBIT nach einem Hersteller umschauen, der diese Kriterien mit ebenso optimalen Lieferbedingungen vereinbaren kann. Wer wäre denn von Seiten des EAB für einen Vertragsabschluss zuständig?"

Am Tisch entstand ein Raunen, das in offene Diskussion überging. Gemeinsam stimmte man schließlich überein, dass zuerst die Abteilungsleiter gefragt werden müssten. Diese müssten sich an die drei Chefs der Entwicklungs-, der Planungs- und der kaufmännischen Abteilung wenden. Darin, so wurde mir erklärt, bestünde das eigentliche Problem, denn diese befänden sich in erbitterter Konkurrenz. Die Entscheidung des einen versuche der jeweils andere zu blockieren. Sollten diese schwierig zu handhabenden Herren sich einigen, brauche man nur noch die Zustimmung des Produktionsdirektors einzuholen.

Ich bemühte mich um ein verständnisvolles Lächeln und erläuterte nochmals das Finanzierungsmodell, um den Entscheidungsprozess innerhalb der Hierarchie nicht noch durch Rückfragen zu erschweren. Noch bevor ich damit zum Ende gekommen war, wurde die Tür aufgerissen und zwei uniformierte Herren im Rentenalter stürmten über die Schwelle. Mit einem Stimmvolumen, dass ich von ihnen nicht erwartet hätte, brüllten sie in den Raum: „Feierabend, die Herren!"

Die acht Frauen am Tisch sprangen ebenso folgsam von ihren Plätzen auf wie die Männer. Mit wenigen Griffen packten alle ihre Unterlagen zusammen.

„Die Wache", wurde mir zugeflüstert. „Täglich, Punkt fünf!"

Einer der Wächter bewegte sich, provoziert vielleicht durch mein

zögerliches Tempo, auf meinen Platz zu.
„Auch der Arbeiter will seinen Feierabend haben!"
„Ich wäre der letzte, der das nicht versteht", murmelte ich.
Damit hatte ich ihn aber bestimmt nicht zum Freund gewonnen. Auf
der Treppe versuchte ich, Felix unauffällig zuzuzwinkern, wurde aber
von einigen Programmierern, die mich umringten, daran gehindert.
„Entschuldigen Sie, wenn ich etwas unverblümt auf Sie zutrete, aber
haben Sie vielleicht einen Job für mich?" Seine Kollegen warteten
genauso gespannt wie er auf die Antwort.
„Unsere Firma hatte mitunter Aufträge an Programmierer erteilt, auf
freier Basis. Sie haben doch hier eine feste Stelle."
„Ha! Wie lange noch!" - „Und zu welchem Gehalt!"
Ich zog meine Visitenkarte hervor und schrieb noch die
Privatnummer dazu.
„Jobs habe ich leider nicht zu vergeben. Aber Sie können sich mit
allen Fragen, denen Sie sich jetzt ausgesetzt fühlen, an mich
wenden. Wenn Sie möchten, könnten wir gleich zusammen essen
gehen. Vielleicht kann ich Ihnen schon den einen oder anderen Tipp
geben."
Endlich gelang es mir noch, Felix beiseite zu ziehen. „Dieser
Produktionsdirektor. Kann man den nicht direkt ansprechen?"
Auf Felix' Stirn bildete sich eine tiefe Falte. Als ich mich noch einmal
nach ihm umdrehte, war an der schärfer werdenden Furche zu
erkennen, wie lebhaft es in ihm arbeitete.

Worüber genau ich eigentlich lächeln musste, als ich mich am
zweiten Tag meines Besuchs der Hannover-Messe wieder dem
Stand von Hyundai näherte, hätte ich kaum präzis erklären können,
wenn ich danach gefragt worden wäre. War es die unglaubliche
Flexibilität der ostasiatischen Konzerne, die auf dem bestem Wege
waren, unsere heimischen Industrieriesen wie Dampf-Loks im
Museum für Verkehr und Technik stehen zu lassen?
An diesem Stand von Hyundai hatte ich mich am Vortag nur flüchtig
aufgehalten. Das gleichmäßige Summen auf dem Messegelände,
hervorgerufen durch tausende von Unterhaltungen, Erkundungen
und Informationsgesprächen in den verschiedenen Hallen, hatte mir
am gestrigen Eröffnungstag schon bald recht unangenehme
Kopfschmerzen bereitet. Nach sechs Besuchen bei Vertretern

wusste ich, dass meine Aufnahmefähigkeit erschöpft war. Auf welch zielstrebige Weise der Auto-Konzern und weltgrößte Hersteller von Handelsschiffen sich auf dem deutschen Computermarkt etablierte, hatte ich allerdings noch mitbekommen.

Nun ließ ich mir von einem Vertreter des koreanischen Newcomers den „Hyundai Super 286 E" vorführen.

„Für den Einkaufspreis berechnen Sie nur ... 5095 Mark, da habe ich Sie jetzt nicht falsch verstanden?"

Der Vertreter lächelte zuvorkommend. „Nein."

„Der Preis bezieht sich auf das handelsübliche Paket, Zentraleinheit, Monitor, Tastatur ... und System-Software?"

„Ja."

„Aber ohne Drucker."

„Ja. Ohne Drucker."

„Wie hoch ist die Mindeststückzahl, die bestellt werden muss?"

„50 Stück."

„50, nun gut ... Wie lange würde denn die Lieferzeit nach Westberlin betragen?"

„Einen Tag."

„Wie bitte?"

„Unser Headquarter in Bremen verfügt über ein zollfreies Lager, das ständig aufgefüllt wird. Sie bestellen und bekommen die Ware am nächsten Tag."

Zuzüglich drei weiterer Stündchen nach Ostberlin. Das würde bei einigen Abteilungsleitern in DDR-Betrieben den Herzinfarkt auslösen! Ich ließ mir sämtliche Unterlagen, einschließlich der Zoll- und Bestellformulare von der Hyundai-Vertretung geben. Dann machte ich mich auf zum Stand von Epson.

Das hatte seinen guten Grund. Auf meine neue Anzeige im ND hatten sich in dieser kurzen Zeit tatsächlich noch fünf Ostberliner Firmen gemeldet, mit zweien hatte ich vor meiner Abreise noch einen Termin vereinbaren können. Die Vorführungen waren nach ähnlichem Schema wie beim EAB, wenn auch in kürzerer Zeit abgelaufen. Meinen Laptop hatte ich samt meiner Programm-Disketten nach zehn Minuten wieder wegpacken können.

„Rechentechnik" war gefragt, und mehrmals war der Name Epson gefallen.

Am Stand der alteingeführten Firma stieß ich fast mit Herrn

Baumann von der Generalvertretung in Düsseldorf zusammen. Wir kannten uns bereits von früheren Geschäftsverbindungen. Daher erstaunte mich ein wenig seine reservierte Reaktion, als er meine neuen Pläne vernahm.

„Ist das Ihnen nicht zu unsicher? Sie wissen doch gar nicht, wann sich Ihre Einnahmen in D-Mark verwandeln werden."

„Dieses Jahr noch, und wenn nicht, dann im nächsten."

„Na ja ... Aber ohne Importlizenz werden Sie niemanden beliefern können."

„Sie hatten doch auch schon in die DDR geliefert ..."

„Ja, aber nicht ohne Lizenz."

„Dann dürfte die Beschaffung heute kaum schwieriger sein, als zu Ihrer Zeit."

„Seitens der DDR, vielleicht ... Denken Sie an die Cocom-Liste. Das Verbot von Hochtechnologie-Transfer in den Osten."

Mein abrupter Heiterkeits-Ausbruch musste als unbeherrscht empfunden werden, aber mit einem solchen Einwand hatte ich einfach nicht mehr gerechnet. „Ich muss gestehen, dass ich nicht glaube, dass die Veränderungen im Osten ein besonders raffinierter Trick der Russen sind, um den Westen einzuschläfern."

„Nein ... sicher nicht."

„Und", fuhr ich fort, „wenn die Liste nach der Wirtschaftsunion nicht aufgehoben sein sollte, weil auch die Amis mit einer Bürokratie gesegnet sind, heißt das, dass kein Nato-Staat mehr Technologie in das Nato-Land Deutschland liefern darf?"

„Sicher nicht..."

In diesem Moment merkte ich endlich, dass Herr Baumann diese Bedenken nur gebrauchte, um etwas anderes unausgesprochen zu lassen. Ich schaute ihn erstaunt an, und gleich darauf freundlich, dann bittend, fast flehend, und schließlich gab ich mir den Ausdruck eines unbekümmerten Idealisten, der einfach nicht verstehen konnte, warum er mit den Menschen in der DDR keinen Handel treiben sollte. Herr Baumann ließ sich erweichen.

„Wissen Sie denn", fragte er mich, immer noch leicht zögernd, „ob die DDR-Wirtschaft überhaupt noch eigenmächtig handeln kann?"

„Eigenmächtig? Ein souveräner Staat, weitgehend anerkannt, de facto auch von der Bundesrepublik?"

Plötzlich schoss mir das Wort „Siemens" durch den Kopf.

Vorabsprachen, Aufteilungen, Abstecken von Claims. Sollte das
vielleicht gemeint sein? Und der Kanzler? Rief mir täglich vom
Bildschirm aus entgegen: Hilf! Hilf drüben! Investiere, baue auf, teile
dein Gut, teile dein Wissen. Ich fand, dass ich mich an Gesetze zu
halten hatte und nicht an Gerüchte.
„*Unisoft* würden Sie doch beliefern?" Herr Baumann warf mir einen
Blick zu, den ich überhaupt nicht mehr zu deuten wusste.
„Ja. *Unisoft*, natürlich."
Und von *Unisoft* würde die Ware direkt in die DDR geliefert werden.
über das Joint-Venture, das ich mit den beiden jungen Männern
gründen würde. Nach der Einführung der Gewerbefreiheit ... Sollten
wir nicht, überlegte ich während der Rückfahrt nach Berlin, das Joint-
Venture bereits jetzt gründen? Vielleicht würde der EAB dann seine
Drucker und Computer schon bei uns bestellen können? Wenn die
leitenden Kader des Kombinats an einer Bestellung interessiert
wären, wüssten sie sicher eine Antwort auf diese Frage. Bis dahin
würde ich mich mal wieder in Geduld üben müssen.

Gleich im Anschluss an meine Rückkehr konnte ich am Bildschirm
den Ausgang der Volkskammerwahlen verfolgen. Das Ergebnis
entsprach exakt den Voraussagen der letzten beiden Wochen.
Dieser Sieg der CDU ließ eine baldige Wirtschafts- und
Währungsunion erwarten, und das sollte mir nur recht sein. Für
Kooperationen, wie sie mir vorschwebten, konnte es kaum eine
bessere Weichenstellung geben. Zum dritten Mal schon trat Graf
Lambsdorff, frohgemut auf seinen Stock gestützt, vor die Kamera
und erklärte: „Wenn ich ein junger Mann wäre, würde ich jetzt in den
Osten Deutschlands gehen, um mir eine Existenz aufzubauen." -
Und wenn der Graf schon dazu aufrief, würden die kommenden
Jahre wohl sicher nicht im Zeichen juristischer Kleingeisterei stehen.
Ein vorbestrafter Politiker? Das schien jetzt nicht mehr allzu schwer
zu wiegen. - War das der Grund für meine leichte Skepsis? Für ein
Unbehagen, das ich mir nicht erklären konnte? Ich war Zeuge einer
ausgelassenen Feier, übertragen aus der CDU-Zentrale im Palast
der Republik. Die Party-Gäste sprühten geradezu vor Optimismus.
Viele unter ihnen ähnelten meinen beiden jungen Leuten, wie ich sie
im Stillen nannte, und ich rechnete jeden Moment damit, sie unter
den Anwesenden an einer Sekt-Theke zu entdecken. Vom

Erscheinungsbild her etwas hausbackener als unsere Yuppies, erschienen die jungen Unions-Anhänger an diesem Abend doch kaum weniger unternehmungslustig. Und daran, fand ich, gab es absolut nichts auszusetzen.

Kraftakt im Kombinat

Der Anruf kam am Donnerstag nach der Volkskammerwahl, nachmittags um 15 Uhr.

„Mein Name ist Leicht. Ich leite den VEB Elektroanlagenbau als Produktionsdirektor. Auf meinem Tisch liegt ein Angebot. Westcomputer für Ostgeld. Ist das noch aktuell?"

„Aktueller geht es nicht. Ich liefere Ihnen Hyundai innerhalb eines Tages und Epson innerhalb von drei Tagen."

„Sie wissen, wie man richtig verkauft, nicht wahr? Können Sie das auch meinen Leuten beibringen?"

Ich schluckte. „Wenn Sie möchten ... Ich denke schon, dass ich..."

„Genau das möchte ich. Ich erwarte Sie morgen um 10 Uhr in meinem Büro."

Mit meiner Schlagfertigkeit war es vorbei. So einen Ton hätte ich von einem Texaner erwartet. Aber bitte! Das Lieferprogramm lag perfekt ausgearbeitet in der Schublade, und wenn dieser Herr Leicht tatsächlich so forsch war, wie er sich am Telefon gab, würde er morgen seine Unterschrift unter einen Vorvertrag setzen. Die Einführung der Gewerbefreiheit war ja nun offiziell angekündigt worden. Am Tage des Inkrafttretens würde er die Computer in seinem EAB in Empfang nehmen können. Für weitere Kooperationsmodelle würde ich selbstverständlich aufgeschlossen bleiben.

Die Sache begann, Gestalt anzunehmen. Mit sechs weiteren Firmen in der DDR hatten sich Kontakte ergeben, darunter einem „VEB Berlin Chemie". Was genau man sich darunter vorzustellen hatte, würde ich bei einem für die kommende Woche vereinbartem Besuch erfahren.

Doch im Augenblick musste ich mich erstmal wieder meinen beiden jungen Leuten widmen, die gerade an der Tür von *Unisoft* klingelten. Da sie den Stamm unseres künftigen Joint-Ventures bilden würden, konnte ihre Schulung in der Kürze der Zeit nicht mehr nur auf das Wochenende beschränkt bleiben. Schließlich sollte ihre künftige Aufgabe auch in der Wartung und Programmierung der gelieferten Geräte bestehen.

Ich empfing sie mit dem Neuen Deutschland in der Hand: „Eine gute
Nachricht für uns alle! Die Gewerbefreiheit soll, so steht es hier,
noch in diesem Monat eingeführt werden. Wir können dann, wenn es
soweit ist, noch am gleichen Tag zum Notar gehen und unsere neue
Firma aus der Taufe heben. " „Sehr gut. Wird wirklich Zeit, jetzt..."
„Die Visitenkarten werden bereits gedruckt. Haben Sie denn beide
einen Führerschein?" Sie nickten.
„Dann kann ich für Sie also einen Wagen leasen?"
„Wahnsinn!"
So hätte ich das zwar nicht unbedingt ausgedrückt, aber ich war ja
auch schon einige Jahre älter als sie. Den Notarbesuch, den Start in
ihre Selbständigkeit, schienen sie jedenfalls kaum erwarten zu
können, obwohl sie selbst jetzt noch in ihrer offensichtlichen
Begeisterung eine Steifheit beibehielten, die im Gegensatz zu ihrem
Eifer stand. War das nun DDR-typisch, fragte ich mich, oder
versuchten die beiden, etwas zu überspielen; einen Schwachpunkt,
den ich nicht bemerken sollte? Ich rückte mit dem Stuhl vom Tisch
ab und schlug die Beine übereinander.
„Jetzt möchte ich natürlich gern noch wissen, wie es mit Ihren
Finanzen aussieht. Wir hatten ja schon darüber gesprochen,
dass *Unisoft* Sie bis zur ersten Gewinnausschüttung unterstützen
wird. Ich möchte nicht, dass Sie bis dahin von Tütensuppen leben.
Hatten Sie denn Schwierigkeiten mit dem Kabelwerk, weil Sie so
kurzfristig kündigen mussten?"
„Kündigen? Ist nicht so wichtig. Das kann man bei uns von einem
Tag auf den anderen."
„Ach. Sie hatten noch gar nicht gekündigt? Und die vielen
Nachmittage, die Sie schon hier bei *Unisoft* verbracht hatten?"
„Na, krank. Kümmert sich keiner mehr darum. Das ist kein Problem."
Um keine übermäßige Beklemmung aufkommen zu lassen,
erwähnte ich kurz meinen morgigen Termin beim EAB. Ich hoffte, sie
damit noch ein wenig mehr zu motivieren, aber die abrupt
eintretende Veränderung, die diese Ankündigung bewirkte, hätte ich
nicht erwartet. Ihre gespielte Beflissenheit wich einer ungekünstelten
Überraschung, und in ihre blassen Gesichter trat sogar ein Hauch
von Farbe. Weit über meine eigenen Vorstellungen hinaus sahen sie
sich plötzlich in einem Kreis von 20 oder 30 Ostberlinern, die sich
untereinander Computer verkauften und dabei herzlich gut

verstanden. Gleich morgen, so versicherten sie, würden sie bei der
Köpenicker Sparkasse das vereinbarte Konto eröffnen, auf das
unsere Abnehmer die Beträge einzahlen sollten. Mir fiel der
sprichwörtliche Schleier von den Augen. - Sie hatten nicht an den
Erfolg des Unternehmens im Osten geglaubt und deshalb befürchtet,
im Westen aktiv werden zu müssen. So deutlich wurde mir noch nie
vorgeführt, welch hohen Wert für die Leute in der DDR die alte
Vertrautheit, das Bewegen auf bekanntem Terrain hatte.
Der Produktionsdirektor des EAB strahlte trotz seiner leicht
ergrauten Haare die Energie eines Fünfundzwanzigjährigen aus. Die
Fältchen an den Mund- und Augenwinkeln verhalfen ihm zu einem
immerwährend gutgelaunten Ausdruck, der selbst dann nicht von
ihm wich, als er mir in knappen Worten die wirtschaftliche Lage des
Kombinats erläuterte.
Er hatte auch keine Probleme, seinen Mitarbeitern Anweisungen in
scharf akzentuiertem Ton zu erteilen, während er sich freundlich und
völlig unverkrampft mit mir unterhielt. Sein Gang war nicht von
eingeübter Dynamik; er war dynamisch. Dieser Herr Leicht schien
ein Mann zu sein, dem kleinliche Erwägungen prinzipiell fremd
waren; ein Manager-Typus, der in der DDR-Wirtschaft offenbar nur
selten anzutreffen war.
Meine Mappe mit dem Lieferprogramm interessierte ihn im Moment
überhaupt nicht. Ich lief neben ihm her, ohne zu wissen, wohin er
mich führte.
„Zur Zeit sieht es so aus", erklärte er mir, während wir über ein
Hofgelände eilten, „dass Siemens den EAB nach der Vereinigung
übernehmen wird. Der gesamte technische Kaderstamm wird von da
an nicht mehr gebraucht. Siemens hat seine Entwickler in Erlangen.
Der EAB hat einen Sozialplan ausgearbeitet und alle, die davon
betroffen sind, im Bereich 'Service und Kooperation'
zusammengefasst. Daraus entstehen jetzt einzelne Projektgruppen,
die über kurz oder lang selbständig werden müssen und für ihre
Ideen eine Anschubfinanzierung erhalten. Da drüben zum Beispiel,
der Kiosk, ist eines der ersten Projekte."
„Das heißt, die Programmierer verkaufen jetzt Schrippen und
Kekse?"
„Das sind drei Sekretärinnen, vormals Beschaffung, die jetzt auf
eigene Rechnung das Versorgungsangebot des Betriebes

ergänzen."

„Scheint mir aber nicht gerade eine Idee mit weitreichender Perspektive zu sein."

„Wundert Sie das? Über das Naheliegendste hinaus wissen die meistens nicht, was sie tun sollen, abgesehen davon, dass ihnen jegliche Erfahrung fehlt. Ich habe gehört, Sie wollen ein Joint-Venture gründen?"

Ich unterrichtete ihn flüchtig über den Stand der Dinge. Ihm war anzusehen, wie er versuchte, meine Pläne mit seinen eigenen Vorstellungen in Einklang zu bringen. Sein Gesicht war das blanke Gegenteil von einem Poker-Face.

„Wäre es denn mit Ihrer Position als Geschäftsführer einer Westberliner Firma zu vereinbaren, hier eine Projektgruppe zu leiten?"

Diese Frage hatte ich mir auch gerade gestellt. Nur bezogen sich meine Überlegungen weniger auf *Unisoft*, sondern auf meine frischgebackenen Partner, die im Moment noch völlig auf meine Betreuung angewiesen waren. Herr Leicht hatte natürlich bemerkt, dass mein Zögern eher für als gegen seinen Vorschlag sprach.

„Sie könnten so viel Leute haben, wie Sie wollen für ... nennen wir sie die Projektgruppe 'Computerhandel'. Hier, was ich Ihnen eigentlich zeigen wollte..." Er wies auf ein riesiges Lagerhaus.

„Unser Hochregallager, vor zwei Jahren erst fertiggestellt. Es entspricht modernstem westlichen Standard. Die Siemens-Leute bekamen leuchtende Augen, als sie das sahen."

Wir betraten das Lager, das tatsächlich fast vollautomatisch zu sein schien. Nur arbeitete niemand darin. Greifarme und Hebebühnen ruhten still in ihren Verankerungen.

„Es hat 16.000 Palettenplätze, angeschlossen an Induktionsschleifen. Ein ideales Zwischenlager für Ihre Computer, finden Sie nicht? Wenn man bedenkt, dass Sie es kostenlos benutzen könnten, bis Siemens kommt. Aber die machten nicht den Eindruck, als ob sie ihre Ankunft überstürzen wollten."

Ein energischer Herr kam aus den Tiefen des Lagers heraus auf uns zugeeilt. „Betriebsfremden ist der Zutritt nicht gestattet! Ich möchte bitten, dass auch Sie sich daran halten, Genosse Leicht."

„Genosse brauchen Sie jetzt nicht mehr zu sagen, das wissen Sie doch, Kollege Graupel. Es handelt sich hier um einen für unseren

Betrieb äußerst wichtigen Besuch." Zu mir gewandt, ergänzte er, „für
dieses Lager brauchen wir eine korrekte, um nicht zu sagen, penible
Leitung. Kollege Graupel garantiert mir genau das."
Der kleine Zwischenfall mit dem 'Genossen' schien ihn nicht im
Geringsten in Verlegenheit versetzt zu haben. Wir schlenderten zum
Tor zurück, als er plötzlich unvermittelt stehen blieb.
„Ich wäre, das sage ich Ihnen ehrlich, sehr daran interessiert, dass
wenigstens eine der Projektgruppen funktioniert. Als Beispiel für die
anderen. Die Leute hier brauchen Impulse."
„Ich bin dabei."
Genosse Leicht drückte mir spontan die Hand. „Ich stelle Ihnen eine
Gruppe zusammen, die über beste Verbindungen im Territorium
verfügt. Jetzt, schlage ich vor, gehen wir in die Kantine einen Kaffee
trinken, dann zeige ich Ihnen das gesamte Werk hier in der
Rhinstraße."
Noch während des Besuchs der Kantine sollte mir auf recht
unmittelbare Weise vor Augen geführt werden, worauf ich mich mit
meiner Zusage eingelassen hatte. Die kurze Pause nutzte ich
nämlich unter anderem auch für den notwendigen Gang auf die
Toilette. Kaum hatte ich die Kabinentür hinter mir verschlossen,
hörte ich auch schon zwei Männer in die Örtlichkeit hereinstampfen.
„Schon gehört, Heinz? Leicht hat jetzt 'nen Unternehmer aus dem
Westen angeschleppt, der uns zeigen soll, wo es lang geht." „Na
klar, doch. Darfst nie vergessen, Mannie, wir sind ja alle blöd. Du,
icke, und die anderen siebz'n Millionen. Alles, was wir bisher jemacht
hab'n, tauchte ja nischt."
„Abwarten, Heinz, lass ihn erst mal erzählen. Wenn er wirklich 'ne
gute Idee hat, könn'n wa'det dann ooch selber machen."
Ich hielt mir beide Hände vor den Mund. Um ein Haar hätte ich mir
die Zunge abgebissen. Es gelang mir, ruhig zu bleiben, bis das Duo
wieder draußen war. Doch dann konnte ich plötzlich nicht mehr
lachen. In diesem Moment erst begriff ich wirklich, warum ich den
Produktionsdirektor nicht mit seinen Projektgruppen allein lassen
konnte.
Die Führung durch das EAB-Gelände war dann am Spätnachmittag
beendet. Herr Leicht schob die Hände in die Taschen und ließ den
Blick in die Richtung schweifen, in der der Fernsehturm zu sehen
war. „Ich brauche für die Sache noch eine Bestätigung vom

Ministerium, eine Formalie, die ich nicht übergehen kann."
„Wie lange wird das denn ungefähr dauern?"
„Das erledige ich heute noch. Ich rufe Sie an, sobald ich grünes Licht habe."
Er hatte es tatsächlich geschafft, diese Genehmigung noch über das Wochenende zu besorgen. Am Montag, gerade als ich mich bei *Unisoft* am Schreibtisch niederließ, erhielt ich seinen Anruf: „Dieter Leicht am Apparat. Ab morgen sieben Uhr erwartet Sie die Projektgruppe 'Computerhandel'. Bringen Sie sich am besten selbst mit, was Sie für die Arbeit bei uns brauchen."
Die wahre Bedeutung dieses Hinweises konnte ich zu diesem Zeitpunkt noch nicht im Entferntesten ahnen. Ich packte die Verkaufsunterlagen, meinen Laptop und einen Drucker in den Wagen und glaubte, damit umfassend ausgestattet zu sein. Anschließend traf ich die notwendigen Absprachen mit Hilde, Gespräche über Vorrangiges und weniger Dringliches, die denen vor meinen halbjährigen Italien-Ausflügen ähnelten. Meine beiden Partner aus Köpenick hatte ich schon zum Wochenende unterrichtet. Die Befürchtung, sie würden sich vom plötzlichen Tempo eingeschüchtert fühlen, hatte sich als unbegründet erwiesen. Unbeschwert sahen sie sich mit geleasten Kleintransportern von Firma zu Firma fahren, um Geräte zu installieren. Die Tatsache, dass jeder verkaufte Computer für sie einen Gewinnzuwachs bedeuten würde, schien ihre Phantasie hingegen kaum zu stimulieren. Ich war jedoch überzeugt, dass dies sich sehr rasch ändern würde.
Die Abendstunden rückten näher, und es ließ sich leider nicht mehr verdrängen, dass die Projektgruppe mich am nächsten Morgen um sieben Uhr in der Frühe erwartete. Für den Weg nach Marzahn konnte ich noch eine Stunde Fahrtzeit hinzurechnen. Seufzend stellte ich den Wecker auf Fünf. Bei *Unisoft* wäre niemand auf die Idee gekommen, mich vor zehn Uhr morgens zu erwarten.
Zwischen Potsdamer und Straußberger Platz steuerte ich noch durch mäßig aggressiven Berufsverkehr, doch mit dem Einbiegen in die Karl-Marx-Allee geriet ich unversehens in den Hexenkessel. Von Osten her setzte gerade die Morgendämmerung ein, die Trabantfahrer vor und neben mir beschleunigten auf 100 Stundenkilometer, die Besitzer eines Wartburgs oder gar eines neu

erstandenen Opels steigerten sich auf 130. Verkehrspartner, die sich von mir behindert fühlten, trieben ihre Kisten mit Todesverachtung zwischen die rollenden Waffen in der Nebenspur und zeigten mir mit Caesarengeste den abwärtsweisenden Daumen. Die höhnischen Blicke im Vorüberbrausen galten mir vor allem in Verbindung mit meinem Daimler, mit dem sich offenbar jeder gern an die Spitze des Selbstmörderzuges gesetzt hätte.

Mit weichen Knien stand ich um Viertel nach sieben Herrn Leicht, dem Projektleiter Herrn Fleischer und zwölf weiteren Mitarbeitern gegenüber. Bei der Begrüßung, die einzeln per Handschlag stattfand, hielt fast jeder der mir Vorgestellten den Blick auf die Schuhspitzen gesenkt. Die Namen wurden gemurmelt, so dass ich mir auf Anhieb kaum einen behalten konnte. Eine gewisse Ausnahme bildete darin Dr. Braun, mit dem ich schon während der großen Runde im Konferenzsaal gesprochen hatte. Ich versuchte noch, die Stimme desjenigen herauszuhören, der den Unternehmer aus dem Westen austricksen wollte, doch der Produktionsdirektor hatte ihn offensichtlich nicht mit in das Team aufgenommen. Dafür erkannte ich nun auch Herrn Graupel, den Lagerverwalter, wieder. Ihm waren noch zwei stämmige Kraftfahrer zugeordnet, die mich in transporttechnischen Angelegenheiten unterstützen sollten.

Gegen die Kante eines der eng beieinander stehenden Schreibtische gelehnt, erläuterte ich meine Vorstellungen vom Computerhandel in der DDR. Ich erzählte auch von meinem bisher vergeblichen Versuch, mit Firmen wie VEB Berlin Chemie in Kontakt zu kommen, die ihre Termine ständig verschoben. Vielleicht, so schlussfolgerte ich, warteten diese Firmen noch auf die Einführung der Gewerbefreiheit.

„Blödsinn!" Dieter Leicht machte eine abrupte Handbewegung. „Das kann wirklich unsere geringste Sorge sein. Davon abgesehen ist die Arbeit der Projektgruppen rechtlich vom EAB gedeckt."

Ich setzte meine Ansprache fort. Die Blicke der Anwesenden blieben währenddessen auf den Boden oder gegen die Decke gerichtet. Von keinem der Gesichter war irgendeine Resonanz abzulesen. Nur Herr Leicht betrachtete die Szenerie mit sichtlicher Zufriedenheit, was ihn jedoch nicht hinderte, meinen Vortrag wieder mittendrin zu unterbrechen: „Da fällt mir ein, Sie haben ja noch keine Sekretärin!"

„Ich glaube nicht, dass das nötig sein wird." Noch nie im Leben hatte ich eine Sekretärin gehabt.

„Doch, doch, die brauchen Sie! Was ist denn mit dem Brahm", rief er in den Raum hinein, ohne eine Antwort abzuwarten, „der hat doch immer noch zwei bei sich sitzen." Schon hatte er den Hörer eines schwarzen Bakelit-Telefons in der Hand. „Fräulein Moser? Sie packen Ihre Utensilien und sind in einer Viertelstunde in Objekt Vier, Zimmer 239! Wie bitte? Interessiert mich nicht, was Brahm sagt! Er knallte den Hörer in die Gabel und war mit einem Bein schon auf dem Flur draußen.

„Moment noch bitte!" rief ich ihm nach. „Kann ich Sie kurz ungestört sprechen?"

Draußen auf dem Gang fragte ich, wo denn Felix sei. „Ich hatte wirklich gehofft, ihn mit in der Gruppe zu haben."

„Er gehört zum kleinen Kreis der Ingenieure, die sich weiterhin mit der Ausrüstung von Kraftwerken befassen. Dort brauche ich ihn. Er hat das Zeug zum Projektleiter." Dann entschwand er im Mikrokosmos des EAB.

Ich ging zurück ins Zimmer und wandte mich wieder der Projektgruppe zu. „Sie sollten deshalb die persönlichen Kontakte, die Sie zu anderen Betrieben in der DDR haben, auffrischen und denen auch das Lieferprogramm zukommen lassen, von dem wir jetzt gleich 100 Kopien ziehen werden. Wo ist denn der Kopierer?"

Zum ersten Mal wurde mein Blick erwidert. „So 'was haben wir hier nicht." „Na, dann gehen wir hoch oder 'runter in eine andere Etage. Oder wo immer das nächste Gerät steht ... wo befindet es sich denn?" Es war nicht bekannt, ob sich im Werk überhaupt ein einziger Kopierer befand. Es wurde auch nie einer gebraucht, wie man mir lakonisch mitteilte, Listen aller Art wurden mit Durchschlagpapier getippt. Ich entschloss mich, bei *Unisoft* anzurufen, um einen der beiden Kopierer herbeibringen zu lassen. Doch das schwarze Bakelit-Telefon, Modell 1930, war nur für Werksanschlüsse bestimmt und der zweite Apparat im Zimmer ließ das Besetztzeichen bereits beim Wählen erklingen.

„Nach Westberlin kommen Sie von hier aus nicht durch."

„Dann versuche ich es nebenan."

Nebenan? Da residierte die Projektgruppe 'KFZ-Handel'. Der 'Computerhandel' war, wie ich bei dieser Gelegenheit erfuhr, in Räume quer über das gesamte Werksgelände verstreut. Das

Zimmer, in dem wir uns im Augenblick befanden, würde ich mit der
Sekretärin und Herrn Wendland, einem jungen Software-Fachmann,
teilen. In diesem Augenblick erst erkannte ich auch Herrn Wendland
als einen der Teilnehmer an der großen Vorführrunde vor vier
Wochen wieder.
„Was ist mit dem Konferenzraum? Wird er im Augenblick benutzt?",
fragte ich ihn.
„Soweit ich weiß, nicht."
„Gibt es dort ein Telefon mit Außenanschluss?"
„Ja."
„Dann werden wir uns jetzt dorthin begeben und reihum Ihre
Ansprechpartner in anderen Betrieben anrufen, um sie über die Ziele
unserer Projektgruppe zu unterrichten. Nehmen Sie doch bitte Ihre
Schreibmaterialien und Notizbücher mit", fügte ich noch hinzu, als
ich sah, dass alle im Begriff waren, mit leeren Händen
loszuspazieren.
Neidische Blicke fielen auf einen Kugelschreiber, den die Sekretärin
stolz im Zentrum des Schreibtischs abgelegt hatte, einen gelben
Kugelschreiber mit dem Aufdruck „Lotto-Toto-Spiel 77,
Annahmestelle Uhlandstraße"
„Das ist mein Eigentum!", stellte sie klar, „ein Geschenk von meinem
Schwager."
Die radikal abgeräumten Schreibtischplatten waren mir schon vorher
aufgefallen, doch jetzt stellte sich heraus, dass auch die mit
Zeitschriften und Frühstücksgeschirr vollgestopften Schubladen
nichts Brauchbares enthielten. Ich zog meinen Kugelschreiber aus
dem Jackett. „Da wir nur ein Telefon zur Verfügung haben werden,
reicht uns auch der eine Stift. Frau Moser, haben Sie eine Idee ..."
„Fräulein Moser, bitte! Noch bin ich nicht verheiratet."
Das hätten sie jetzt hören sollen Eva, ihre Freundinnen, und alle
meine weiblichen Bekannten in Westberlin!
„Entschuldigen Sie, Fräulein Moser, sagte ich mit zerknirschter Mine,
„hätten Sie eine Idee, wo wir etwas Papier finden könnten?"
„Woher soll ich das wissen? In dieser Abteilung kenne ich mich nicht
aus."
„Und bei Direktor Brahm? Sind Sie dort gelegentlich auf Papier
gestoßen?"
„Dort? Massenhaft. Das stapelt sich in den Schränken."

„Sehen Sie eine Möglichkeit, dem Direktor zehn oder zwölf Bögen zu entwenden?"

„Kein Problem. Jetzt, sofort?"

„Das wäre prima, Fräulein Moser."

Auf dem Weg zum Konferenzsaal, dem kleinen Konferenzsaal, wie ich aufgeklärt wurde, trat Herr Wendland an mich heran. „Im Grunde sollte es mir egal sein, aber der augenblickliche Zustand des Betriebes ist mir peinlich. Das hätte es bis vor wenigen Wochen nicht gegeben. Das müssen Sie mir glauben."

Ich nickte ihm genauso unauffällig zu, wie er sich an mich gewandt hatte. „Ich weiß, dass der EAB eines der erfolgreichsten Kombinate der DDR war. Das, was jetzt hier fehlt, wurde mit Sicherheit zum Vorteil einiger Leute umgeleitet."

Mich traf ein überraschter, ja geradezu lebhafter Blick. Hatte er mich etwa als Protagonisten einer gnadenlosen Ausplünderung von Volkseigentum gesehen? Hatten seine Kollegen vielleicht ein ähnliches Bild von mir? Ich war ihm jedenfalls dankbar für diese erste individuelle Reaktion aus der Projektgruppe.

Nachdem sich alle in der Runde im Halbkreis um das Telefon gruppiert hatten, fragte ich noch einmal, zu welchen Betrieben der EAB denn intensivere Beziehungen gehabt hätte.

„Na, zu Robotron, oder?" Der Kollege, von dem dieser offensichtlich kontraproduktiv gemeinte Hinweis kam, hatte, ebenso wie ich, die linke Hand in die Tasche geschoben und schien mich von der Haltung her imitieren zu wollen.

Ich bestätigte seinen Vorschlag mit zustimmendem Lächeln. „Die Idee ist gut. Es ist keineswegs unüblich, einen Konkurrenten zu beliefern, wenn daraus ein Vorteil für beide Seiten entsteht. Davon abgesehen, wollen wir uns natürlich einen eigenen Absatzmarkt aufbauen." An die Gruppenmitglieder gewandt, fragte ich, wie es denn zum Beispiel mit dem Kombinat in Eisenhüttenstadt stünde. Der EAB müsse doch Ausrüstungen dahin geliefert haben.

Die Bestätigung erfolgte nach einigem Schulterzucken und zaghaftem Nicken. „Ins EKO, ja..."

Unter schwerem Luftholen wurde eine Bekannte in der dortigen Grundmittelabteilung angerufen. „Hör mal, Gisela, unsere neue Projektgruppe hat die Möglichkeit, Computer, die auch gar nicht so teuer sind..." Dem Anrufer wurde der Hörer aus der Hand gerissen.

„Hanschke. Ich bin rechtmäßiges Mitglied der Projektgruppe.
Verbinden Sie mich bitte mit Abteilungsleiter Wallmann ... Ja,
Mahlzeit, Kurt. Computer aus dem Westen braucht Ihr nicht, oder? ...
Hab' ich mir gedacht ... na, bis zum Wochenende dann ..." Er legte
auf.
Keiner der zwölf Mitarbeiter wagte im Moment zu atmen. Mit zwei
mühsam gebremsten Schritten trat ich auf den liebenswerten Herrn
Hanschke zu. „Dieses Definitionsproblem sollten wir tatsächlich
klären. Sie sind Mitglied der Projektgruppe und ich bin mit dem
Projekt assoziiert. Mein Interesse besteht im Erfolg der Gruppe, ihre
Interessen kenne ich nicht. Aber ich erwarte von Ihnen, dass Sie
künftig weder mich noch einen der Mitarbeiter bei der Arbeit
behindern. Im Gegenzug bin ich gern bereit, Ihnen das Gleiche zu
versprechen."
Hanschke warf einen kurzen Blick auf seine Uhr. „Für mich ist jetzt
Mittagspause."
Die wollte ich gewiss niemandem verwehren. Auf dem Weg zur
Kantine fragte ich Herrn Fleischer, inwieweit er als Projektleiter für
die Kooperation zwischen der Gruppe und mir verantwortlich sei.
Abwehrend hob er die Hände: „Mir tut der Vorfall leid. Aber ich kann
den Leuten nicht das Wort verbieten."
Eine Dreiviertelstunde später war die Gruppe wieder um mich
versammelt. Gruppenmitglied Hanschke war nicht mehr unter den
Anwesenden, was mich keineswegs traurig stimmte.
„Gibt es eigentlich jemanden unter Ihnen, der Kontakte zu Berlin
Chemie hat?" Ich lehnte mich gegen die Fensterbank und hoffte
erwartungsvoll auf ein 'ja'.
Eine Frau sagte leise und mit gepresster Stimme: „Ich kenne
jemanden im Export. Vielleicht kann der eine Verbindung herstellen."
Aufgefallen war sie mir schon vor der Pause, jetzt meinte ich, den
Grund zu erkennen. In ihrem Blick fand sich auf besonders
ausgeprägte Weise eine Form von Selbstbewusstsein, die von
Resignation überschattet war; ein sich widersprechender, im Westen
kaum anzutreffender Ausdruck, den ich, in abgeschwächter Form,
nun auch bei den anderen wahrnahm.
Am Telefon meldete sie sich mit dem Namen „Bernert". Sie wurde
mehrmals verbunden und sprach mit jedem Mal flüssiger und
gezielter über unseren 'Computerhandel' und meine

Kontaktversuche zu Berlin Chemie. Sie hatte Erfahrung im
Verhandeln, darüber bestand kein Zweifel. Die Projektgruppe wurde,
wie ich gleichzeitig bemerkte, zunehmend von Spannung erfasst.
Ich wurde an den Hörer gebeten, um mit dem dortigen
Produktionsdirektor zu sprechen. Im Unterschied zum EAB war
jedoch in diesem Betrieb der Werksdirektor noch nicht abgehalftert
worden. Er nämlich übernahm zuletzt das Gespräch und ließ sich
das Besondere des Lieferangebotes erläutern. Schließlich
vereinbarte er mit mir einen Termin für den übernächsten Tag.
Nun kamen schon unaufgefordert Vorschläge aus der Projektgruppe.
Das Telefon kam nicht mehr zur Ruhe.
Um vier Uhr nachmittags trat das für alle verblüffende Ereignis ein,
der große symbolische Durchbruch. Das „VEB Isoliergehäusewerk
Wilhelm Pieck" bestellte einen Computer, zusammen mit einer
Standard-Software für Buchhaltung und Rechnungsführung.
„Sehen Sie, es funktioniert!" Fast wäre ich auf den Tisch
gesprungen. Zwei Monate lang hatte ich darauf zugearbeitet, jetzt
sah ich keinen Grund mehr, meine Freude zu verbergen. Im
Gegenteil, sie sollte sich verbreiten! Raumgreifend sollte sie alle in
der Runde mit ihrem sparsamen und höflich beherrschten Lächeln
erfassen. Deshalb überlegte ich blitzschnell, ob ich es nicht schon
riskieren sollte, auf die eine Zusage hin 50 Hyundai zu bestellen.
Hilde hätte abgeraten - ich entschloss mich, es zu tun. Die
Projektgruppe sollte sehen, dass ich an meine Ideen glaubte.
„Sehen Sie, wie einfach es ist?" rief ich immer wieder in die Runde.
„Um unseren Schwung nicht zu verlieren, werden wir gleich in
Bremen anrufen und die Computer ordern!"
Wie erwartet, hatte der Produktionsdirektor nichts gegen die
einmalige Benutzung seines Apparates einzuwenden, der für
sogenannte Westgespräche mit einer Leitung des Ministeriums für
Außenwirtschaft gekoppelt war. Ich wählte die Nummer der Hyundai-
Vertretung und drückte, nachdem die Verbindung hergestellt war,
einer Mitarbeiterin den Hörer in die Hand. „Sie brauchen nur vom
Zettel abzulesen."
Ihre Hand wurde sichtlich feucht, als sie in die Muschel sprach.
„Entschuldigen Sie ... ich wollte Sie nicht stören ... könnten Sie
vielleicht, wenn es Ihnen keine Umstände bereitet..." Mir blieb nichts
anderes übrig, als ihr sanft den Hörer abzunehmen. Ich bestellte die

Mindestliefermenge von 50 'Hyundai Super 286 E', unter Angabe der Adresse von *Unisoft*.

Während ich überlegte, ob es zu dieser Stunde noch Sinn hätte, weitere Akquisitionsversuche zu unternehmen, sah ich durch das Fenster auch schon die Herren von der Wache über den Hof marschieren. Damit war die Entscheidung gefallen. Ich schlug der Projektgruppe vor, mit mir Essen zu gehen. „Betrachten Sie es doch als meinen Einstand. Schade nur, dass es hier kein Westberliner Telefonbuch gibt, sonst hätte ich dort einen Tisch bestellen können."

Was nicht unbedingt nötig gewesen wäre, doch ich wollte, dass sie wenigstens mir gegenüber ihre Hemmungen verlieren. Dafür schien mir ihr vertrautes Ambiente in Ostberlin geeigneter.

Zuvor mussten jedoch noch die Türen der Räume, in denen die Projektgruppe tätig war, 'versiegelt' werden.

Ich hatte mich mittlerweile darauf eingestellt, stündlich ein neues Erlebnis der dritten Art zu haben, und beobachtete fasziniert den Prozess der Versiegelung. In der Einfassung der Türen befand sich ein beschichtetes Metallplättchen, das nach dem Abschließen mit einem rückseitig befestigten Faden überzogen wurde. Dieses Prägesiegel war ausnahmslos an jeder Tür angebracht.

„Was haben wir hier zu verbergen?" fragte ich in meiner betriebsfremden Naivität.

„Gar nichts", war die Antwort, „das ist Vorschrift. Wenn früher an den Türen der Forschungs- oder der Exportabteilung das Siegel gebrochen war, war die Kripo und die Stasi den ganzen Tag im Haus."

„Die Stasi? ... Um den Industriespion zu finden? Der bricht doch nicht nachts in das Gelände ein. Der arbeitet in der Firma und fotografiert die Unterlagen, wenn ihn niemand sieht."

Mir war klar, dass ich mit dieser Bemerkung nichts an der Vorschrift zur Versiegelung ändern würde.

Fräulein Moser und zwei Mitarbeiter mit Wohnsitz in Halle verabschiedeten sich, der Rest verteilte sich auf die vier zur Verfügung stehenden Wagen. Und erst in diesem Augenblick fiel mir ein, dass der Produktionsdirektor noch nicht ein einziges Mal den Ankaufsetat des EAB erwähnt hatte.

Nach diesem einen Tag hatte ich allerdings auch begriffen, dass die Zukunft des Kombinats so ungewiss war wie die der ganzen DDR.

Dieter Leicht wollte vermutlich keine 60 Millionen mehr in ein
Vakuum investieren.
Und ich? Ich war von einem Geschäft angelockt worden und fand
mich als Betreuer einer Projektgruppe wieder.
In meinem Daimler hatten vier Leute Platz genommen, ich drehte
den Zündschlüssel und startete den Wagen.
Eine Stunde später saßen wir im Palast der Republik und zerteilten
auf unseren Tellern die wohl charakteristischste Vorspeise der DDR-
Gastronomie, Würzfleisch im Blätterteig-Körbchen.
„Warum ist es für Sie so schwierig, in den Westen zu telefonieren?",
fragte ich, „was unterscheidet die Leute dort von Ihren Kollegen?
Glauben Sie wirklich, Sie müssten sich denen unterlegen fühlen?"
„Nein, bestimmt nicht..." Ich musste dem jungen Programmierer
mehrmals zunicken, bevor er fortfuhr: „Letzte Woche war ich mit
Bekannten aus Leipzig in Westberlin. Wir wollten in ein Restaurant,
in Schöneberg. Es war fast leer. Die Bedienung sagte uns, es wäre
alles reserviert. Sie zeigten auf die Schildchen, die auf den Tischen
standen. Gleichzeitig kamen Leute aus dem Westen herein und
fragten, ob noch etwas frei sei. Aber selbstverständlich! Die konnten
sich setzen, wohin sie wollten."
„Das ist mir auch schon passiert", sagte ich. „Künstler, Medienleute,
die wollen unter sich bleiben."
Ich hatte meine ursprüngliche Frage auf den Arbeitsbereich
bezogen. Wie ich jetzt feststellen musste, wäre das Gespräch, das
ich in Gang bringen wollte, in dieser Eingrenzung gar nicht möglich
gewesen. Hier hatten sich Sachen aufgestaut, die unmöglich
überspielt werden konnten.
„Ich war neulich in Lübeck", erzählte gerade eine Export-
Sachbearbeiterin, „mit meinem Mann und meiner Tochter. Eine
Gruppe hat uns mit Bananen beworfen. Die brüllten 'Freiheit,
Freiheit, ihr seid das Traumvolk, auf euch haben wir gewartet' ..."
„Was waren das für Leute?"
„Jung. Jeans. Mit großen Tüchern um den Hals. Sahen genauso
aus, wie unsere Alternativen von der Kirche."
„Aber das sind doch nicht die Leute, mit denen Sie beruflich zu tun
haben werden! Der Umbruch hat auch Viele im Westen geistig
überfordert, und auch dort wird für manche die Zukunft düster
aussehen. Einige von denen, die heute auf Sie herabschauen,

werden Sie in drei Jahren vielleicht auf der Straße um eine Banane
bitten."
„Die uns? Oder wir die? Im nächsten Jahr sind wir alle arbeitslos."
„Das genau wollen wir doch mit der Projektgruppe verhindern!"
„Dieter Leicht hat gesagt, wir müssten alle selbständig werden."
„Was für Sie anscheinend das Gleiche ist wie Arbeitslosigkeit."
Worauf zwei in der Runde tatsächlich mit dem Kopf nickten. So
wollte ich die Diskussion nicht auslaufen lassen!
„Vor einem halben Jahr hatten Sie doch noch gegen das Regime
demonstriert..." Weiter kam ich nicht, das Gelächter und der Protest
am Tisch waren zu heftig geworden.
„Ich habe nicht demonstriert. Ihr vielleicht? Hat jemand
demonstriert?"
„Warum denn? Mir ging es gut in der DDR! Ich hatte meinen Beruf,
ich hatte Anerkennung. Um meine Familie brauchte ich keine Angst
zu haben. Wer sich heute noch ein Kind wünscht, muss mit
Arbeitslosigkeit rechnen."
„Ich bin wirklich etwas irritiert", sagte ich „die Tränen bei der
Maueröffnung, waren die geheuchelt?"
„Nein, sicher nicht. Mit allem waren wir auch nicht zufrieden."
„Aber jetzt wird die DDR nicht mehr lange bestehen, und Ihr Leben
muss trotzdem weitergehen. Lassen Sie uns mal ein bisschen
phantasieren. Wenn Sie in diesem Augenblick, jeder individuell, eine
Summe zur Verfügung hätten, um sich eine Existenz aufzubauen,
was würden Sie tun?"
„Hm ... ein Chinarestaurant!"
„Ach ja?.. Und Sie?"
„Auch; ein Chinarestaurant..."
Meine Fassungslosigkeit verbergend, setzte ich die Befragung fort.
Eindeutiger Sieger blieb das Chinarestaurant mit vier Punkten,
gefolgt von der Autowaschanlage mit drei Punkten. Den Abschluss
der Liste bildeten eine Videothek, ein Golfplatz und ein
Heimwerkermarkt. Niemand hatte sich die Frage gestellt, warum
Chinarestaurants von Chinesen geführt werden. Keinem wäre in den
Sinn gekommen, dass zwei Autowaschanlagen an einer
Straßenecke sich gegenseitig abwürgen würden. Und niemand in
der Runde hatte auch nur mit einem Gedanken seine berufliche
Praxis mit in die Wunschvorstellung einbezogen.

Meine Selbstsicherheit war bei weitem nicht mehr so gefestigt wie am Nachmittag. In der gelösten Atmosphäre dieses Abends spürte ich weit deutlicher, dass ich den Mitgliedern der Projektgruppe binnen kürzester Zeit Erfolge vermitteln musste. Sollte dies nicht gelingen, würden sie in einer grauenhaften, für Westbürger unvorstellbaren Resignation versinken.

Volkseigentum

Den nächsten Tag verbrachte ich als reisender Organisator. In Kaufhäusern besorgte ich Büromaterialien aller Art, Kugelschreiber, Faserstifte, Heftklammern, Memory Clips, Schreibpapier, Notizblöcke, Aktenordner, Locher und dergleichen mehr. Ich kaufte Schreibtischlampen und Glühbirnen, fuhr zu *Unisoft*, lud zwei Drehstühle, eine Schreibmaschine und einen Computer nebst Drucker in den Wagen, veranlasste den Transport des Kopierers per Kleinlaster und machte mich auf den Weg in den EAB. Von der Projektgruppe wurde ich empfangen wie der Weihnachtsmann. Nachdem die wunderbaren Dinge verteilt und installiert waren, versuchten wir, Kontakt mit der Zollverwaltung der DDR aufzunehmen. Frau Bernert kannte von ihrer früheren Tätigkeit in der Export-Abteilung des EAB drei Sachbearbeiter dieser Behörde persönlich. Doch keiner der Apparate war besetzt. Die Sekretärin eines höhergestellten Kaders erklärte uns, dass einer der gewünschten Gesprächspartner seit zehn Tagen, der andere seit zwei Wochen und der dritte bereits seit den Volkskammerwahlen abwesend sei. Auf die Frage, an wen wir uns wenden könnten, kam die Antwort: „Immer zuerst an den Pförtner."
Es hätte mir Spaß gemacht, diesen Satz wörtlich zu nehmen, doch dazu fehlte mir die Zeit. Ich wollte an diesem Tag noch mindestens einen meiner Partner im telefonfreien Köpenick erreichen, um gemeinsam mit ihnen dem Direktor von Berlin Chemie als startbereites Joint-Venture gegenübertreten zu können.
Die Abfahrt nach Köpenick verzögerte sich, ich musste unentwegt Fragen beantworten, Fragen zu verschiedenen Arbeitsabläufen, und plötzlich erdröhnte ein ohrenbetäubendes Geräusch; ein heulender Signalton, der mich sofort in die Knie sinken ließ. Ich kannte dieses Geräusch! Ich hatte es schon einmal erlebt, 1974 auf Zypern, als die türkischen Truppen auf der Insel landeten. Es war das internationale Signal für Fliegeralarm. Jetzt schlug die Rote Armee zurück, Moskau duldet keinen Abfall des Ostblocks! Ich blickte zu den Leuten auf, die in absolut entspannter Haltung um mich herumstanden und fragten, ob mir schlecht geworden sei.

„Was war das?" stammelte ich entsetzt.

„Der Sirenentest."

„Was?"

„Der Sirenentest. Jeden Mittwoch fünfzehn Uhr."

„Warum?"

„Na, um zu testen, ob sie noch funktioniert. Damit sie nicht ausfällt, wenn's Krieg gibt."

„Seit wann machen die das?"

Darüber herrschte Uneinigkeit. Einige Mitarbeiter meinten, dass die Sirene seit dem Zweiten Weltkrieg nicht mehr zur Ruhe gekommen sei, andere behaupteten, dass sie in den fünfziger Jahren wieder reaktiviert wurde. Fest stand nur, dass der EAB auch jetzt, im März 1990, seine Sirene einmal pro Woche testen musste. Noch leicht betäubt von dem Schreck begab ich mich zu meinem Wagen.

Nachdem ich vergeblich bei meinen Partnern in Köpenick geklingelt hatte, passte ich mich den mittelalterlichen Kommunikationsstrukturen der DDR an und beklebte die Wohnungstüren mit einer handgeschriebenen Nachricht.

Dann fuhr ich schnell mal rüber nach Westberlin, es waren ja nur zehn Kilometer, kaufte mir ein Funktelefon, sowie ein dafür passendes Funk-Faxgerät. Die Weiterleitung des Zulassungsantrags an die Post übernahm der von mir hochgeschätzte Händler.

Zurückgekommen in den EAB, traf ich in der zweiten Etage des Objekts Nummer vier auf ein unglaubliches Gedränge. Menschen, die sich die Treppen hinauf- oder herabschoben, riefen sich ein seltsam klingendes Wort zu, das sich wie „serogsn" oder „kseroksn" anhörte und mir gar nichts sagte. Aus der Erregung, die schon am Treppenabsatz herrschte, konnte ich nur auf den Beginn eines Polterabends schlussfolgern, hielt aber auch die plötzliche Auszahlung der Gehälter in D-Mark für möglich.

Nichts von dem traf zu. Anlass war das Kopiergerät, das die Transporteure, entgegen meiner Anweisung, im Gang aufgestellt hatten. Jeder von der Belegschaft des Objekts wollte es ausprobieren, jeder hielt irgendeinen Wisch in der Hand, der seiner Meinung nach sofort kopiert werden - nein, jetzt verstand ich endlich das Wort - der sofort „ge-xerox-t" werden musste. Mein Unwillen wich einer plötzlichen Faszination. Hier hatte es eine Firma geschafft, ihren Namen in die Alltagssprache einfließen zu lassen, als Substantiv, Verb und wahrscheinlich auch als Adjektiv.

Am aufgestellten Canon-Gerät waren indessen Experimente im Gang, man zog die Kopie von der Kopie von der Kopie und so fort, und meine Projektgruppe fühlte sich dadurch nicht im Geringsten gestört. Herr Wendland führte mich an seinen Platz, an dem sich drei weitere Mitarbeiter versammelt hatten. Seine Haare waren nicht mehr so ordentlich gekämmt wie am Vortag; sie standen kreuz und quer über den Brillenbügel. „Wir haben heute vier Computer verkauft."

Ich musste mich setzen. Der Verkauf eines Gerätes an das Isoliergehäusewerk konnte als Zufall betrachtet werden. Die heutigen Zusagen brachten den wirklichen Beweis für das Funktionieren des Konzeptes.

Ich verzog mich mit der Gruppe an einen ruhigeren Ort und ließ bei Herrn Leicht anfragen, ob er wisse, wo im Werk wir drei Flaschen Sekt erstehen könnten.

Das anschließende Idyll währte nur kurz. Gerade als wir die Krim-Sekt-Flaschen entkorkten, die der Produktionsdirektor der Privatbar des Kombinatsleiters entnommen hatte, trampelte die Wache in den Raum. „Feierabend, die Herrschaften!"

Mit gütigen, drohenden und wieder besänftigenden Worten erreichte Herrn Leicht, dass uns eine zusätzliche halbe Stunde gewährt wurde. Ich fragte ihn, wie lange wir uns noch von diesen Hampelmännern terrorisieren lassen müssten.

„Ich brauche die Leute, ich brauche sie!" war seine Antwort. „Wenn ich die nicht hätte, würde das halbe Werk demontiert werden." Er versprach, dass bald allen Mitarbeitern der Gruppe die Gebäudeschlüssel ausgehändigt würden, um unabhängig von den Schließzeiten arbeiten zu können.

Abends um halb zehn erhielt ich dann den Anruf eines meiner beiden Partner. Den Termin bei Berlin Chemie, so wurde mir mitgeteilt, könnten beide leider nicht wahrnehmen, da sie zu diesem Zeitpunkt in ihrem Betrieb sein müssten. Darauf wusste ich buchstäblich nichts zu antworten.

Ich versuchte, mich zur Fairness im Urteil zu zwingen. Woher sollten sie auch gelernt haben, das Wesentliche vom Unwesentlichen zu unterscheiden? Über dieses Fehlverhalten konnte mit den beiden sicher nicht am Telefon diskutiert werden.

Der Direktor des VEB Berlin Chemie erweckte in mir den Eindruck eines langmütigen, geduldigen Mannes, der gelernt hatte, missliche Situationen zu überstehen. Seine Bestrebungen richteten sich auf den Erhalt des Werkes über die Vereinigung hinaus. Die Chance dafür sah er in einer neuen Rolle des Betriebes als Zulieferer von Halbfertigprodukten für die chemische Industrie an Rhein und Ruhr. Wenn ich interessiert sei, könne ich mir vor der geschäftlichen Besprechung den Betrieb zeigen lassen. Er sei sich natürlich darüber im Klaren, betonte er, dass die Voraussetzungen für ein Weiterbestehen des Werkes nur in umfangreichen Investitionen bestünden.

Wie Recht er damit hatte! Der VEB Berlin Chemie befand sich in einem unübersehbaren Zustand des Verfalls. Überall standen oder hingen rostige Rohre und Behälter, aus denen es munter tropfte. Zwischen den Gebäuden sickerten Rinnsale von Flüssigabfällen und in Bodensenken hatten sich Pfützen gebildet, die das gesamte Farbspektrum enthielten. Die Fensterscheiben der Produktionshallen waren fast alle zerschlagen. Aus Schornsteinen quollen dicke Rauchwolken, die den unverkennbaren Gestank der Braunkohle verbreiteten.

„Unser Heizkraftwerk", kommentierte der Direktor lakonisch. „Sie heizen jetzt noch die Werkhallen?"

In den Morgenstunden hatte das Thermometer 14 Grad angezeigt, und für diesen herrlichen Vorfrühlingstag waren steigende Temperaturen angekündigt.

„Geheizt wird bis 30. 4. So ist die Vorschrift. Hinter diesem linksseitigen Gebäudekomplex steht übrigens ein Ölheizkraftwerk, dessen Bau 1983, im Rahmen eines 5-Jahresplanes, bewilligt worden war. Die Umgebung von Berlin Chemie sollte dadurch etwas vom Schadstoffausstoß entlastet werden."

„Und warum heizen Sie nicht mit diesem Ölkraftwerk?"

„Weil uns im darauffolgenden 5-Jahresplan kein Öl bewilligt wurde."

Ich fragte vorsichtig, ob das Heizen denn überhaupt Sinn hätte, wenn die Wärme sich ja ohnehin gleich wieder durch die Scherbenlandschaft an den Fensterhöhlen verziehen würde.

„Die Belegschaft hat im Winter das Gefühl, dass es wärmer in den Hallen ist, wenn geheizt wird."

Ich musste unweigerlich wieder an den Ausspruch Helmut Kohls denken, der pausenlos vom amtierenden DDR-Ministerpräsidenten wiederholt wurde. 'Keinem wird es schlechter gehen, vielen wird es besser gehen.' Dieser Lothar de Maizière schien noch weniger über die Realität in seinem Land informiert zu sein als Erich Honecker zu seiner Zeit.

In diesem Betrieb sollten mir aber noch tiefere Einblicke in das Innenleben der DDR-Gesellschaft vergönnt sein. Beim Betreten der Kantine bot sich mir das putzigste Bild, das ich jemals im Bereich des innerbetrieblichen Verköstigungswesens gesehen hatte. Die Arbeiter waren mit selbstgefertigten Bestecktäschchen aus Wachstuch, Wolle oder Nesselstoff ausgerüstet, die alle individuell bestickt und verziert waren. Diese Behälter waren unzweifelhaft das Werk liebender Ehefrauen, die ihren Männern inmitten der rauen Arbeitswelt ein Gefühl familiären Geborgenheit vermitteln wollten.

„Wir hatten hier eine Zeitlang polnische Gastarbeiter", erklärte der Direktor zu meiner weiteren Verblüffung, „die im Verdacht standen, das Besteck zu entwenden. Aus diesem Grund wurde das Besteck eingezogen, und jeder musste sich sein eigenes mitbringen."

„Hatte der Verdacht sich denn bestätigt?"

„Nicht, soweit ich weiß. Das Besteck wurde, wenn ich mich richtig erinnere, vor der Ankunft der Polen eingezogen."

Ich verbiss mir meinen Kommentar, der ohnehin an die falsche Adresse gerichtet gewesen wäre.

Beim Verlassen der Kantine wurde der Direktor kurz von einem Abteilungsleiter aufgehalten, und ich entdeckte im Vorübergehen einen Wasserhahn, aus dem ein dampfend heißer Strahl in den Ausguss floss. Reflexartig drehte ich ihn ab. Ein Arbeiter schoss auf mich zu, drehte den Hahn wieder auf und verabschiedete sich mit einer Geste, die mir eine körperliche Strafe bei nochmaligem Berühren des Hahns ankündigte. Aus einiger Entfernung sah ich dann, wie die, die ihr Mahl beendet hatten, ihre Teller im Vorbeigehen unter dem Wasserstrahl abspülten.

„Die Kantine ist von 11.30 Uhr bis 14.30 Uhr geöffnet", las ich auf einem Schild in der Nähe des Beckens.

Genaugenommen, hätte ich sogar meinen Teller auf die gleiche Weise abspülen müssen.

Zu weiteren Betrachtungen kam ich nicht mehr, denn der Direktor führte mich in sein Arbeitszimmer.

„Unsere Auftragslage ist nach wie vor nicht die schlechteste. Deshalb möchte ich jetzt gern den kaufmännischen Bereich mit moderner Rechentechnik ausstatten. Dafür steht mir ein Budget von 600.000 Mark zur Verfügung."

Ich vergaß Wasserhähne und Bestecktaschen.

Gemeinsam mit dem Direktor und den betreffenden Sachbearbeitern erstellte ich den Nachmittag über eine Anforderungsanalyse. Das Ergebnis bestand in einem Netzwerk mit sechs Arbeitsplätzen. Es enthielt vier Hyundai-Computer, bestehend aus Monitor, Tastatur und Zentraleinheit, zwei leistungsstärkere Rechner, die ich ebenfalls von Hyundai zu bekommen hoffte, einen Drucker der höheren Leistungsklasse, den Epson mit Sicherheit anbieten konnte, sowie einen Server, eine Notstromversorgung und einen Scanner. Letzteren hielt ich für unverzichtbar, da in der Abteilung überhaupt noch keine Daten elektronisch erfasst waren, und das Eingeben aller Unterlagen per Tastatur einer Arbeit für die Ewigkeit gleichgekommen wäre. Im Laufe der nächsten Woche, so vereinbarten wir, würde ich dann eine detaillierte Systemanalyse anfertigen.

Meine Stimmung hätte kaum besser sein können. Mit diesem Geschäft war meine Ost-West-Kooperation auf eine solide Basis gestellt. Nun fehlte nur noch der Kopf des Unternehmens, die Firma auf Joint-Venture-Basis. Auch den Mitstreitern des Direktors war anzusehen, welche Hoffnung sie mit der Modernisierung ihrer kaufmännischen Abteilung verbanden. Ich hätte zwar gern noch die Programmierung von Lothar Wendland vornehmen lassen, doch 'Berlin Chemie' hatte seine eigenen Programmierer, die beschäftigt werden mussten.

Der Direktor und zwei seiner Mitarbeiter aus der Verwaltung begleiteten mich zum Werkstor.

„Wem genau gehört denn nun eigentlich dieser Betrieb?" fragte ich, als wir das heruntergekommene Gelände durchquerten.

„Dem Volk."

„Dem Staat."

Zwischen dem Direktor und seinen Mitarbeitern entstand ein kurzer Disput über die richtige Definition. Die Arbeiter, die mittlerweile Feierabend hatten, strömten aus den Werkshallen. Eine Gruppe von

ihnen war, angelockt vielleicht von meiner Erscheinung, bei uns
stehen geblieben. Schließlich sagte einer: „Es ist Volkseigentum,
also gehört mir ein 16 Millionstel."
„So einfach ist das nicht." entgegnete ihm der Direktor. „Volk und
Staat waren offiziell identisch. Also war das Volkseigentum
gleichzeitig Staatseigentum."
„Den Staat gibt's aber nicht mehr lange."
„Genau!" rief ein anderer. „Deshalb ist es jetzt herrenloses
Volkseigentum."
Ich gab zu bedenken, dass sich nach der Vereinigung eventuelle
Alteigentümer melden könnten.
Ein älterer Arbeiter trat auf mich zu. „Wenn diese Eigentümer bereit
sind, mir die Differenz zum Westlohn für die letzten vierzig Jahre zu
zahlen, sind sie willkommen. Ich arbeite in hier seit 1952. Ich habe
das Werk mit aufgebaut, dafür garantierte mir der Staat soziale
Sicherheit. Wenn die jetzt wegfällt, steht mir eine Beteiligung am
Betriebseigentum zu."
Dieser Logik konnte ich nichts entgegenhalten. Ich war nur wieder
einmal verwirrt von den Ansichten, mit denen ich hier auf dem
Werksgelände konfrontiert wurde. Im Fernsehen, der ARD, dem
ZDF, hatte ich bisher nur Arbeiter gesehen, die nichts drängender
herbeisehnten, als von einem westdeutschen Eigentümer
übernommen zu werden.
Der Direktor schüttelte mir die Hand zum Abschied. „Fast hätte ich
es vergessen! Wäre denn innerhalb des Preisvolumens auch noch
ein Kopiergerät denkbar?"
Natürlich, ein Kopierer. Er konnte ohne weiteres noch mit in das
Paket aufgenommen werden.
Ein Kopierer. Ich schlug mir mit der Hand gegen den Kopf, als ich
wieder im Auto saß. Wie war es nur möglich, dass ich nicht schon
am Vortag, angesichts der Reaktionen in Objekt Vier darauf
gekommen bin? Mein früheres Erlebnis im Schreibwarengeschäft
musste bei mir eine Blockade gegen Kopierer hervorgerufen haben.
Wieviel Betriebe mit einer Belegschaft von mehr als 100 Personen
gab es in der DDR? 10.000? 20.000? 30.000? Alle brauchten ein
Kopiergerät! Mir wurde schwindlig. Leider, leider hatte ich nicht das
nötige Kleingeld für eine Vorfinanzierung parat.
Und andere? Wieviel Kaufleute saßen zur gleichen Zeit in Westberlin

vor einem Markt, der sehnlichst darauf wartete, beliefert zu werden?
Der dringend eine gründliche Know-How-Vermittlung brauchte?
Wieviel DDR-Bürger müssten in Projektgruppen wie der unseren
eingebunden werden? Fünf Millionen? Zehn Millionen?
Und was taten die Geschäftsleute im verträumten Westberlin? Sie
schnarchten vor sich hin, als stünde die Mauer noch; als hätte sich
nichts verändert. Diese Blindheit war mir unbegreiflich. Anscheinend
glaubte man, dass die Marktwirtschaft automatisch funktioniert, wenn
nur alle die gleichen Süßigkeiten knabbern.
Am nächsten Morgen musste ich, bevor ich in den EAB fuhr, noch
rasch zu *Unisoft*, um weitere Unterlagen zu holen. Noch vor dem
letzten Treppenabsatz wurde ich von Hilde empfangen. „Du kannst
dir gleich dein Jackett ausziehen und die Ärmel hochkrempeln. Ich
möchte wenigstens mein Zimmer von deinen Paketen befreit haben.
50 Kartons! Man kann sich kaum noch durch den Flur bewegen!"
Hilde war am Vortag aus Rom zurückgekommen und schien mich
schon von ihrem Fenster aus gesehen haben.
„Es tut mir leid", sagte ich, „Die Ankunft der Ware war mit Hyundai
für den heutigen Nachmittag vereinbart worden. Dann hätten wir sie
gleich von einem LKW in den anderen umladen können."
„Umladen? Wie meinst du das?"
Ich begann, die Computer in mein verwaistes Arbeitszimmer zu
räumen und erzählte ihr dabei von dem lukrativen Geschäft mit VEB
Berlin Chemie. Das hätte ich aber besser nicht tun sollen.
„Rechnen wir doch 'mal aus", unterbrach sie mich, „wie
hoch *Unisoft* bereits belastet ist. Mit 350.000. Hab ich richtig addiert?
Hast du denn bisher wenigstens eine einzige Ost-Mark dafür
gesehen?"
„Das Geld wird auf das Konto von Ahrens und Leonhardt
überwiesen." „Wer ist das?"
„Meine beiden Partner, du hast sie schon mehrmals gesehen. Und
geliefert wird natürlich gegen Vorkasse."
„So. Welche rechtlichen Ansprüche hast du eigentlich auf das Konto
dieser beiden Partner? Fehlt dir was am Kopf? Wie willst du
verhindern, dass sie mit dem Geld abhauen?"
„Mit Ost-Mark? Die könnten sich nirgendwohin bewegen mit dem
Geld. Niemand würde denen das eintauschen."
„Na schön. Dann sag' mir bitte, wohin konkret soll die Ware jetzt

gehen? Oder soll sie hier im Büro bleiben?"
„Die Ware geht heute noch in den EAB."
„Als Volkseigentum?"
„Was soll der Unsinn?"
„Wenn die Ware in den Osten geht, gilt sie für mich als geliefert. Das heißt in unserem Fall, ohne Vorkasse und ohne rechtliche Absicherung. Wenn es hart auf hart kommt, hast du keinen Anspruch darauf."
„So ein Lager, wie es mir dort zur Verfügung steht, hätten wir uns hier nie leisten können. Außerdem weißt du selbst, dass die Gewerbefreiheit schon morgen erlassen werden könnte. Ein Joint-Venture hätten wir schon gründen können, aber das hätte keinen Sinn ergeben. Verstehst du das nicht?"
„Könnte, hätte, müsste, sollte ... Was ist eigentlich mit dir los? Über Jahre hinweg kannte ich dich nur als soliden Geschäftspartner. Wie kommt es, dass du plötzlich dein Herz an den Osten verloren hast? Ist es die Midlife-crisis?"
„Da kann ich dich beruhigen. Ich hatte kürzlich erst gelesen, dass Männer, die lange genug studiert haben, keine Midlifecrisis mehr bekommen."
Beruhigen konnte ich sie damit überhaupt nicht. Während ich die letzten Kartons aus dem Flur räumte, schwebte sie hinter mir her und fragte, die Hände in die Hüften gestemmt: „Hast du eine Idee, wo unser zweiter Kopierer sein könnte? Letzte Woche stand er noch an diesem Fleck hier."
„Jetzt steht er im EAB. Die hatten dort keinen einzigen."
„Ah, und da hattest du mir denjenigen hiergelassen, der ohnehin bald ausrangiert werden sollte. Finde ich nett von dir."
„Wir haben dort hundertmal mehr zu kopieren, als hier bei *Unisoft*. „
"Ich möchte, dass der Kopierer heute noch zurückkommt. Das ist mein letztes Wort zu diesem Thema."
Ich schlug die Tür hinter mir zu und hastete zurück zu meinem Wagen. Künstlich aufgetürmte Hindernisse aus der eigenen Firma waren genau das, was ich jetzt noch gebrauchen konnte! Ich warf einen Blick in mein Notizbuch und klappte es gleich wieder zu. Von den Dingen, die ich mir für diesen Tag vorgenommen hatte, würde ich allenfalls die Hälfte erledigen können. Noch immer wütend, trat ich auf das Gaspedal und jagte quer durch die Stadt in den EAB.

Nein, sagte ich mir, ich konnte ihre Bedenken nicht beiseite wischen.
Sie war verantwortlich für *Unisoft*, genau wie ich. 350.000 D-Mark
waren keine Bagatelle, wenn man sie in roten Zahlen schreiben
musste. Vielleicht würde sie die Sache anders sehen, wenn sie die
Projektgruppe selbst kennengelernte? In dieser Hinsicht würde ich
etwas in die Wege leiten müssen!

Fräulein Moser tippte neuaufgesetzte Verträge, als ich meinen Raum
in Objekt Vier betrat, und Herr Wendland saß über eine Schaltkreis-
Zeichnung gebeugt.
„Haben Sie gestern neue Verkäufe tätigen können?", fragte ich ihn.
„Ja, an drei Betriebe."
„Prima. Das wären insgesamt acht, abgesehen von Berlin Chemie.
Bei wieviel Firmen können Sie denn auch die Programmierung
übernehmen?"
„In vier Betrieben."
„Ausgezeichnet. Ich hatte schon befürchtet, dass die kleinen nur
Standard-Software nehmen und die großen alle ihre eigenen
Programmierer haben. Wo ist denn eigentlich die Tastatur von
unserem Computer?"
„Tja...", Herr Wendland hob die Schultern und spreizte die Hände.
„Die Tastatur ist nicht das einzige, was abhanden gekommen ist.
Von den 30 leeren Ordnern, die Sie mitgebracht haben, sind nur
noch 12 vorhanden und das Kopierpapier ist vollständig
verschwunden."
„Oh je! Ich dachte, die Türen seien mit einem Prägesiegel gesichert."
„Nachts, aber doch nicht tagsüber. Das ist passiert, als gerade mal
niemand im Zimmer war."
„Hätten Sie nicht die Türen abschließen können?" „Das hätte nichts
genützt. Schloss und Schlüssel sind an allen Türen gleich."
„Dann werden wir uns an die Türen vom 'Computerhandel' neue
Schlösser einbauen lassen."
„Dieter Leicht sagte gestern, dass wir in ungefähr zehn Tagen
umziehen müssten. In Räume, in denen wir dann zwei oder drei
Wochen bleiben könnten..."
In diesem Moment kam Dieter Leicht mit dem 'Neuen Deutschland'
in der Hand ins Zimmer gestürzt. „Schon gelesen? Gewerbefreiheit
bereits seit vierzehn Tagen in Kraft. Ministerium erhält täglich

Anfragen, und so weiter, der Erlass ist unter der Flut der Ereignisse von den Medien offenbar nicht in vollem Umfang wahrgenommen worden."
-Ich schluckte und atmete tief durch. „Das sind die Nachrichten, die man gern hört. Wenn sich eines Tages auch noch feste Räume für uns finden ließen..."
Herr Leicht vollführte die gleiche vielsagende Geste mit den Händen, wie vordem Lothar Wendland. „Ich tu, was ich kann. Der ganze Betrieb ist in Bewegung ... Für die Wertgegenstände empfehle ich Panzerschränke." Er lachte und zwinkerte mir zu, als er das Zimmer verließ.
Ich rief sofort im Kabelwerk Oberspree an und fragte mich nach meinen beiden Partnern durch. Schließlich hatte ich Herrn Ahrens am Apparat. Ich bat ihn, mich am Abend aufzusuchen oder anzurufen. Noch am Nachmittag würde ich mit meinem Notar den nächstmöglichen Termin vereinbaren, so dass wir in der kommenden Woche mit einem Ostberliner Notar die Eintragung ins DDR-Handelsregister vornehmen lassen könnten. Als ich keinerlei Antwort erhielt, fragte ich, ob er mich überhaupt hören könne.
„Doch", zischelte er, „aber hier anzurufen ist schlecht für uns, ich meine, für außerbetriebliche Gespräche."
„Das kann doch jetzt egal sein."

„Sicher, da haben Sie recht. Wir melden uns heute Abend."
Merkwürdig, diese Reaktion. Das Gespräch über die Wahl der Prioritäten, das ich mit ihnen vorhatte, schien dringend notwendig zu sein. Ich hoffte, dass sie an diesem Abend persönlich erscheinen würden.
Ich fuhr zurück zu *Unisoft* und legte Hilde das 'Neue Deutschland' auf den Tisch. „Dieser Erlass hat indirekt auch Rechtswirksamkeit in der Bundesrepublik, da rechtsgültig abgeschlossene Verträge auch nach der Vereinigung wirksam bleiben. Und der Kopierer wird heute Nachmittag wieder hier im Flur stehen. Die Computer werden ebenfalls heute noch in das Hochregallager des EAB transportiert. Bei der Einlagerung werde ich persönlich anwesend sein."
Hilde schaute mich eine Zeit lang schweigend an und schob sich zu meiner unverhohlenen Verwunderung einen Kaugummi-Riegel in den Mund. Schließlich sagte sie: „Dann kann ich ja wieder beruhigt

sein."

„Hilde!" Ich legte meinen Arm um ihre Schulter. „Jetzt haben wir die Sicherheit, die wir seit Wochen herbeisehnten. Wollen wir nicht zur Feier des Tages heute Abend essen gehen? Wir könnten, sagen wir, Frau Bernert und Herrn Wendland aus der Projektgruppe mit einladen."

Sie schüttelte den Kopf.

„Ein anderes Mal vielleicht."

Über diese Gewerbefreiheit konnte sich außer mir offenbar niemand so richtig freuen. Ich rief den Notar an und vereinbarte einen Termin für Samstag 12 Uhr 30.

Zweieinhalb Stunden blieben mir noch, bis der Kraftfahrer mit seinen beiden Hilfskräften eintreffen würde. Und das Büro meines Freundes Jürgen war nur zwei Straßenecken von *Unisoft* entfernt. Besser würde ich die Zeit nicht nutzen können!

Jürgen leitete ein Schulungsunternehmen für Marketing, und zum Stamm seines Teams gehörte einer der besten Psychologen auf dem Gebiet der Mitarbeiter-Motivation. Zu Mitte der 80er Jahre, als im Westteil der Stadt die High-Tech-Branche durch zahlreiche Firmengründungen belebt wurde, waren Ulis Kurse über Monate hinweg ausgebucht. Ich hoffte, ihn nun so schnell wie möglich für die Schulung meiner Projektgruppe zu gewinnen.

Jürgen freute sich, mich nach Monaten wieder einmal zu sehen, hörte sich aber kommentarlos den Bericht über meine Aktivitäten an.

„Ich kann den Leuten Know-how vermitteln", wiederholte ich mehrmals, „aber ich bin kein Pädagoge. Ich weiß nicht, wie ich sie dazu bringen kann, ihren eigenen Wert realistisch einzuschätzen. Sie verfügen zum Teil über hervorragende Kenntnisse, sieht man von dem kleinen Abstand zur Westtechnologie ab, den sie fast schon aufgeholt haben. Das nützt ihnen aber wenig, wenn sie sich nicht trauen, ein Telefongespräch zu führen und gleichzeitig glauben, sie könnten China-Restaurants gründen. Im Moment scheint es, als ob sie nur arbeiten, um mir einen Gefallen zu tun."

Jürgen hatte sich im Schreibtischsessel zurückgelehnt.

„Vergiss Uli", sagte er, „der löst gerade seinen Hausstand auf und zieht nach Mailand. Hat dort einen Job gefunden, bei einer Schweizer Consulting-Firma. Du kennst doch Irini?"

„Die Griechin, mit der er zusammen ist?"

„Es vergeht kein Tag, an dem sie nicht von irgendwelchem Dreckspack aus dem Osten angemacht wird. 'Hau ab, Kanakerbraut' und so weiter. Von Typen, die es nicht 'mal wert wären, das Klo zu putzen, auf dem die Frau gesessen hat. Uli ist in Massaker-Stimmung! Der zahlt hier jedenfalls keine Steuern mehr."
„Jürgen! Bitte! Worin unterscheiden wir uns von dem eben erwähnten Pack, wenn wir so pauschal über die Ostler reden. Erinnerst du dich an Fatima, die Grafikerin aus der Agentur, die für uns gearbeitet hat? Wie sah ihr Alltag aus? Duzen in Kaufhäusern, Anpöbeln im Bus, alles von den ach so weltoffenen Westberlinern. Ich bitte dich, man kennt das doch! Mangelndes Selbstbewusstsein, Minderwertigkeitsgefühl, Neid, Aggression. Das sind die Glieder dieser Kette. Das ist doch nicht neu! Wenn sie drüben merken, dass sie das gleiche leisten können wie wir, hören sie nicht mehr auf Nazi-Parolen. Die Hälfte meiner Projektgruppe hat übrigens in der Sowjetunion studiert. Die waren selbst schon Ausländer gewesen."
Dass einige aus eben dieser Gruppe mich im Palast der Republik gefragt hatten, wie es denn in der Zukunft mit Arbeitsplätzen für Deutsche stünde, verschwieg ich lieber. Jürgen vergrub für einen Augenblick die Hände im Gesicht. „Ich werde Uli anrufen. Die Entscheidung liegt natürlich bei ihm."
Auf dem Weg zurück zu *Unisoft* versuchte ich, fest an meine Argumentation zu glauben. Die Frage, wie ich an Ulis Stelle reagiert hätte, wollte ich gar nicht erst aufkommen lassen!
Die beiden Kraftfahrer warteten bereits auf mich. Es war nicht das erste Mal, dass ohne ihre Einsatzbereitschaft die Ware buchstäblich hätte auf der Straße stehen bleiben müssen. Und die Überstunden, die Herr Schütz und Herr König, die Lagerarbeiter, im Hochregallager ableisteten, wurden von ihnen wahrscheinlich gar nicht mehr gezählt. Ihnen vor allem verdankte ich, dass wir so gut wie keine Lagerschäden zu beklagen hatten.
Ich fuhr mit meinem Wagen hinter dem LKW her, allerdings nicht, um die Einlagerung zu überwachen. Das hätte ich getrost meinen beiden Helfern überlassen können. Vielmehr interessierte mich der Ablauf des Transports über die sterbende 'Staatsgrenze'.
Durch die Windschutzscheibe sah ich, wie der Lastwagen gestoppt wurde, ein Grenzpolizist mit den Fahrern ein paar Worte wechselte, lachte und sie durchwinkte.

„Was hat er gesagt?", fragte ich sie anschließend.
„Ob wir Waffen oder Munition geladen hätten."
„Und?"
„Nein Computer, sagten wir, meint er, na dann geht s ja wieder
aufwärts mit der Wirtschaft."
Wir fanden, dass diese Erwartung nicht enttäuscht werden sollte.
Als ich aber zwei Stunden vor Mitternacht die Mauer wieder in
entgegengesetzter Richtung überquerte, fiel mir ein, dass ich gerade
auf gröbste Weise eine andere Erwartung enttäuscht hatte. Ich
bremste, hielt an und wusste nicht, was ich tun sollte. Eva hatte
eines meiner Lieblingsgerichte zubereitet, Rebhuhn in Champagner,
ich hatte es mir extra gewünscht. Sie hatte mich mehrmals gefragt,
ob ich denn heute Abend Zeit hätte, und ich hatte versprochen, um
acht Uhr zu Hause zu sein.
Sollte ich anrufen? Mich entschuldigen und lapidar erklären, dass
etwas dazwischen gekommen sei?
Blumen wären ein gute Idee, aber woher bekam man um diese Zeit
noch einen Blumenstrauß?
Ich kam nach Hause und traf wie erwartet auf eine überaus wütende
und enttäuschte Eva.
„Als es neun Uhr war, stand es für mich fest, dass ich morgen mit
der Kleinen nach Italien fahren werde. Es wäre unser
Abschiedsessen für die nächsten Wochen geworden. Aber selbst
dazu habe ich jetzt keine Lust mehr."
„Morgen? Nach Italien? Lass uns doch erst mal in Ruhe essen."
„Das Rebhuhn ist kalt und trocken!"
„Glaub' ich nicht. Wenn es mit Liebe zubereitet wurde...", ich schnitt
ein Stück vom Huhn ab, „hmm, ausgezeichnet."
„Hör' auf mit dem Geflöte!"
Sie schlug die Küchentür hinter sich zu.
Ich schenkte zwei Gläser Wein ein und schlich ihr hinterher. „Trink
doch wenigstens noch ein Glas mit mir. Bitte!" Wir gingen zurück in
die Küche. Ich aß in selbst auferlegter Buße eine kalte
Rebhuhnkeule und verdrehte die Augen vor Entzücken.
Zwischendurch erzählte ich ihr, womit ich den heutigen Tag
verbracht hatte.
„Warum machst du das?" fragte sie.
„Wenn du die Leute von der Projektgruppe kennen würdest, würdest

du verstehen, dass ich sie nicht im Stich lassen kann."

„Ich kenne sie aber nicht. Also, warum bist du dort 'rüber in dieses Werk gegangen? Du hast keine Zeit mehr für uns, für deine Freunde. Was genau ist der Grund? Verdienst du da mehr als mit *Unisoft*?"

„Weiß ich nicht. Es hängt davon ab, was wir wirklich verkaufen werden."

„Aber es muss doch eine Erklärung geben."

„Weil es etwas Neues ist. Weil ich es noch nie vorher getan habe. Nichts ist dort mit unserer Situation vergleichbar. Dort findet ein Umbruch statt, den sich hier im Westen niemand vorstellen kann. Jede kleine Sache, die gelingt, kommt einem unerwarteten Erfolg gleich. Es ist das, was ich zum Leben brauche. Ich kann nicht wie ein Beamter leben, der sich um nichts anderes sorgt, als um sein Altersruhestandsgeld. Wärst du lieber mit Herrn Haertel zusammen?"

„Ich, hör' auf!"

Genussvoll begann ich, die vermeintlichen Vorzüge von Herrn Haertel zu schildern, zielte dabei auf die Eigenschaften, die Frauen besonders lieben - Phlegma, Larmoyanz und Dauerfrust - bis Eva mir den Mund zuhielt. Dann legte sie mir den Finger auf die Lippen.

„Kein Wort mehr davon..." Ihre Stimme hatte sich verändert. „Nach Italien fahre ich aber trotzdem mit der Kleinen."

„Ja."

„Und du kommst nach, sobald du Zeit hast?"

„Ganz bestimmt."

„Versprichst du's mir?"

„Ich verspreche es dir."

Gesellschaft für Technische Qualitätsprodukte

Für zwölf Uhr mittags hatte ich Herrn Ahrens und Herrn Leonhardt, die mich am Abend doch nur angerufen hatten, zu mir in die Wohnung bestellt. Nun kehrte ich gerade aus der Druckerei zurück, mit 100 Visitenkarten für das Joint-Venture in der Tasche, und suchte einen Parkplatz. Es war gerade elf Uhr geworden. Vor der Haustür standen meine beiden jungen Leute. Sie zogen Gesichter wie Schüler, die ihrem Vater ein verpfuschtes Zeugnis vorzulegen hatten. Ich nahm sie mit herein und fragte, was sie an diesem doch von uns allen so lange erwarteten Tag so fürchterlich bedrücken würde.

„Na ja, mein Onkel, wissen Sie, der ist Rechtsanwalt in Gütersloh. Der meint, dass man für eine Firmengründung unbedingt Eigenkapital braucht, und das würde auch für uns gelten."

„Natürlich gilt das auch für uns. Das Stammkapital kommt, wie ich Ihnen schon erklärt hatte, von *Unisoft*. Sie beide, als Privatpersonen, brauchen in dem Fall keine eigenen Mittel vorzuweisen. Ihr Eigenkapital entsteht erst durch die Gewinne unserer Firma. Und bis zum Zeitpunkt Ihrer ersten Einnahmen werden Sie von *Unisoft* unterstützt..."

Sie schauten mich so ungläubig an, als hätten wir noch nie über dieses Thema gesprochen.

„Wenn Sie sich weiterhin so einarbeiten wie bisher, sehe ich keinen Grund zum Pessimismus. Sie wissen doch selbst, wie hoch in der DDR der Bedarf an moderner Bürotechnik ist."

„Mein Onkel sagt, dass man als Geschäftsführer einer GmbH ins Gefängnis kommen kann."

Ich hätte nach diesem Einwand gern einen Cognac gekippt, obwohl mir solche Gelüste in den Tagesstunden normalerweise fremd waren.

„Man kann allerdings als Geschäftsführer einer GmbH ins Gefängnis kommen. Da hat Ihr Onkel Recht. Das kann passieren, wenn man in betrügerischer Absicht Konkurs anmeldet, oder aus gleichem Grund den Konkurs verschleppt. Wissen Sie eigentlich, dass sie als Verkehrsteilnehmer ins Gefängnis kommen können?"

„Das ist doch was anderes."
„Richtig! Das ist viel wahrscheinlicher. Sie möchten also zurücktreten?"
„Wenn wir vielleicht so ganz normal für Sie arbeiten könnten?"
„Als Angestellte? Tut mir leid. Was ich suche, sind Partner. Ernsthafte Partner, die wissen, was sie wollen. Die in Kategorien denken, die der jeweiligen Situation angemessen sind." Einen Moment lang studierten sie noch das Fußbodenmuster, dann rückten sie ihre geliebten Lederkrawatten zurecht und verließen die Wohnung.
Hatte ich sie gegen ihren Willen überredet, ohne es zu merken? Nein, sie hatten sich auf die Anzeige gemeldet. Nie hatte ich sie im Zweifel gelassen, worum es ging. Mein Gott, sie wussten nicht einmal, was sie in der freien Wirtschaft für eine Schulung hätten zahlen müssen. Sie hatten offensichtlich keine Ahnung, wieviel Leute die Hälfte ihres Monatslohns für einen Qualifikationskurs opfern.
Das Telefon klingelte. Es war Hilde.
„Epson hat Drucker geliefert. Sie stehen in deinem Büro."
„Ok."
„Ist was mit dir?"
„Nein, nein. Ich lass sie am Montag in den EAB bringen."
Dort würden sie dann im juristischen Vakuum stehen, exakt so, wie es Hilde vorausgesagt hatte. Ohne Joint-Venture, also ohne rechtlich abgesicherte Partnerschaft, hatte ich nichts weiter getan als Ware, von meiner Firma bezahlte Ware, in die DDR zu transportieren.
Sollte ich mich jetzt nicht doch vom Osten verabschieden? Die laufenden Verträge noch erfüllen, die restlichen Computer aus dem EAB abziehen und im Westen zum Verkauf anbieten? Kapitulieren, vor den Augen der Projektgruppe! Ich sah ihre Reaktionen vor mir, ihre Blicke, und fand allein schon den Gedanken daran unerträglich.
Spät am Nachmittag klingelte das Telefon ein zweites Mal. Ich hob ab und hätte beinah den Hörer fallen lassen.
„Halli-hallo", schallte es mir entgegen, „es soll noch Leute geben, die keinen Spaß an ihrer Arbeit haben?"
„Uli...du kannst dir nicht vorstellen, wie hoch ich deine Bereitschaft zu schätzen weiß."
Er empfahl mir, den Kurs an einem Wochenende stattfinden zu

lassen. Die Teilnehmer müssten bereit sein, zwei freie Tage für ein
Kommunikations-Training zu opfern.
Ich vereinbarte mit ihm einen Termin für das kommende
Wochenende. Die Kosten von 5.000 DM würde
natürlich *Unisoft* übernehmen.

Zwei Mitarbeiter weigerten sich, ihr Wochenende wegen einer
Schulung im Betrieb zu verbringen. Die anderen saßen
erwartungsvoll im Kreis versammelt. Ich selbst hielt mich in der Nähe
der Tür, bereit, auf einen Wink von Uli hin den Raum zu verlassen.
Er wollte grundsätzlich vermeiden, dass sich seine Schüler durch die
Anwesenheit ihres Chefs gehemmt fühlten.
„Warum sitzt ihr hier?" fuhr er sie an. „An eurem Wochenende.
Unbezahlt! Wegen ihm?" Uli wies mit dem Daumen über den Rücken
zu mir.
Dann schoss er auf Herrn Beyer zu, einem Mitarbeiter, der sein
Bestes gab, um allen Anforderungen gerecht zu werden. -
„Warum bist du hier?"
Um Himmels Willen, er duzte ihn!
„Was versprichst du dir von deiner Zukunft?"
Der arme Herr Beyer wand sich unter Ulis Blick. „Ich...möchte meine
Arbeit behalten..."
„Wieviel verdienst du jetzt?"
„1.250. Aber ich würde auch für 1000 Mark, das ginge auch..."
„Bist du wahnsinnig? Du bietest deinem Arbeitgeber freiwillig eine
Gehaltskürzung an? Hundert Jahre Gewerkschaftsarbeit wirfst du
auf den Müll? Hast du studiert, um dich so zu erniedrigen? Weißt du,
was deine Kollegen drüben verdienen?"
„Drei-, viertausend..."
„Aber du willst das nicht! Bist du weniger wert, als andere mit
gleicher Ausbildung?"
Uli gab mir unauffällig zu verstehen, dass ich zu verschwinden hätte.
Ich war froh darüber. Er schien ihnen in den zwei Tagen die
Marktwirtschaft mit dem Knüppel beibringen zu wollen.
Am Sonntagabend trieb mich die Neugier zurück zur Projektgruppe.
Ich konnte sie kaum wiedererkennen. Ihre Blicke waren gradlinig,
der unsichere Ausdruck war verschwunden, sie alle saßen in
lockerer Haltung auf ihren Stühlen. Uli hatte seine Frontalposition

aufgegeben und saß mitten zwischen ihnen.

„Was", fragte er Frau Bernert, „erwartest du dir von den nächsten zwölf Monaten?"

„In einem Jahr will ich viertausend pro Monat verdienen. Die entsprechende Leistung werde ich vorweisen können. Ich kenne den Markt des Ostens und werde mir hier in unserer Projektgruppe die notwendigen Kenntnisse in westlichem Marketing aneignen. Die daraus entstandenen Qualifikationen werde ich dort einsetzen, wo sie angemessen bewertet werden."

Das war heftig. Aber gut. Es klang vielleicht noch ein bisschen auswendig gelernt, doch man merkte ihr an, wie ihr diese Vorstellung gefiel. Die anderen Äußerungen fielen ähnlich aus. In diesen zwei Tagen hatte Uli die Projektgruppe einem wirksamen Fitness-Training unterzogen.

In der folgenden Woche verging kein Tag, an dem nicht mehrere Aufträge an uns ergingen, darunter auch zunehmend Bestellungen größeren Umfangs. Vereinbart wurde grundsätzlich nur eine Lieferung der Ware gegen Vorkasse. In diesem Zusammenhang erwies sich eine von Hildes schlimmsten Befürchtungen als unbegründet: Die Herren Ahrens und Leonhardt ließen problemlos ihr Konto auf den Namen von *Unisoft* übertragen, was mittlerweile auch nach einem neugeschaffenen DDR-Gesetz möglich war.

Die Arbeitszeit von 6 bis 22 Uhr sollte mir von nun an zur Gewohnheit werden. In den Mittagsstunden fuhr ich täglich zu mir nach Hause, um Telefonate in den Westen führen zu können. Anschließend musste ich wieder zurück in den EAB. Maßgebliche Entscheidungen mussten von mir getroffen, anstehende Arbeiten koordiniert und die Mitarbeiter angeleitet werden.

Der offizielle Projektleiter, Herr Fleischer, hatte von Dieter Leicht mittlerweile einen anderen Aufgabenbereich zugewiesen bekommen. Es musste wie eine Erlösung für ihn gewesen sein. Die Arbeitsabläufe waren ihm allesamt fremd geblieben. Meist stand er in den Räumen herum und fragte die anderen, womit sie sich denn gerade so beschäftigten. Mich störte das natürlich, doch gleichzeitig hatte er mir immer auch ein wenig leidgetan. Der Computerhandel war einfach nicht seine Welt.

Von dem unglücklichen Herrn Fleischer abgesehen, gab keinen in der Projektgruppe, der nicht von spürbarer Begeisterung gepackt

worden wäre. Die bis vor kurzem noch so reservierten Mitarbeiter erlebten, wie eine ungewöhnliche Idee Gestalt gewonnen hatte, und sie waren selbst an der Verwirklichung beteiligt. Um diesen Elan nicht zu bremsen, musste ich darauf achten, für jeden einen passenden Aufgabenbereich zu finden. Herr Puppe arbeitete nun nicht mehr in der Entwicklungsabteilung, sondern mit Dr. Braun zusammen im Einkauf. Mit Herrn Beyer wollte ich ursprünglich den Einkauf gemeinsam bewältigen, doch nun übertrug ich ihm den Verkauf in die DDR. Sie waren zu offen, zu ehrlich für Verhandlungen mit westlichen Geschäftspartnern. Freimütig informierten sie sie über unsere Schwachstellen, im Glauben, damit ein Vertrauensverhältnis herzustellen. In der DDR hingegen wurde gerade diese Offenheit geschätzt, wie uns von allen Seiten beteuert wurde. Abteilungsleiter in Betrieben hatten bereits ihre ersten Erfahrungen mit westlicher Schlitzohrigkeit gemacht. Skeptischer geworden, legten sie ausdrücklichen Wert auf die Beschreibung der Vor- und Nachteile eines Produktes. Diesem Wunsch kamen Frau Thomer, Frau Schrödle und Herr Witzel im Telefonverkauf uneingeschränkt nach. An westlichen Maßstäben gemessen, hätten sie in diesem Job keinerlei Chancen gehabt. Doch nach eben diesen Maßstäben hätte ich, wie ich nun erkennen musste, selbst nur geringe Chancen für den Verkauf meiner Ware in die DDR gehabt. Meine Verbindung mit der Projektgruppe schien sich immer deutlicher zu einem funktionierenden Modell für die Ost-West-Wirtschaft zu entwickeln. Schon zu diesem Zeitpunkt waren wir gezwungen, ein Händlernetz aufzubauen, das bald mehr als 300 Stützpunkte umfassen sollte. Einen Großteil unserer Kunden lernte ich nur noch über das Telefon kennen. Andere jedoch baten um persönlichen Kontakt, so dass ich gelegentlich gezwungen war, die abgelegensten Winkel des 'Territoriums' aufzusuchen. Einige dieser Besuche endeten mit unerwarteten Überraschungen. Die LPG „Junge Garde" befand sich im östlichsten Zipfel der Lausitz. Es regnete in Strömen, und nach dem Abbiegen von einer rissigen Landstraße fürchtete ich, noch vor Erreichen des Ortes im Schlamm steckenzubleiben. Als ich auf dem Dorfplatz hielt, waren die Türfenster bis zum Karosseriedach bespritzt. Ich stieg aus und versank bis über die Knöchel im Matsch.
Herr Laskowski, der Agronom der LPG, empfing mich in

Gummistiefeln und ausgebeulten Baumwollhosen. Während der wenigen Schritte durch den Ort fühlte ich mich wie zwischen den Kulissen zu einem Film über das Jahr 1945. Wir durchquerten einen riesigen Kuhstall und traten in ein Büro ein, das von einem Allesbrenner beheizt wurde. Ich bekam Kaffee angeboten und fragte Herrn Laskowski, in welchem Zusammenhang die LPG einen Computer einsetzen möchte.

Er lächelte freundlich und sagte: „Das kommt darauf an. Ich müsste zuerst wissen, wieviel Millisekunden Zugriffszeit die Festplatte hat."

Ich verschüttete die Hälfte meines Kaffees auf die Untertasse.

„Wir können Ihnen Festplatten mit 30 Millisekunden Zugriffszeit liefern", sagte ich schließlich.

Er hob die Augenbrauen. „Das ist aber ein gutes Angebot. Allgemein üblich sind drüben ja erst 80, soweit ich weiß. Entscheidend bleibt für mich aber, welche Version des Betriebssystems mitgeliefert wird. Ich bin an Dateistrukturen interessiert, in denen eine Datei größer als 32 MB sein sollte. Lässt die mitgelieferte DOS-Version das bereits zu?"

Ich saß dem bestinformierten Gesprächspartner gegenüber, den ich bisher in der DDR kennengelernt hatte.

Nach meiner Rückkehr in den EAB fing Herr Leicht mich gleich auf dem Parkplatz ab.

„Der neue Projektleiter für den 'Computerhandel' wird Gero Deich sein. Er ist Diplom-Ingenieur für elektrische Ausrüstungen von Schiffen und leitete auch in der Abteilung Kommerzielle Planung den gesamten Bereich der Schiffsausrüstung. Er spricht russisch, polnisch, englisch und spanisch."

„Respekt vor seinen Kenntnissen. Aber wozu brauchen ausgerechnet wir noch einen Projektleiter?"

„Jede Projektgruppe hat einen Leiter. Er ist dem EAB gegenüber offiziell verantwortlich für die Aktivitäten der Gruppe."

„Offiziell oder nicht, ich bin verantwortlich für die rechtliche Basis des Geschäftes, und wenn ich daran denke, werde ich unruhig. Ist denn der EAB nun gewillt, mit *Unisoft* ein Joint-Venture zu bilden?"

„Wie es aussieht, nicht. Der EAB ist rechtlich kaum noch handlungsfähig."

„Das bin ich auch bald nicht mehr. Ich habe Ware im Wert von einer halben Millionen D-Mark auf dem Gelände stehen. Ungesichert!

Na gut! Wie hoch ist die vorgeschriebene Mindestanzahl von DDR-
Bürgern innerhalb einer solchen Firma?"
„Einer der Geschäftsführer muss DDR-Bürger sein. Das ist alles."
„Und die Höhe des vorgeschriebenen Stammkapitals?"
„150.000. Die Hälfte kann in Ostmark hinterlegt werden."
„Aha! Dann bin ich der vorgeschriebene DDR-Bürger. Wir beide
gründen das Joint-Venture!"
Zwei Stunden später saß ich im „Biesenthaler Hof", einer Eck-
Spelunke zwischen Lichtenberg und Marzahn, und wartete auf mein
Abendessen. Eva und Franzi waren seit Wochen in Italien, wo sie
wahrscheinlich immer noch auf mein Eintreffen warteten. An
manchen Tagen gab ich mich sogar noch der Illusion hin, mein
Versprechen einlösen zu können. Und da ich selbst hier niemals Zeit
für irgendwelche Einkäufe gehabt hätte, lernte ich jetzt die DDR-
Speisegaststätten der Kategorie III kennen, die sich meist in
Arbeiterwohnvierteln oder in der Umgebung von Industriegebieten
befanden.
Während ich mein Pils schlürfte, grübelte ich über einen zugkräftigen
Namen für unser Unternehmen nach. Die ganze Zeit schon hatte ich
das Gefühl, das richtige Wort im Kopf zu haben, ohne es festhalten
zu können. Dieter Leicht war nach seiner Blitz-Entscheidung gleich
wieder in die eigene Arbeit abgetaucht und hatte die weiteren
Vorbereitungen mir überlassen. Der zukünftige Firmenname sollte in
erster Linie natürlich auf unsere breiter werdende Produktpalette,
wie Telefax-Geräte und Kopierer anspielen. Ich wollte aber mit der
Namensgebung auch eine gewisse Kontinuität fortschreiben, die mit
„Unikommerz-Software", meiner ersten Gründung, begonnen hatte
und mit *Unisoft* nicht schon ihr Ende finden sollte. Die Vorsilbe „Uni"
gefiel mir neben ihrer ursprünglichen Bedeutung von „universell"
zudem noch wegen ihrer Anspielung auf die vor uns liegende
politische „Union".
Vor allem suchte ich aber nach einem Begriff, der westlichen
Fortschritt suggerieren und doch auch eine besondere Bedeutung
für die Leute in der DDR haben sollte.
Einige Gäste in der Nähe meines Tisches musterten mich etwas
scheel, fremde Gesichter schienen hier nicht in vollem Umfang
akzeptiert zu werden. Der Wirt allerdings, ein Brecher-Typ mit
Gewichtheberstatur, servierte mir meine 'Spiegeleier mit

Bratkartoffeln und Spinat' mit demonstrativer Freundlichkeit.
Nach dem dritten Bier hatte ich plötzlich die Lösung gefunden.
UNITEQ sollte es heißen, „Gesellschaft für technische
Qualitätsprodukte". Das Q am Ende des Namens erinnerte ein wenig
an Compaq, den bekannten Computerhersteller. Unterschwellig
konnte ich damit aber auch auf das 'Gütesiegel Q' anspielen, ein
Prädikat, das in der DDR Waren von 'gehobener Qualität' verliehen
wurde. Der Begriff 'Qualität', war, wie ich mitbekommen hatte, in der
DDR ein Wort von mythischem Charakter.

"My ispolnjajem waschi schelanija!" -

Wir erfüllen Ihre Wünsche!

„Ohne triftigen Grund würde sie nie darüber sprechen. Ihr genügt es, selbst zu wissen, was sie kann."
Gero Deich, der neue Projektleiter, hatte mir soeben erzählt, dass Frau Bernert die Exportleiterin des Kombinats gewesen war.
„Des gesamten Kombinats?" fragte ich.
„Des gesamten VEK. Des Volkseigenen Kombinats Elektrotechnischer Anlagenbau."
„Das war sicherlich eine der höchsten Positionen im EAB gewesen?"
„Sie war schon weisungsgebunden. Aber prinzipiell haben Sie Recht. Bei der außenwirtschaftlichen Bedeutung, die der EAB hatte, war das eine der wichtigsten Positionen. Sie hatte aber auch die Qualifikationen. Nach ihrem Abschluss als Diplom-Juristin hatte sie jahrelang in der Sowjetunion gelebt. Ich kann Ihnen nicht aufzählen, wieviel Leute in wichtigen Positionen sie dort kennt. Einige Kontakte habe ich ja auch. Und Lothar Wendland. Der hat ebenfalls eine Zeit lang in der SU gelebt."
„Sie hat es vielleicht deshalb nicht erwähnt, weil es für uns unwichtig ist."
„Unwichtig, sagen Sie? Die DDR war für den EAB ein Nebenmarkt. Allein in die SU hatten wir früher für mehr als zwei Milliarden Mark exportiert. Und Computer werden dort noch dringender gebraucht als hier. Sie müssen sich die Größe des Landes vorstellen! Verglichen mit der DDR könnten wir in der Sowjetunion den hundertfachen Umsatz machen."
„Den hundertfachen ... Das klingt natürlich verlockend. Nur wird die Sowjetunion nicht mit der Bundesrepublik vereinigt. Was nützt mir ein Rubelkonto."
„Sie bekommen kein Rubelkonto. Die Beträge werden in Mark der DDR überwiesen."
Wir waren allein im Zimmer. Das Telefon klingelte, ich streckte kurz die Hand nach dem Hörer aus und ließ sie wieder sinken.
„Könnten Sie mir das bitte genauer erklären?"

„Der Warenverkehr innerhalb des RGW hat mit dem Rubel
überhaupt nichts zu tun. Die Lieferungen werden mit dem XTR
beglichen."
„Eine rasante Abkürzung. Klingt nach Rennsport."
„Das ist die russische Abkürzung für den transferablen Rubel, der
RGW-internen Verrechnungseinheit."
„Welchen Wert haben diese Einheiten?"
„So kann man die Frage nicht stellen. Sie wissen ja, dass die
Währungen der RGW-Länder untereinander nicht konvertierbar sind.
Für den Warenverkehr brauchte man deshalb eine feststehende
Verrechnungseinheit. Man konnte ja schließlich nicht Kohle gegen
Mähdrescher aufrechnen. Obwohl man im Endeffekt genau das
getan hat, nämlich mit Hilfe des XTR."
„Von dieser Extra-Währung habe ich noch nie ein Wort gehört."
„Das ist keine Währung! Verstehen Sie? Als Währung existieren die
XTR überhaupt nicht. Man kann sie nirgendwo kaufen oder
eintauschen. Sie müssen sich das so vorstellen: Ein sowjetischer
Betrieb, der Ware von Ihnen erhält und für die Lieferung zahlen
muss, überweist seine Rubel an die IBWZ ..."
„An die?..."
„Internationale Bank für Wirtschaftliche Zusammenarbeit. In Moskau.
Die rechnet den Betrag in XTR um, schreibt diese XTR dann der
DABA, der Außenhandelsbank der DDR, gut und die wiederum
überweist die entsprechende Summe in Mark der DDR auf Ihr Konto.
So einfach ist das."
„Finanziell gesehen also kein Unterschied zu unserem bisherigen
Geschäft, nur dass der Vertrag in Moskau unterzeichnet wird?"
„Sie müssten vielleicht noch einen AHB hinzuziehen, über dessen
Konto dann auch die Beträge laufen würden. Wir selbst haben ja
Außenhandelslizenzen, in welchem Umfang, weiß ich aber nicht..."
So einfach war es also doch nicht. Noch am gleichen Tag ließ ich mir
gemeinsam von Frau Bernert, Herrn Deich und einigen anderen
Mitarbeitern das System des RGW-Handels erläutern. Die
sogenannten Außenhandelsbetriebe, die AHBs, erwiesen sich dabei
als branchenspezifische Consulting-Unternehmen, deren
Zwischenschaltung für die Mehrzahl der produzierenden Betriebe
vorgeschrieben war. Die AHBs besorgten den Exportauftrag,
errechneten die Höhe des Exportvolumens, erledigten die

Zollformalitäten und beantragten beim Ministerium für
Außenwirtschaft das für jedes Exportgeschäft erforderliche
Trockensiegel. Auf ihr Konto wurden auch von der schon erwähnten
Außenhandelsbank die in DDR-Mark umgerechneten Beträge
überwiesen. Nach Abzug von 5% Provision überwiesen die AHBs
dann das Geld an den Lieferbetrieb.
„Sie meinen also", fragte ich dann, „dass wir Kommunikationstechnik
auch in die Sowjetunion liefern sollten?"
„Moderne Rechentechnik ist dort heißbegehrt. Westliche
Rechentechnik. Mit Robotron wurden alle Verträge storniert. Das von
denen produzierte „Weltniveau' will niemand mehr haben."
Und meine Mitarbeiter brannten darauf, ihre Sprachkenntnisse wie
auch ihre Kontakte zu nutzen. Das war nicht zu übersehen.
„Sie wissen aber", sagte ich, „dass unsere Projektgruppe unter dem
Dach eines Joint-Ventures arbeitet. Zu dieser rechtlichen
Absicherung gab es keine Alternative. Ich kann prinzipiell nur in den
Export einsteigen, wenn garantiert ist, dass für UNITEQ kein
Nachteil daraus entsteht. Das heißt Vorkasse, ausnahmslos
Vorkasse, so wie das auf dem internationalen Computermarkt üblich
ist."
„Das ist auch im RGW üblich. Damit wird es keine Probleme geben!"
„Gut. Wie war das gleich mit den AHBs?"
„Das braucht uns doch im Grunde nicht zu interessieren. Der EAB
hat seine eigenen Lizenzen."
„Was heißt denn das schon wieder?" Diese widersprüchlichen
Angaben machten mich nervös.
„Einige Betriebe und Kombinate", erklärte mir nun Gero Deich,
„haben auf Grund ihrer überragenden Bedeutung für die
Volkswirtschaft eigene Außenhandelslizenzen. Sie haben AHB-
Befugnisse. Dazu gehört selbstverständlich der EAB."
„Wir können in dieser Sache aber UNITEQ nicht mit dem EAB
vermischen. UNITEQ hat keine Lizenzen und deshalb wird ein AHB
eingeschaltet. Ich bestehe darauf!"
„Überlassen Sie das mir." sagte Frau Bernert. „Für Rechentechnik
kämen der ET oder der ECB in Frage, und in beiden Betrieben
kenne ich die entsprechenden Leute."
„Sehr gut! UNITEQ ist ein DDR-Betrieb und wird sich an das DDR-
Recht halten. Eine Frage habe ich aber trotzdem noch. Warum zum

Teufel braucht man diese Lizenzen?"

„Weil innerhalb der RGW-Länder die Verpflichtung zur ausgeglichenen Handelsbilanz besteht. Die Kontrolle darüber haben nur die AHBs. Bei negativer Bilanz müsste nämlich der betreffende Staat die Differenz in Devisen ausgleichen."

„Hm ... Na, ja. Wenn man bedenkt, dass die Wirtschaft staatlich organisiert war, musste dieses Kontrollsystem natürlich im Interesse aller RGW-Länder gelegen haben."

„Theoretisch schon." Herr Deich streckte seinen Finger nach mir aus: „In der Praxis war es aber so, dass kein Betrieb sich um zusätzliche Exportaufträge gerissen hat. Um die Bilanzen zu schonen, haben einige Betriebe zum Beispiel, wenn sie einen Auftrag nicht erfüllen konnten, die Waren für Devisen im Westen gekauft und auf XTR-Basis weiterverkauft. Das mag widersinnig klingen, ergab aber auf Grund des Preisgefälles durchaus einen Sinn."

„Dann liegen wir mit unserer Ware aus Korea gar nicht so weit außerhalb des üblichen."

„Ganz und gar nicht. Das war zwar nicht die Regel, kam aber in den letzten Jahren immer öfter vor."

„Demnach hätten wir gute Chancen für eine Lizenz?"

„Sehr gute, kann ich Ihnen versichern, sehr gute! Es zeichnet sich jetzt schon ab, dass die DDR ihre diesjährige Handelsbilanz nicht ausgleichen kann. Es wird nicht mehr viel produziert, und es vergeht keine Woche, in der nicht ein Betrieb die Pforten schließt."

„Wir hingegen öffnen unsere Pforten..."

Gero Deich sprang vom Stuhl auf. „Was haben wir für ein Datum? Den fünften Mai. In drei Wochen beginnt in Moskau die internationale Industriegüter-Messe. Warum fahren wir nicht einfach hin?"

„Auf dieser Messe tummeln sich bundesdeutsche Großunternehmen. Glauben Sie, dass man uns zwischen denen wahrnimmt?"

„Die Westdeutschen, und das ist jetzt kein Vorurteil, aber die westdeutschen Geschäftsleute sind unfähig, sich auf die Mentalität der Russen einzustellen. Die haben zum Teil nicht einmal einen Dolmetscher bei sich, geschweige denn Info-Material in Russisch. Vertrauen darauf, dass die Russen ihre Dolmetscher zu den Ständen mitbringen. Die wiederum wissen aber oft nicht, dass

Vertragstexte im Westen anders interpretiert werden als in der SU.
Da scheiterte manches Geschäft schon im Vorfeld. Wie haben die
Russen sich schon über euch beschwert! Das kann ich Ihnen kaum
erzählen."
Frau Bernert lächelte vielsagend. „Dabei könnt Ihr drüben doch so
schöne Prospekte herstellen ..."
„Okay, dann stellen wir russische Info-Texte zusammen, und ich
lasse die Prospekte von einer Werbeagentur gestalten."
Herr Deich sprang von seinem Platz auf. „Mit dieser Kombination
schlagen wir die gesamte Konkurrenz!"

Die Stewardessen der Aeroflot servierten einen zweiten Imbiss,
Krimsekt zu Brötchen mit rotem Kaviar. Träge prosteten wir uns zu.
Heidi Bernert und Lothar Wendland hingen ebenso matt wie ich in
den Sesseln. Am Vorabend hatten wir unseren gelungenen Einstieg
in das Export-Geschäft gefeiert. Die sowjetischen Firmen, zu denen
in den letzten beiden Wochen Kontakt aufgenommen wurde, hatten
geradezu enthusiastisch reagiert.
Wir waren auch der Meinung gewesen, dass wir uns nun allmählich
duzen sollten, und dieser Entschluss war gleich mehrmals begossen
worden.
Den unglaublichen Erfolg der letzten vierzehn Tage verdankten wir
nicht zuletzt auch Henry Klotz, „unserem Mann in Moskau", wie wir
ihn anerkennend nannten.
Henry Klotz war Angestellter eines TKB. In den Hauptstädten der
RGW-Länder repräsentierten diese Technisch-Kommerziellen Büros
sämtliche Branchen der DDR-Wirtschaft. Die Angestellten dieser
Büros hatten diplomatenähnlichen Status und knüpften die Fäden im
Vorfeld aller Verhandlungen. Unter diesen Umständen konnte es
nicht ausbleiben, dass Henry Klotz, der schon seit Jahren in Moskau
stationiert war, Zugang zur wirtschaftlichen Elite der Sowjetunion
bekommen hatte. Es wunderte mich auch nicht, dass er ebenfalls
zum Bekanntenkreis von Heidi Bernert gehörte. Eine Woche,
nachdem sie ihn angerufen hatte, erreichten uns aus der
Sowjetunion Lieferwünsche, die fast die gesamte elektrotechnische
Produktpalette umfassten.
Der Pilot kündigte über das Bordmikrofon an, dass wir in einer
halben Stunde auf dem Moskauer Flughafen „Scheremetjewo"

landen würden. Jetzt lichtete sich auch die Wolkendecke und gab den Blick auf ein hügliges, sich bis zum Horizont erstreckendes Waldgebiet frei. Ich spürte, wie sich nun endgültig auch die grimmige Erinnerung an den Besuch der Hannover-Messe löste.

Dieter Leicht hatte mich zehn Tage zuvor gebeten, auf dieser größten Industrie-Messe der Welt nach weiteren Kooperationspartner für den EAB Ausschau zu halten. Gesucht wurden Aufträge aller Art, auch wenn es nur Vertriebs- oder Montagearbeiten gewesen wären. Der EAB hatte immerhin das modernste Leiterplattenwerk Europas auf seinem Gelände stehen. Es war von westdeutschen und japanischen Firmen errichtet worden und konnte Leiterplatten mit 16 Ebenen herstellen. Die in westlichen Ländern produzierten Leiterplatten enthielten selten mehr als vier oder sechs Ebenen. Doch damit hatte ich leider keinen der anwesenden Firmenvertreter überzeugen können. Die Antworten blieben immer gleichlautend: „Wir haben unsere festen Lieferanten ... brauchen keine neuen ... der Osten ist doch viel zu unsicher ..." Gern hätte ich diese Gespräche auf Band aufgenommen und nach Bonn geschickt. Und Dieter Leicht hatte sogar gehofft, nun auch für andere Projektgruppen ein helfendes Händchen zu finden. Wie peinlich war es mir gewesen, ohne eine einzige Zusage von der Messe zurückzukommen!

Auf unserer jetzigen Reise hatte ich dieses kleinliche Gebaren jedenfalls nicht zu befürchten. Ich fieberte der Begegnung mit unseren neuen Geschäftspartnern entgegen, von denen ich noch nicht die geringste Vorstellung hatte.

Henry Klotz fing uns gleich am Flughafen ab, und seine Erscheinung war schon die erste Überraschung für mich. Vorgestellt hatte ich mir einen graumelierten Herrn, einen alten Hasen der Handelsdiplomatie. Begrüßt wurde ich von einem agilen Dreißigjährigen, der mir selbstbewusst mitteilte, dass unser Aufenthalt angesichts der vielversprechenden Treffen, die er arrangiert hätte, viel zu kurz sei. Meine Erwartungen sollten also nicht enttäuscht werden.

Mit seinem Dienstwagen chauffierte Henry Klotz uns durch ein scheinbar endlos reichendes Neubaugebiet, das in seinen Dimensionen Berlin-Marzahn als Zwergsiedlung erscheinen ließ. Doch plötzlich, und für mich völlig überraschend, befanden wir uns mitten im Moskauer Stadtzentrum. Ich erkannte die Kreml-Mauer, die ich unzählige Male zuvor im Fernsehen gesehen hatte, und einen Ausschnitt des Roten Platzes. Henry Klotz bot uns an, das Gepäck zum Hotel „Rossia" zu bringen und uns anschließend wieder abzuholen.

Es war Mittagszeit und ein strahlender Sonnentag. Wir bummelten zu dritt über den Roten Platz. Ich war beeindruckt von dieser großzügigen Anlage, umrahmt von der berühmten Kreml-Mauer, der märchenhaften Basilikums-Kathedrale, dem Kaufhaus GUM und dem Museum für russische Geschichte. „Wenn mir das jemand vor einem Jahr gesagt hätte", rief ich immer wieder begeistert aus, „wenn mir das jemand vorausgesagt hätte, dass ich hier in Moskau auf Spesen eines DDR-Kombinats spazieren gehen würde, hätte ich ihn für verrückt erklärt."

Heidi Bernert setzte ihr hintergründiges Lächeln auf. „Ja, ja, die Zeiten ändern sich..."

Henry Klotz hatte uns inzwischen eingeholt, und wir mussten uns zurück zu seinem Wagen begeben, um noch rechtzeitig das Messegelände zu erreichen. Am nächsten Morgen um zehn Uhr würde die Messe offiziell eröffnet werden. Vorher wollten wir noch möglichst effektvoll unsere mitgebrachten Werbematerialien am UNITEQ-Stand drapieren.

Die breite Zufahrt zum Ausstellungsgelände führte an einer Gruppe von 15 riesigen goldüberzogenen Skulpturen vorbei, die aus Springbrunnen herausragten und Menschen beiderlei Geschlechts darstellten. In ihren Händen hielten sie einen Hammer, eine Ährengarbe oder ein anderes Zeichen produktiven Schaffens. „Die fünfzehn Symbole der Republiken", erklärte Henry Klotz. Jeder von uns fragte sich wahrscheinlich in diesem Augenblick, wieviel Figuren in fünf Jahren noch in dieser Eintracht beisammen stehen werden. Aus der Halle der südukrainischen Sowchosen drang das Grunzen von Kühen, aus dem Pavillon der Region Magnitogorsk das Hämmern von Maschinen für die Erzverarbeitung. Auf optische Signalwirkung wurde hier weit größerer Wert gelegt als auf den Industriemessen in Frankfurt oder Hannover. Konsequenterweise verbrachten auch wir die nächsten Stunden mit der Ausstattung unseres anfangs noch nüchtern wirkenden UNITEQ-Standes.

Spät am Abend hatten wir ihn in einen der bemerkenswertesten

Stände der ganzen Messe verwandelt. Nicht nur unsere Tafeln,
Hinweisschilder und Prospekte waren in russischer Sprache
verfasst; russische Aufdrucke hatten auch die Feuerzeuge,
Schlüsselanhänger und Briefwagen im Taschenformat, die wir als
Werbegeschenke verteilen wollten. „My ispolnjajem waschi
schelanija - Wir erfüllen Ihre Wünsche" lautete der einladende
Slogan, der sich überall unter dem schnittigen Schriftzug von
UNITEQ erstreckte.

Wie froh war ich in diesem Moment, dass ich vor einer Woche in
Berlin zufällig meine gute Freundin Daniela wiedergetroffen hatte.
Sie konnte mir auf der Stelle eine Werbeagentur empfehlen, die
schnell, gut und kooperativ arbeitete. Indirekt verdankte ich also
auch ihr und der Agentur Graf & Grothues den augenfälligen
Charakter unseres UNITEQ-Standes. Um ihnen wenigstens eine
entfernte Vorstellung davon zu vermitteln, wie wirkungsvoll wir ihr
Material zur Geltung gebracht hatten, machte ich schnell noch ein
paar Aufnahmen vom Stand. In hoffnungsvoller Erwartung des
nächsten Tages verließen wir dann das Messegelände.

Nach dem Abendessen im Hotel „Rossia" lernte ich noch eine
sowjetische Eigenheit kennen, deren Schilderung ich bisher für eine
Übertreibung gehalten hatte. Im Flur neben dem Aufzug saß
tatsächlich eine Rentnerin, die exakt in ihr Buch eintrug, wann ich
mein Zimmer betrat: 23 Uhr 17 Moskauer Zeit.

Ihre Eintragungen an den folgenden beiden Abenden dürften weit
nach Mitternacht stattgefunden haben. Die am Messestand
angebahnten Gespräche mit Firmen wie „Chim-Prom", „Kompressor-
Masch" und „Sojus-Maschin-Export" wurden in den Hotel-
Restaurants fortgesetzt und endeten meist mit Vereinbarungen zur
Vertragsunterzeichnung. Dass wir die Waren allein schon wegen der
zu erwartenden Transportprobleme nicht vor Ablauf der nächsten
zwei Monate, also nicht vor Mitte Juli würden liefern können, störte
die sowjetischen Partner wenig. Für sie war das immer noch eine
sensationell kurze Lieferzeit.

Die Lieferwünsche, die an uns herangetragen wurden, reichten weit
über den Bereich der Bürotechnik hinaus und enthielten neben
Kleintransportern und Mercedes-Limousinen auch solche in der
Sowjetunion begehrten Dinge wie Pelznähmaschinen. Ein Umstand
allerdings beschwerte mir zwischen den munteren russischen

Trinksprüchen auf wahrhaft melancholische Weise das Herz: Mir blieb nämlich vorerst nichts anderes übrig, als eine möglichst breite Palette an Artikeln in möglichst geringer Stückzahl anzubieten. Solange die Vorfinanzierung noch über *Unisoft* lief, würde ich mich auf die Pflege meines neuen Kundenstammes beschränken müssen. Ich saß vor einer Goldader und hatte nicht genügend Werkzeug um zu schürfen.

Am vierten Tag unseres Aufenthaltes sollte dann der von Henry Klotz in die Wege geleitete Besuch im „Institut für Regelungstechnik und Steuerungsprobleme" stattfinden. Abgeholt wurden wir von Herrn Pachenko, einem Vertreter der Institutsleitung. Mit dem Besuch des Forschungsinstitutes, das mehrere tausend Mitarbeiter beschäftigte, erhielt ich einen ersten, flüchtigen Eindruck vom Arbeitsalltag sowjetischer Ingenieure.

Der Weg durch das Gebäude führte über enge, extrem schlecht beleuchtete Gänge, vorbei an offenstehenden Türen, die den Blick in winzige Zimmer freigaben; Zimmer, in denen jeweils fünf oder sechs Techniker arbeiteten. Wände, sowie Schrank- und Schreibtischtüren waren vollbeklebt mit Pin-up-Fotos, ohne Rücksicht auf die Tatsache, dass die Hälfte der Angestellten weiblichen Geschlechts war. Institutsmitarbeiter, die mir entgegenkamen, wandten entweder den Blick abrupt von mir ab oder starrten mich mit halb geöffnetem Mund an. Es war offensichtlich, dass in der Enge dieser Räumlichkeiten, die wahrscheinlich auch der Beengtheit der Wohnverhältnisse entsprach, nur wenig Sinn für Dezenz entstehen konnte. Doch mit diesen Gedanken konnte ich mich im Moment natürlich nicht an meine Begleiter oder gar an Herrn Pachenko wenden, der uns gerade in die Etage führte, die der Institutsleitung vorbehalten war.

Das Arbeitszimmer des Direktors war ausschließlich mit Wohnzimmermöbeln ausgestattet. Zwischen Sideboards mit Vitrinenaufsätzen und Schrankwänden, die mit Nippes bestückt waren, befand sich eine Sesselgruppe, deren Lehnen mit Schondeckchen belegt waren. Der Direktor öffnete ein Schrankfach und entnahm daraus eine Flasche, deren Anblick ich in den letzten Tagen fürchten gelernt hatte. Lothar und ich tauschten noch kurz einen gequälten Blick, dann mussten wir Männer die Gläser mit dem Inhalt in Empfang nehmen, der von den Russen zärtlich als

„Wässerchen" bezeichnet wird. Heidi hingegen hatte die Wahl
zwischen süßer Limonade und dem klebrigen Kwass-Getränk.
Auch das Besprechungszimmer der Institutsleitung war mit den
gleichen Wohnstubenmöbeln eingerichtet, nur dass in der Mitte des
Raumes Tische in T-Form zusammengerückt waren. Der Direktor
nahm an der Frontseite Platz und die leitenden Kader nahmen ihre
Plätze an den Schmalseiten in einem der Hierarchie entsprechenden
Abstand vom Direktor ein. Nach einem nochmaligen Toast begann
der Direktor mit einer Ansprache.
„Worum geht es?", fragte ich flüsternd Lothar Wendland.
„Unwichtig. Das ist die Vorrede."
„Ja, aber was sagt er?"
„Dass das Institut sehr an einer Zusammenarbeit mit UNITEQ
interessiert sei."
Es folgte ein weiterer Toast und ein Mitglied der Leitung setzte zu
einer Rede an. Ich warf Lothar Wendland wieder einen Blick zu.
„Die Zwischenrede. Sie sind sehr an einer Zusammenarbeit mit
UNITEQ interessiert." Es folgte die Hauptrede, die wieder vom
Direktor gehalten wurde. Danach allerdings wurde Heidi das Wort
erteilt. In die starren Gesichter der Zuhörenden kam Bewegung.
Vertrauensvolle Blicke wurden ihr zugeworfen, die plötzlich auch mir
galten und deutlich in Zuneigung übergingen. Ich wurde sanft von
Lothar angestoßen. „Heidi erzählte gerade, dass sie gemeinsam mit
den anderen Mitglieder der Projektgruppe in der DDR von deiner
Redlichkeit überzeugt ist und..." er lauschte kurz ihren Worten, „und
du in deiner Aufrichtigkeit das Vertrauen aller ehrlichen Menschen in
der DDR errungen hast und...das dir die Freundschaft zur
Sowjetunion eine Angelegenheit des Herzens sei." Beifall brandete
auf. Ich musste Hände schütteln und eine Sekretärin erschien mit
einem Tablett voller Gläser und einer neuen Wodka-Flasche. „Jetzt
müsstest du eine kleine Rede halten", zischte Lothar mir zu.
„Was soll ich sagen?"
„Egal. Heidi wird übersetzen, dass du das Vertrauen, das dir
entgegen gebracht wird, als große Ehre ansiehst und niemals
enttäuschen wirst."
Die Schlussrede wurde wieder vom Direktor gehalten. Aus ihr ging
hervor, dass das Institut uns einen Auftrag im Wert von 300.000
Rubel erteilt. „Verzieh jetzt nicht das Gesicht", sagte Lothar, „das ist

nur ein Schnupperauftrag."
„Warum sollte ich das? Wieviel sind es denn in Ostmark?"
„Ungefähr 1,2 Millionen."
1,2 Millionen ... Das war der größte Auftrag, denn UNITEQ bisher
erhalten hatte. Auf dem Rückweg durch das Institut fielen mir,
vielleicht durch den Wodka, der den Blick für bizarre Details
geschärft haben mochte, die Vielzahl der elektrischen
Schuhputzmaschinen auf, die überall dort standen, wo sich Flure
kreuzten oder eine Nische in die Wand eingelassen war. Ich wollte
gerade Heidi nach der nationalen Bedeutung dieser Geräte fragen,
als sie mich mit einer weit interessanteren Bemerkung überraschte.
„Es besteht eventuell die Möglichkeit", erzählte sie, „über das Institut
einen Raum in Moskau zu mieten, als Filiale von UNITEQ. Henry
Klotz hatte das schon vor uns angesprochen gehabt, aber sie
müssen natürlich erst darüber nachdenken."
„Das wäre aber ausgesprochen günstig! Wie lange dauert denn
dieses Nachdenken?"
„Sechs oder acht Wochen. Dann gibt der Betreffende das Problem
zum Nachdenken weiter an den nächst höheren Vorgesetzten, der
auch ungefähr so lange braucht, bis er es weiter zum Nachdenken
an seinen Vorgesetzten..."
„Hilfe! Aufhören!.. Also ungefähr ein halbes Jahr?"
„Nicht ganz so lange. Es war nicht zu übersehen, dass das Ergebnis
positiv ausfallen wird. In diesem Fall geht das Nachdenken
schneller."
Noch voll von den Eindrücken des Moskau-Besuchs, der mit einer
Führung durch die Stadt in Begleitung zweier Dolmetscherinnen vom
Institut für Steuerungsprobleme seinen Abschluss fand, betrat ich die
Räume von *Unisoft*. Ich war überzeugt, dass Hilde von diesem
beinah schon sensationellen Aufstieg unseres Joint-Ventures
beeindruckt sein müsse und vielleicht sogar Lust hätte, sich uns nun
doch noch anzuschließen. Dann, so dachte ich, würden wir ein
neues Finanzierungskonzept aufstellen und wären etwas flexibler in
unseren Liefermöglichkeiten.
Als ich jedoch ihr Zimmer betrat, wehte mir ein Hauch polarer Kälte
ins Gesicht. „Weißt du, wie hoch unser Konto schon belastet ist? Mit
einer halben Million!"
„Ach! Ich dachte, es wären schon mehr."

„Soll ich mich darüber freuen? Ich sage dir, worüber ich mich freue.
Dass ich eine Entscheidung getroffen habe, die schon längst fällig
war. Es gibt kein Geld mehr von *Unisoft*. Keine Mark mehr. Schluss!
Aus!"
„Hör mal, die Firma gehört mir genauso wie dir."
„Du sagst es! Und weil ich Mitinhaberin der Firma bin, bewillige ich
kein Geld mehr für deine Ostgeschäfte."
Eine Stunde lang saß ich am Tisch, ohne mich zu rühren, ohne auch
nur das Geringste zu tun. Es war Mittag geworden, und ich konnte
mir nicht mehr vorstellen, am Vortag noch unbeschwert über den
Moskauer Arbat gebummelt zu sein.
Ich stand auf und fuhr in den EAB. Dort raffte ich alle Papiere,
Verträge, Vorverträge und andere Belege zusammen. Dann fuhr ich
zur Köpenicker Sparkasse und bat um einen gedruckten Auszug
vom UNITEQ-Konto. Auf ein derartiges Ansinnen war eine
Ostberliner Sparkasse jedoch nicht eingestellt. Ich musste mich als
'arroganter Westler' aufspielen und mit Phrasen wie „Investitionen
behindert" und „Arbeitsplätze in Gefahr" drohen. Daraufhin erhielt ich
eine handschriftliche Bestätigung über die Höhe des Kontos.
Inzwischen war es Spätnachmittag geworden, die Banken in
Westberlin hatten ihre Schalter schon geschlossen. Ich konnte nur
noch in den EAB zurückfahren, um nach besten Kräften den
gewohnten Optimismus zu verbreiten.
Um neun Uhr abends traf ich bei mir in Charlottenburg ein. Eva war
während meines Moskau-Besuchs aus Italien zurückgekehrt und
hatte schon geschlafen, als ich gestern Nacht nach Hause
gekommen war.
Sie empfing mich im Flur.
„Sieht man dich auch mal wieder? Ich dachte schon, du hättest uns
völlig vergessen. Erinnerst du dich noch daran, dass du auch eine
Tochter hast? Weißt du, wie es ihr geht? Wovon sie spricht?
Interessiert es dich überhaupt?" In dem Augenblick hörte ich auch
schon Franzi aus dem Schlafzimmer nach mir rufen.
Ich hob sie aus ihrem Bett und drückte sie an mich. Dann setzte ich
mich mit ihr in den Sessel. Sie war quiek wach und erzählte sofort
von einer Geschichte, die ihr am Nachmittag vorgelesen worden war.
Einer Geschichte von Tierkindern in einer Tierschule, mit einem
Pelikan als Lehrer und einem Tiger, der nicht rechnen konnte, und

ich antwortete gelegentlich mit „hmm, ah, soso, interessant..."
Eva stand im Türrahmen, beobachtete mich und schüttelte den Kopf.
„Es tut mir leid", sagte ich, „ich hatte keine Zeit gehabt, euch zu
besuchen. Ich weiß, dass ich es versprochen hatte."
„Du hattest nicht einmal Zeit für einen einzigen Anruf gehabt."
Ich wusste, dass ich diese Nacht schlecht schlafen und von
Gewissensbissen gequält werden würde.
Am nächsten Morgen betrat ich die Filiale der Deutschen Bank,
Abteilung Unternehmenskredite. Zwanzig Minuten später stand ich
wieder vor der Tür. - Kredite könne die Bank erst nach Vollzug der
Währungsunion erteilen. Ähnlich erging es mir bei der Dresdner
Bank. „Solange der Termin für die Währungsunion nicht feststeht,
sehen wir uns leider nicht in der Lage..." und so weiter, und sofort.
Nach drei weiteren Misserfolgen saß ich schwitzend vor dem Leiter
der Kreditabteilung der Commerzbank AG. Der Herr studierte
gründlich jedes meiner Schriftstücke. Dann schaute er auf die Uhr
und fragte mich, ob ich etwas dagegen hätte, ihn mit dem Filialleiter
der Sparkasse Köpenick bekannt zu machen.
Während der langen Hin- und Rückfahrt quer durch Berlin konnte ich
natürlich nicht schweigsam neben dem Vertreter der Commerzbank
sitzen. Ich erzählte ihm von den Plänen, die ich schon verwirklicht
hatte, vom Vergnügen, einer Projektgruppe in der DDR Erfolge in
der Marktwirtschaft zu vermitteln und von der Aufgeschlossenheit,
die mir überall zwischen Ostberlin und Moskau entgegengebracht
wurde. Als ich mich Stunden später von ihm verabschiedete, hatte
ich von der Commerzbank einen Kredit von 3,2 Millionen D-Mark
bekommen. Damit sah die Welt schon wieder anders aus! Ich
stürmte in Gero Deichs Büro und forderte ihn auf, den Direktor um
eine weitere Krim-Sekt-Flasche zu erleichtern. Wir breiteten die
Moskauer Vertragsentwürfe vor uns aus und brauchten einige Zeit,
um zu begreifen, dass wir keine kleinlichen Berechnungen mehr
anstellen müssten. UNITEQ konnte nun auch Wünsche hinsichtlich
der Quantität erfüllen!
Befreit von finanziellem Druck, ließ ich noch einmal gründlich die in
Moskau stattgefundenen Besprechungen an mir vorüberziehen und
kam zu dem Ergebnis, dass wir die sowjetischen Firmen nicht so
einfach mit Hyundai-Paketen ausrüsten konnten, wie die Betriebe in
der DDR. Hyundai verkaufte nur Komplett-Geräte, die beispielsweise

kein Notstromaggregat enthielten. Für westliche Märkte mochte das Fehlen eines solchen Teiles belanglos sein, doch für die sowjetische Wirtschaft konnten diese kleinen Mängel ausschlaggebende Bedeutung bekommen. Auch die Festplatten der Hyundai-Geräte schienen mir nicht so recht für sowjetische Bedürfnisse geeignet zu sein. Sie hatten zwar ein TÜV-Siegel, dafür jedoch nur eine Maximal-Kapazität von 40 MB. In den sowjetischen Großfirmen würden aber eher 80 MB benötigt werden, während man dort auf das kostensteigernde Siegel einer deutschen Behörde gut verzichten konnte. Wir würden also künftig unsere Pakete aus Einzel-Komponenten zusammenstellen müssen. Wie gut, dass ich den sowjetischen Vertretern keine sofortige Lieferung versprochen hatte! Ich überlegte einen Augenblick und blätterte meinen Kalender durch. In der kommenden Woche begann die Computex, die größte Hardware-Messe der Welt. „Weißt du, wo ich in drei Tagen sein werde?" fragte ich Gero Deich.
„Sag's!"
„In Taiwan."

High Tech am südchinesischen Meer

Ich öffnete das Fenster des Hotelzimmers und taumelte sofort wieder in die hintere Hälfte des Raumes zurück. Hier konnte man offenbar nur nachts lüften, wenn die Temperaturen auf 30 Grad gesunken waren. Am Tag zuvor, beim Verlassen des Flughafens und der Transferfahrt nach Taipeh, hatte ich nur noch gekeucht. Zu der hohen Luftfeuchtigkeit kam noch ein so extremes Maß an Luftverschmutzung hinzu, wie ich es nirgendwo sonst erlebt hatte. An diesem Morgen war der Tag der Messe-Eröffnung, und ich hoffte, dass die Hallen ebenso klimatisiert sein würden, wie das Frühstücks-Restaurant im Hotel.
Während ich mein „American Breakfast" verzehrte, erinnerte ich mich schmunzelnd an meinen Gesprächspartner aus dem Flugzeug, einem Hamburger Kaufmann, der mich über dem Indischen Ozean, zwischen Abu Dhabi und Bombay, gefragt hatte, wo der Sitz meiner Firma sei.
„In Ostberlin", hatte ich wahrheitsgemäß geantwortet.
Das fand er sensationell. Ein Ostdeutscher, der die neuen Freiheiten nutzte und selbstbewusst auf den Märkten der Welt nach Waren Ausschau hielt. Bewundernswert, dieser Mut. Der gute Mann wusste anscheinend nicht, dass Bürger der RGW-Staaten überhaupt keine Einreise in die antikommunistische „Republik of China" bekamen. Ich hatte ihn in seinem Irrtum belassen, da das Weiterspielen dieser Rolle von mir keinerlei schauspielerischen Talente erforderte. Im Gegenteil, ich bedauerte, dass Heidi, Gero, Lothar oder Dr. Braun mich nicht begleiten konnten und stellte überrascht fest, wie stark ich mich bereits mit meinem neuen Firmensitz identifizierte.
Auch als ich das Taxi verließ, das mich nach dem Frühstück in einer berserkerhaften Fahrt durch Taipeh geschleudert hatte, musste ich wieder an sie denken. Es hätte mich interessiert, wie sie mit dieser Form des kontrollierten Chaos zurechtgekommen wären, das in der taiwanesischen Hauptstadt wie auch hier auf dem Messegelände herrschte. Anfangs glaubte ich noch, dass meine Orientierungslosigkeit auf das Gedränge in den Hallen zurückzuführen sei. Doch nach dem Studium der Standpläne und

dem Vergleich mit den englischsprachigen Beschriftungen gab ich
es auf, mich in dem Labyrinth zurechtzufinden. Ich musste mich
einem der Agenten anvertrauen, die ihre Stände zwischen den
verschachtelten Präsentationen der Firmen und Händler aufgestellt
hatten.
Zögernd blieb ich vor dem unauffällig angebrachten Schild mit dem
Aufdruck „Eugen Schwarz Consultant Agency" stehen. Ein
Deutscher? Ein Amerikaner? Während ich noch überlegte, wurde ich
von einem jüngeren, lässig-schlaksigen und überaus freundlichen
Herrn angesprochen, der eine Frische und Munterkeit ausstrahlte,
als würde er sich hier gerade im Urlaub befinden „Hi! I'm Eugen
Schwarz, can I help you? Do you need any advice?" Der Akzent war
amerikanisch und von seiner Erscheinung her konnte Mr. Schwarz
ein in New York beheimateter Italo- oder Latino-Amerikaner sein. Als
er merkte, dass englisch nicht meine Muttersprache war, checkte er
sofort meinen Kenntnisstand aus und wechselte mühelos in ein
sauber prononciertes BBC-Englisch. Er hatte, wie ich gleich erfuhr,
ein eigenes Büro in Taipeh und seine Tätigkeit bestand nicht nur im
Vermitteln von Aufträgen, sondern mehr noch in der Prüfung der
Fabriken und der Kontrolle der Waren.
„Sie müssen wissen", erklärte er in dem mir angepassten Englisch,
„manche Fabriken sind nichts weiter als Garagen. Billig erstandene
Fertigteile werden zusammengeschraubt und als eigenes Produkt
verkauft. Andere bestehen nur zum Schein und verhökern ihre
Aufträge gleich weiter."
„Und wie kann man die seriösen von den unseriösen Produzenten
unterscheiden?"
„Indem man chinesisch spricht und sich sechs Monate im Jahr hier
aufhält. Ich kann Ihnen Kontakte zu Fabriken verschaffen, die
Hardware individuell nach ihren Vorstellungen fertigen. Wenn Sie
möchten, können Sie eine dieser Produktionsstätten auch
besichtigen. Die Fabrikate können Sie selbstverständlich als Ihre
eigene Marke registrieren lassen."
„Das wäre mir schon recht."
„Dann sollten wir jetzt gleich chinesische Visitenkarten drucken
lassen, um Ihre Firma in Taiwan bekannt zu machen."
Noch während des Gespräches hatte ich den Eindruck, dass sich
irgendetwas um mich herum verändert haben musste. In dem

Moment, in dem Mr. Schwarz verstummte und sich von seinem Stuhl erhob, merkte ich, dass der Lärm in der Halle fast vollständig verebbt war. Wir verließen die mit Stellwänden umgebene Büro-Nische, und mir bot sich ein unerwartet bizarres Bild. Ausnahmslos alle Angestellten, die zuvor noch emsig an den Ständen tätig waren, hatten ihre Köpfe auf die Tischplatten gebettet und schliefen. Unter den Besuchern befanden sich nur noch ein paar Ausländer, die ebenso irritiert um sich blickten wie ich.
„Warum um Himmels Willen legen die sich nicht irgendwo hin und strecken sich aus", fragte ich Eugen Schwarz.
Er lächelte vielsagend.
„Wen meinen Sie?"
„Na hier, die Schlafenden."
„Niemand schläft hier. Alle arbeiten, auch in diesem Moment. Offiziell zumindest. Zwischen 13 und 14 Uhr sollten Sie nie jemanden anrufen oder anzusprechen versuchen, oder einen Termin vereinbaren. Das gilt als die gröbste Unhöflichkeit. Als die Gröbste! Sonst brauchen Sie nicht viel über Sitten und Gewohnheiten zu wissen. Wenn Sie möchten, fahren wir nach dem Besuch der Druckerei gleich hoch in die Chin-Weng-Werke. Sie liegen ungefähr 50 Kilometer von hier entfernt."
Der Weg führte in die Ausläufer des Juischan-Gebirges, das sich südlich von Taipeh erhob und über die ganze Insel erstreckte. Schon wenige Kilometer außerhalb der Stadt nahm die Luftverschmutzung spürbar ab, und mit zunehmender Höhe wurde auch das Klima erträglicher. Wir öffneten die Wagenfenster, um uns vom Fahrtwind erfrischen zu lassen. Die serpentinenförmige Straße wand sich um Terrassenfelder, auf denen Reis- und Teeplantagen, aber auch Süßkartoffel- und Bananenpflanzungen angelegt waren. Maulbeer- und Mandarinenbäume ersetzten zunehmend die Palmengewächse der tropischen Küstenregion.
„Erkennen Sie die Fabrik dort hinten? Die Fushan-High-Tronic-Export. Die fertigen Ihnen Laptops nach dem Toshiba-Modell zum Stückpreis von 300 Dollar." Eugen Schwarz zeigte auf einen Berghang jenseits eines Taleinschnitts. Außer einigen Schieferfelsen, die zwischen Bäumen hindurchschimmerten, erkannte ich nichts.
„Wundert mich nicht", sagte er. „Die sorgen für Abgeschiedenheit.

Selbst die Arbeiter aus diesen Fabriken wohnen meist in den umliegenden Dörfern. Unerwünschte Interessenten aus Japan oder Korea haben da wenig Möglichkeiten zur Kontaktanbahnung."
„Gibt es überhaupt so etwas wie ein chinesisches Know-how, das als schützenswert erachtet wird? Diese Imitationen sind zwar verblüffend, aber geschäftlich für mich völlig wertlos. Die Toshiba-Doubletten könnte ich zum Beispiel nirgendwo verkaufen."
„Das ist nicht der Punkt, das sind Nebenerscheinungen, obwohl mit den Imitaten natürlich Geschäfte gemacht werden. Die Stärke der Chinesen, der Auslands-Chinesen vorerst noch, liegt in ihrer unglaublichen Flexibilität und darin, dass sie anscheinend das Wort Pause nicht kennen. Damit sind sie in der Lage, die Preispolitik sämtlicher Branchen zu untergraben."
„Kann ich bereits bestätigen. Ich bin gestern Nacht noch zwischen elf und ein Uhr durch die Straßen gebummelt und sah überall die Einheimischen arbeiten. In Werkstätten, Schneidereien, also keineswegs nur in der Gastronomie. Am nächsten Morgen sah man dann die gleichen Leute an gleicher Stelle stehen, so, als hätten ihnen eine halbe Stunde Schlaf gereicht."
„In Hongkong ist es noch extremer. Und ich prophezeie Ihnen, wenn die Festlands-Chinesen kapitalistisch werden, wird der Rest der Welt sich aber wundern. Die Europäer, die Amerikaner, selbst die Japaner. Die sind alle miteinander sehr zufrieden, dass in Peking noch ein Weilchen die Kommunisten regieren. Wir sind übrigens gleich am Ziel."
Die Chin-Weng-Werke lagen auf einem Bergvorsprung wie eines dieser Klöster aus Kung-Fu-Filmen. Noch vor dem Werktor wurden wir vom technischen Direktor und zwei seiner Assistenten empfangen.
„Was habe ich bei der Begrüßung zu beachten?", fragte ich flüsternd Eugen Schwarz. Trotz meiner Unkenntnis von den Gepflogenheiten chinesischer Geschäftsleute war ich auf gewisse Höflichkeitsrituale eingestellt.
„Dass Sie keine Zeit mit Geplauder verschwenden. Time is Money." Im gleichen Atemzug übernahm er eine knappe Vorstellung auf Chinesisch.
Zu meiner Überraschung war das Innere der Fabrik lichtdurchlässig wie ein Glashaus. Wir durchquerten die Werkhalle, und es war mit

einem Blick zu erkennen, dass die 300 Beschäftigten weit mehr als
nur Montagearbeiten ausführten. In einem kleinen Büro erklärte ich
dann ohne Umschweife einem Technikerteam, wie ich mir die
Beschaffenheit meiner Computer dachte.
„Wie möchten Sie Ihr Produkt nun nennen?", fragte mich Herr Weng,
der Mitinhaber der Fabrik, nach Beendigung der Fachgespräche. Er
hatte sich die Zeit genommen, uns noch zu einer Tasse Tee
einzuladen.
Wieder war ich gezwungen, mir einen Namen auszudenken, der die
osteuropäischen Vorstellungen von westlicher Modernität enthielt.
Hierbei konnte mir auch Eugen Schwarz nicht helfen.
Herr Weng lächelte mir mit vollendeter Höflichkeit zu. An seinem
Handgelenk drehte sich der Sekundenzeiger um das Zifferblatt. Time
is Money. Mein Blick fiel auf einen Abreißkalender an der Wand, der
Standfotos der „Raumschiff Enterprise"-Serie zeigte. Plötzlich hatte
ich den Namen für das neue Produkt gefunden.
Noch am gleichen Abend kaufte ich mir an der Hotelrezeption eine
Postkarte, trug schwungvoll die Adresse ein und schrieb in
ungebremsten Triumph:
*"Liebe Hilde, von nun an wird die Ostberliner Firma UNITEQ mit
ihrem eigenen Produkt, dem Omega-Computer, der westlichen
Konkurrenz bald mehr als nur ein Stirnrunzeln entlocken."*
Eine Woche später saß ich mit Eugen Schwarz auf der Dachterrasse
des Sheraton-Hotels in Hongkong. Es war Mitternacht, die Victoria-
Berge waren mit Lichterpunkten übersät und die Geräusche dieser
fantastischen Stadt, die mit ihren Superlativen exakt zu meinem
Überschwang passte, drangen bis zu uns herauf.
Die vergangenen sechs Tage hatten mir wahrhaft gutgetan, sie
waren eine Erholung von dem dauerhaften Stress der letzten
Monate gewesen. Eugen Schwarz hatte mir Taipeh gezeigt, mich
hatte die Video-Lust gepackt, und wenn immer ich versuchte, die
von Motor-Scootern beherrschten Verkehrs-Exzesse zu filmen, hatte
ich eine Traube aufgeweckter kleiner Taiwanesen in Schuluniformen
um mich, die sich in eindrucksvollen Proben ihrer
Selbstdarstellungskünste übertrafen. Ich hatte die berüchtigte
Snake-Alley gesehen, wo buchstäblich alles verspeist wurde, was
sich in der Luft, zu Wasser und zu Lande bewegte, mit Ausnahme
des Menschen natürlich, wie ich doch hoffen wollte, aber dieser

ungezügelte Appetit, der weder vor Hornissen, noch vor Waschbären, Schlangen, Pudeln oder Schimpansen zurückschreckte, war mir beim Bummel über diese Gasse schon mehr als unheimlich gewesen.

Wir waren bis zur südlichsten Spitze der Insel gefahren, einem Felsvorsprung, auf dem sich eine waghalsig platzierte Ferienanlage befand. Dort besprachen wir noch einmal die Details, die bei dem Geschäft mit den Chin-Weng-Werken beachtet werden mussten. Es war früh am Morgen und bereits so heiß gewesen, dass wir uns, um überhaupt ein Minimum an Konzentration zu gewährleisten, mit den Unterlagen, zwei Stühlen und einem Klapptisch in den Kinderpool setzten, in dem das Wasser uns bis zum Bauchnabel reichte.

Diese Idee stammte von Eugen Schwarz und dürfte als Beispiel seiner unkonventionellen Alltagsbewältigung dienen. Er verfügte über einen Humor, mit dem er jeder Situation ein ironisches Element abgewinnen konnte, und über einen Witz, der nie ins Gehässige abglitt. Ich hatte den Eindruck, dass seine Offenheit jede Form von Schlitzohrigkeit ausschloss. Andere über den Tisch zu ziehen hätte für ihn wahrscheinlich eine Einbuße an eigener Lebenslust bedeutet. Ich beneidete ihn fast um seine Souveränität. Im Geschäftszentrum von Hongkong wirkte er mit seinen Bermudas immer noch respektabler, als die meisten Herren in Nadelstreifen.

Über die Dachterrasse des Sheratons wehte eine leichte Windbö, die eine für die Projektgruppe bestimmte Postkarte vom Tisch fegte. Eugen Schwarz bückte sich nach ihr und legte sie auf den Tisch.

„Post-nach-Deutschland."

„Oh, you speak a little German?" Ich war überrascht, dass er es für sich behalten hatte.

„Von Eltern. Nur ein wenig." Eugen Schwarz wechselte wieder ins Englische und erzählte mir von seinen Eltern. Sie waren ungarische Juden, denen es zu Ende der 30er Jahre noch gelungen war, ein Visum für Chile zu erhalten. Er selbst wurde in Chile geboren und besuchte dort die Schule, bis seine Eltern mit ihm nach Kanada zogen. Nach verschiedenen Stationen in anderen Ländern verbrachte er längere Zeit in Italien. Er beherrschte sechs Sprachen und lebte jetzt in den Städten, in denen er seine Chinesisch-Kenntnisse anwenden konnte.

Ich suchte nach Worten, hatte Fragen im Kopf, von denen ich nicht wusste, wie ich sie stellen sollte, doch Eugen Schwarz schaute auf die Uhr und sagte: „It's past midnight. Time for the tailor." Einer Spezialität der Kronkolonie entsprechend, hatten wir vor sechs Stunden Maß für unsere Anzüge nehmen lassen und waren für halb zwei Uhr morgens zur Anprobe bestellt worden. Erwartungsvoll begaben wir uns zum Lift, um uns ins nächtliche Hongkong absetzen zu lassen.

Millionenregen

Eingekleidet in einen meiner neugeschneiderten Anzüge, überschritt ich die Pforten des EAB und wurde nicht nur von der Projektgruppe begrüßt. Zwei Stunden bevor ich in Tegel gelandet war, hatte Herr Pachenko vom Institut für Steuerungsprobleme den Flughafen Schönefeld verlassen. Im Handgepäck hatte er den unterschriebenen Vertrag, doch den wollte er mir erst nach einem gemeinsamen Ausflug in den Westen vorlegen. Ein paar Worte Deutsch verstand er ja und im westlichen Ausland war er, wie er bekräftigte, noch nie in seinem Leben gewesen. Da er zuvor noch in die sowjetische Botschaft wollte und ich selbst noch in Westberlin einige Telefonate zu erledigen hatte, versprach ich, ihn am Checkpoint Charlie abzuholen.

Mit einem Lada der sowjetischen Streitkräfte rollte er zur verabredeten Zeit über die Demarkationslinie. Er hatte geglaubt, zu mir in meinen Mercedes umsteigen zu können, aber daraus wurde nichts. Als ich nämlich meine Wohnung wieder verlassen hatte, musste ich feststellen, dass mein Auto aufgebrochen worden war. Ziel der Aktion war das Blaupunkt-Radio gewesen. Da ich zu spät zur Verabredung gekommen wäre, wenn ich gleich eine Anzeige gemacht hätte, ließ ich den Wagen stehen und fuhr mit dem Taxi zum Treffpunkt.

In der nächsten halben Stunde sollte ich meine Heimatstadt aus der Sicht eines russischen PKW-Insassen kennenlernen. Während mein Gast von der Stadtlandschaft zwischen Friedrichstraße und Wittenbergplatz etwas enttäuscht war - er hatte sich Westberlin ungefähr wie Manhattan vorgestellt - registrierte ich die Blicke der Verkehrsteilnehmer. Die waren neugierig, aber nur selten freundlich. Besonders die Fahrer der Marke Trabant versuchten uns mehrmals, in unfallträchtige Situationen zu drängen.

Über den Tauentzien und den oberen Ku'damm bummelten wir zu Fuß. Die Läden wollte Herr Pachenko kaum betreten, ihm genügten meist die Auslagen der Schaufenster; die HiFi-Türme, die Videorecorder, die Schuhe, die Sportartikel, die Backwaren, das frische Obst. Er sagte kein Wort mehr und rechnete nur gelegentlich

die Preise in Rubel um. Meine ursprüngliche Idee, ihn in die
Feinschmecker-Etage des KaDeWe's zu führen, ließ ich schnell
wieder fallen. Es wäre der blanke Sadismus gewesen. Stattdessen
lud ich ihn in das Dachrestaurant des Europa-Centers ein.
Vor der Mahlzeit musste natürlich ein Wodka getrunken werden. Wir
stießen an, und Herr Pachenko zog die Unterlagen aus seiner
Aktentasche. Das Institut für Regeltechnik und Steuerungsprobleme
hatte den Vertrag von 300.000 auf 1.300.000 Rubel erweitert. Als ich
das las, war ich derjenige, der noch einen Wodka nachbestellen
musste.
Stunden später stießen wir wie ausgelassene Schüler, die zum
ersten Mal betrunken waren, auf die kichernde Projektgruppe. Herr
Pachenko versuchte immer noch, mir ein russisches Trinkerlied
beizubringen, während ich meinen neuen sowjetischen Pass
schwenkte. Das Foto ähnelte mir zwar ganz und gar nicht und als
Name war Nadjeschda Grigorjewna eingetragen.
„Habt Ihr schon gehört?", rief ich, „seit heute Abend ist das
Passieren der Ost-West-Grenze nur noch sowjetischen
Staatsbürgern gestattet!"
„Ach, tatsächlich?"
„Gilt zumindest für das gemeinsame überqueren. An der
Invalidenbrücke wollten sie nur mich allein 'rüberlassen, an der
Heinrich-Heine-Straße uns beide nicht und der Checkpoint ist nur für
Ausländer ... und für alliiertes Militär. Mein Pass als
Botschaftssekretärin lag in Andrejs Handschuhfach..."
„Für die man dich dann auch gehalten hat."
„Ich hab ihn nur von weitem zeigen müssen."
„Dann bist du jetzt im richtigen Zustand für eine Meldung, die nicht
erfunden ist ... Am 1. Juli wird die Währungsunion vollzogen. Der
Umtauschkurs beträgt 2:1."
„Unsinn! Wie hoch ist er wirklich?"
„2:1."
"Das ist allein schon ökonomisch undenkbar!"
„Wenn du's nicht glaubst, dann geh' in das von Brahm verlassene
Zimmer, dort steht ein Radio. In zehn Minuten kommen
Nachrichten."
Ich wankte in Brahms Büro. Ich hörte die Nachrichten und konnte es
nicht glauben. Wenn das stimmen sollte, was ich gerade im Radio

hörte, würde ich in wenigen Tagen Millionär sein.

Ich konnte es mir nicht vorstellen.

Während der letzten zehn Jahre hatte ich gut verdient und nie unter Mangel gelitten, aber Millionär, dieses irreale, märchenhaftes Wort, hatte nie zuvor eine reale Bedeutung für mich gehabt. Ich eilte zurück in den Raum, in dem sich unsere Unterlagen stapelten. Jetzt wollte ich es aber genau wissen! Die Sparkasse in Köpenick schickte seit Neuestem regelmäßige Überweisungsbestätigungen. Ich addierte sie zusammen und stellte fest, dass UNITEQ bereits über einen Verkaufsgewinn von 12 Millionen Mark der DDR verfügte. In D-Mark umgerechnet, würden es am 1. Juli 6 Millionen sein.

Entscheidender noch als die Währungsumstellung war für UNITEQ jedoch eine Regelung, die in der Öffentlichkeit weit weniger Beachtung fand: Die DDR, das sogenannte Beitrittsgebiet, das nicht einseitig und innerhalb von drei Wochen aus dem RGW ausscheren konnte, würde bis zum 31. 12. 1990 Mitglied des osteuropäischen Wirtschaftsverbundes bleiben. Verträge, die bis zum 30.06. unterzeichnet würden, hatten demzufolge Bestandsschutz. Unsere sowjetischen Kunden würden die bis dahin vereinbarten Lieferungen auch in den nächsten Monaten noch über das XTR-System verrechnen können, während UNITEQ keine Probleme mehr mit der Vorfinanzierung hätte. Erst nach dem 1. Juli müssten Verträge auf der Basis von Devisen abgeschlossen werden.

Nun verging kaum noch ein Tag, an dem nicht ein Geschäft das vorangegangene in den Schatten stellte. Die sowjetischen Firmen, die mit uns in Verbindung standen, hatten die spezielle RGW-Klausel natürlich mitbekommen und erweiterten sofort ihre Aufträge. „Kompressor-Masch" bestellten Ware im Umfang von 2,7 Millionen Rubel nach, „Sojus-Maschin-Export" sogar für 3,4 Millionen. Jede dieser Firmen hatte ihrerseits Verbindungen nach Osteuropa. In den Räumen von UNITEQ erschienen Abordnungen aus Prag, Bratislava, Warschau und Vilnius, aus Sofia, Krakau, Kiew, Riga und Leningrad. Meine Entschuldigungen über die nun zwangsläufig erweiterten Lieferzeiten wurden lächelnd akzeptiert.

Am 15. Juni teilte mir Gero Deich in trockenem Ton mit, dass eine Firma namens Acumen, ein polnisch/sowjetisches Joint-Venture mit Sitz in Kielce, ein Geschäft im Umfang von 50 Millionen XTR abzuschließen wünsche.

Diese Summe war für mich jenseits meiner Vorstellungskraft.
Außerdem zweifelte ich, dass UNITEQ einen Exportauftrag in dieser
Höhe genehmigt bekäme. Heidi und Gero fanden jedoch, dass man
durchaus bei einem der Außenhandelsbetriebe nachfragen sollte.
Immerhin war die DDR in ein Handels-Defizit gerutscht, das schon
bedrohliche Dimensionen angenommen hatte. Mir verschlug es
trotzdem die Sprache, als Heidi und Gero über den AHB
Elektroconsult Berlin, den ECB, die erforderlichen Lizenzen in Höhe
von 50 Millionen XTR bewilligt bekamen.

XTR, die materiell nichtexistente und deshalb wohl einzig stabile
Währung im schwindsüchtigen RGW-Gefüge. Niemand wusste
mehr, wie der Rubel zur D-Mark stand, doch das änderte nichts an
der Tatsache, dass ein XTR einem Rubel entsprach, oder 4,67 Mark
der alten DDR, die sich auf so wundersame Weise in 2,34 Deutsche
Mark verwandelt hatten. Das Geschäft mit Acumen hätte demnach,
soweit es zustande käme, ein Gesamtvolumen von 117 Millionen D-
Mark.

Die Vertretung von Acumen war jedoch am 19. Juni, dem Tag der
Vertragsunterzeichnung, noch gar nicht in der Lage, ihre Wünsche
zu spezifizieren. Rechentechnik sollte geliefert werden, und was
darunter zu verstehen war, hing weitgehend von unseren
Empfehlungen ab. Schwerpunktmäßig würde ich wohl wieder auf
Hyundai zurückgreifen müssen, da Omega in Taipeh bei einem
solchen Großauftrag kaum mit der Produktion nachkommen dürfte.
Wir legten deshalb vorerst nur die äußeren Rahmenbedingungen
vertraglich fest. Ich bestand auch darauf, dass der ECB auf Grund
seiner Erfahrungen in die Vertragsverpflichtungen mit einbezogen
wurde. Dem ECB konnte es nur recht sein, kassierte er doch
dadurch 5% Provision. Da uns auch niemand genau sagen konnte,
ob das Außenhandelsmonopol der DDR noch bestand, holte der
ECB zusätzlich noch die Genehmigung des Ministeriums für
Außenhandel ein, das den Vertrag mit dem gesetzlich vorgesehen
Trockensiegel absegnete. Nach diesem Akt wusste ich wirklich nicht
mehr, was nun noch hätte schiefgehen sollen.

Mir glühte der Kopf. UNITEQ würde in den nächsten Monaten
Gewinne in astronomischer Höhe einstreichen. Zu meinem eigenen
Erstaunen hatte sich mein Millionärs-Rausch schon wieder etwas

verflüchtigt. Ich hatte nicht mehr die Absicht, das Geld auf den Bahamas zu verjubeln. Nein, mich hatte ein anderer Ehrgeiz gepackt. UNITEQ sollte zu einer expandierenden Firma werden. Noch waren wir ein Handelsunternehmen und kein produzierender Betrieb. Das konnte sich aber ändern! Mit den investierten Millionen und unserem Vorsprung auf dem osteuropäischen Markt würden wir Arbeitsplätze für mehrere hundert Leute schaffen können. UNITEQ würde ein ostdeutsches High-Tech-Unternehmen werden, das keine roten Zahlen kennen würde.

Der 1.Juli, der Tag der Währungsumstellung, war ein Sonntag, und am 2. Juli wurde ich unsanft aus meinen Träumen gerissen.

Das UNITEQ-Konto war gesperrt worden. Eine sogenannte Prüfgruppe untersuchte alle Konten, die in den letzten Monaten sprunghaft gewachsen waren, und das Zähnefletschen der Prüfer angesichts unserer Einnahmen konnte ich mir beinah bildhaft vorstellen. Die Projektgruppe sollte vom 1.Juli an ein zusätzliches Gehalt von UNITEQ beziehen, nun verschob sich die Auszahlung auf ungewisse Zeit. Mit der Ungültigkeit der DDR-Mark verfügte ich nun, abgesehen von den Resten, die vom Kredit der Commerzbank noch übrig waren, über keinerlei Zahlungsmittel mehr.

Die schlaflosen Nächte, die mir dieser Zustand hätte bereiten müssen, wurden jedoch durch die Umzugsaktivitäten verhindert, die uns in der ersten Juliwoche ausfüllten. Vom EAB hatten wir eine Etage mit 20 Zimmern erhalten, die vom Flur aus nur durch eine einzige Tür betreten werden konnten. Der Zugang erfolgte über einen vierstelligen Nummerncode, wodurch wenigstens das Problem des täglichen Materialabgangs gelöst war.

Mit dem Umräumen unserer Arbeitsutensilien in das Objekt Nr. VII war der Umzug aber bei weitem noch nicht abgeschlossen. Die 20 Zimmer waren vollgestellt mit verlassenen Zeichentischen, Messgeräten, Oszillographen, Schreibmaschinen, Robotron-Computern, älteren Druckern und einer Unmenge von Schrauben, Muttern, Werkzeugen und Materialbehältern.

„Wem, um Himmels Willen, gehört das Zeug? Hat jemand eine Ahnung, wer das zurückgelassen haben könnte?"

Die Antwort bestand in dem bekannten Achselzucken.

„Das sind doch mindestens fünfzigtausend Ostmark, die hier in Sachwerten herumstehen. Ich schlage vor, wir packen das in die

Dunkelräume."
Diese Dunkelräume befanden sich in der Mitte des Gebäudes und dienten als Materiallager.
Nach zwei Tagen hatten wir die zurückgelassenen Geräte verstaut. Erleichtert setzte ich mich zu den Mitarbeitern an den Kaffeetisch.
„Jetzt können die Eigentümer sich sogar Zeit lassen mit dem Abtransport."
„Die Eigentümer?"
„Ich meine, die Verantwortlichen."
Lothar Wendland verschränkte die Arme über der Brust. „Ich stelle fest: Sie haben den Sozialismus immer noch nicht begriffen."
Die anderen in der Runde musterten mich mit ernsthaft scheinender Besorgnis. „Unser neuer Genosse muss noch viel lernen." - „Die Prinzipien unseres gemeinsamen Denkens und Handelns sind ihm immer noch fremd."
Ich rutschte unbehaglich auf dem Stuhl hin und her. „Könnten Sie das bitte in die Sprache des Klassenfeindes übersetzen?"
„Da wird nichts mehr abtransportiert. Die Sachen werden in den Dunkelräumen verrosten."
„Aber..."
"Es gibt keine Verantwortlichen für solche Fälle."
Das Telefon klingelte, und wir wussten alle, was uns nun wieder bevorstand.
Noch während des Umzugs waren die ersten Anrufe von Reisebüros und Hotels gekommen, die ihre Rechnungen beglichen haben wollten. Mahnungen von Lieferanten flatterten uns von allen Seiten entgegen und die sowjetischen Firmen, die zuerst beliefert werden sollten, klagten über Verzug. Heidi und Lothar saßen fast den ganzen Tag am Telefon und becircten mit Engelszungen unsere russischen Kunden, die sich nicht vorstellen konnten, dass die deutsche Marktwirtschaft mit einem bürokratischen Paukenschlag angetreten sein sollte.
Immerhin konnte man wenigstens von Ostberlin aus in die Sowjetunion telefonieren. Anrufe in den Westen waren nämlich ohne magische Fähigkeiten kaum noch zu bewerkstelligen. Das C-Netz der Post war ebenfalls schon völlig überlastet, mein Funktelefon konnte ich wegwerfen. Ich fuhr also ein- oder zweimal am Tag vom EAB in meine Wohnung zurück, um mit westdeutschen

Firmenvertretern zu telefonieren. Für die wiederum hatte natürlich
eine Firma, deren Konto von einer Prüfgruppe untersucht wird,
etwas Anrüchiges. Hinweise auf generell erlassene Vorschriften
stießen nur auf geringes Verständnis. Nebenbei versuchte ich noch,
Eugen Schwarz zu erreichen, der mit Hilfe seiner
Chinesischkenntnisse meinen Omega-Produzenten beruhigen sollte.
Stöhnend unter der Last dieser Widrigkeiten, saß ich täglich drei
Stunden am häuslichen Schreibtisch und telefonierte, bis mir das
Trommelfell schmerzte. So konnte es nicht mehr weitergehen! Ich
brauchte dringend jemand, der ganztags Telefondienst machte, als
Scharnier zwischen Ost und West fungierte und mir gelegentlich
auch mal den Kühlschrank auffüllte. Eva und Franzi hatten sich
wieder nach Bella Italia verzogen, und in der Küche war mittlerweile
nichts Essbares mehr zu finden.
Für den Job, wie ich ihn mir dachte, wünschte ich mir einen
Menschen, der über west-übliche Alltags-Cleverness verfügte und
sich nicht vom hochnäsigen Gesäusel aus Hamburg oder Düsseldorf
einschüchtern ließ. Nach dieser Allroundkraft fragte ich jeden meiner
Westberliner Geschäftspartner, mit denen ich im letzten halben Jahr
Kontakt gehabt hatte.
Der Prüfgruppe legte ich unentwegt Rechnungen, Belege und
Verträge vor, ich bot ihnen meine Mitarbeit in jeder erdenklichen
Form an, aber die Herren konnten nicht einfach ein dreiseitiges
Papier in einer Stunde durchlesen, so einfach ging das nicht.
Schließlich müsse geprüft werden, ob der Steuerzahler nicht
benachteiligt worden sei. Der Steuerzahler! Der würde in nächster
Zeit bestimmt noch seine Überraschung erleben, da konnte ich den
Prüfern nur zustimmen. Der mit UNITEQ verflochtene
'Computerhandel' war so ziemlich das einzige, was im EAB noch
funktionierte. Tausende von Werktätigen wurstelten vor sich hin,
wussten nicht mehr, wofür und bangten ihrer Entlassung entgegen.
Die drastischste Beschwerde erhielt ich von Acumen aus Kielce. Ich
hatte alles unternommen, um diesem beeindruckenden Kunden
keinen Verzug bei der ersten Teillieferung entstehen zu lassen und
dafür meine letzten Reserven an Hyundai überwiesen. Doch
Hyundai lieferte statt der kyrillischen nur englische Tastaturen und
obendrein nur die Hälfte der gewünschten, und von mir bezahlten,
Stückzahl. Als ich das erfuhr, wusste ich nicht mehr, wie ich Acumen

noch besänftigen sollte.

Nach dreiwöchiger Sperrung wurde das UNITEQ-Konto freigegeben. Die Prüfgruppe hatte trotz akribischer Suche nichts gefunden, was gegen eine Vorschrift verstoßen hätte. Jetzt konnte ich nach Köpenick fahren und das UNITEQ-Konto bewundern. Nur überweisen konnte ich noch nichts. Die Formulare der Sparkasse bestanden aus grünlichem Bröselpapier, hatten die Größe eines BVG-Fahrscheins und wurden nirgendwo außerhalb der DDR anerkannt. In diesem Fall war West-Berlin allerdings, wenn auch erst kurz vor dem Ende der DDR, doch noch zum Bestandteil ihres Territoriums geworden. Die dortigen Banken kannten und akzeptierten die überweisungs-Fahrscheine. Ob Walter Ulbricht sich darüber gefreut hätte, der immer von den 'westlichen Vororten der Hauptstadt' gesprochen hatte? Beruhigt überwies ich 12 Millionen D-Mark an die Commerzbank.

Dann bestellte ich ein Taxi und ließ mich zu meinem Notar fahren. Gemeinsam mit ihm stieg ich kurz darauf die Stufen zu *Unisoft* hinauf. Seit dem letzten Streit mit Hilde hatte ich die Räume nicht mehr betreten. Es war noch keine sechs Wochen her, doch jetzt schien mir, als hätte ich vor einem Jahr zum letzten Mal vor dieser Tür gestanden. Ich drückte auf den Klingelknopf, obwohl ich die Schlüssel noch in der Tasche hatte.

Hilde schien meinen Besuch nicht mehr erwartet zu haben. Reserviert wies sie uns den Weg in ihr Büro. „Nun hat sich ja alles in deinem Sinn geregelt. Ich gratuliere dir."

Ich schrieb ihr einen Scheck auf die halbe Million aus, die ich *Unisoft* entnommen hatte. Mit der anschließenden Handlung gelang es mir sogar, sie tatsächlich noch zu überraschen. Im Beisein des Notars schenkte ich ihr meine Firmenanteile von 60%. Sie hatte mitgebürgt und mitgezittert, jetzt gehörte ihr *Unisoft* allein.

Von diesem Tag an konnte nichts mehr unseren Optimismus bremsen! Vor uns lag ein Markt, trocken wie ein Schwamm, und wir hatten die Mittel, dem abzuhelfen. Unsere Kunden fieberten der Ware entgegen, die wir nun endlich liefern konnten. Westliche Kommunikationstechnik für Rubel und Zloty. Weitere Aufträge würden folgen. Bürotechnik, zahlbar in D-Mark, aber zu ungewohnt günstigen Preisen. Heidi und Gero Deich hatten in der Zwischenzeit auch das TKB in Prag aktiviert, so dass wir an der Messe von Brno,

einer der bedeutendsten Industriegüter- Messen der RGW-Länder,
teilnehmen konnten.

Einen Tag vor unserer Abreise wurde ich über die neuesten
Gerüchte informiert, die aus den AHBs zu uns drangen: Die
Bundesregierung hätte die Ministerien der DDR angewiesen, alle
wirtschaftlichen Kontakte zu den RGW-Ländern einfrieren zu lassen.
Es sollte nichts mehr gekauft und verkauft werden, bestehende
Verträge sollten von den jeweiligen Betrieben aufgelöst oder
unterlaufen werden.

Ich war nicht bereit, einen solchen Unsinn zu glauben. Die
Bundesregierung - der Kanzler, der Wirtschaftsminister, oder wer
eigentlich? - sollte Anweisung zum breitangelegten Vertragsbruch
gegeben haben?

„Ich gebe nur wieder, was mir im ECB zugeraunt wurde."

Dass Heidi die Sache für erwähnenswert hielt, gab mir dann doch zu
denken. Sie schien mir bisher nicht anfällig für vages Gerede
gewesen zu sein.

„Liegt diese Anweisung in schriftlicher Form vor?"

„Ich habe nichts gesehen."

„Hör mal", sagte ich, „wir wissen alle, dass die meisten DDR-
Produkte auf dem EG-Markt keine Chance haben. Wenn es wirklich
vielen besser und keinem schlechter gehen soll, dann muss die
Bundesregierung ein ausgesprochenes Interesse daran haben, dass
für die ostdeutschen Betriebe der RGW-Markt nicht wegbricht."

„Da wird dir jeder zustimmen. Im ECB hat man fast wörtlich die
gleichen Gedanken geäußert."

„Kann es nicht sein, dass irgendwelche alten Bonzen Gerüchte in
Umlauf setzen, die Verwirrung erzeugen sollen?"

„Das weiß ich nicht. Ich habe aber noch nie von einem Bonzen
gehört, der sich nicht auf die D-Mark gefreut hätte."

Wir setzten uns ans Telefon und riefen bei der Betriebsleitung von
sechs unserer vertrautesten DDR-Kunden an. In vier Betrieben
wusste man von nichts, in zwei weiteren hatte man von dieser
Anweisung gehört. Es bestand die einstimmige Meinung, dass hier
ein Missverständnis vorlag.

Doch bevor ich nach Hause fahren konnte, um für die Abreise zu
packen, hatte ich mich noch mit Schwierigkeiten
auseinanderzusetzen, die schon zum zweiten Mal aufgetreten

waren. Wieder einmal war Ware an der ostdeutsch/polnischen
Grenze steckengeblieben. Wieder einmal hatten unsere
westdeutschen Lieferanten Spediteure losgeschickt, die keine Visa
für Polen hatten. Auch der DDR-Zoll stellte sich quer. Die
Lieferantenrechnungen von Hyundai waren in Dollar ausgestellt, die
Zöllner wollten jedoch DM-Rechnungen sehen. Unbekannt waren
ihnen auch die meisten westdeutschen Formulare, worin sie einen
weiteren Grund zur Beanstandung sahen. Anrufen konnte man die
Zollbehörde in Frankfurt/Oder nicht, sie hatten kein Telefon.
Immerhin hatten sie ein Telex-Gerät. Von Gero Deich ließ ich mir die
Aktenordner geben, suchte nach den Lieferunterlagen, die ich an die
Oder telexen wollte und stutzte. Zwischen den Papieren befanden
sich ausgedruckte Muster von Formbriefen. In einem dieser
Mustertexte, die wir im April für Standard-Verträge entworfen hatten,
trat UNITEQ im ersten Absatz als Lieferant, im nächsten Absatz aber
als Käufer auf.
Ich trommelte sofort die Projektgruppe zusammen. „Seid bitte
vorsichtig mit den Textbausteinen!" Intuitiv wischte ich mir den
Schweiß von der Stirn. „So schnell die Arbeit mit dem Computer
geht, so schnell passieren auch die Fehler. Wenn Firmen einen
falschen Text erhalten, wird damit eine Konfusion ausgelöst, deren
Folgen unabsehbar sind. Die falschen Muster müssen sofort
aussortiert und weggeworfen werden!"
„Wegwerfen? Wir können doch die Rückseiten als Schmierpapier
nehmen. Warum denn Material verschwenden?"
„Ich fürchte nur, dass dieses Schmierpapier wieder irrtümlich
zwischen die Unterlagen rutscht..."
„Ach woher denn! Aber nicht doch!"
„Na schön, wenn Ihr meint ... Aber bitte verbessert diesen Fehler
sofort in der Serienbrief-Datei im Computer!"
Ich hätte auf der Vernichtung der Blätter bestehen sollen, doch in
Gedanken war ich bereits bei einem Telefonat mit Hyundai, das
unbedingt noch vor der Abreise nach Brno geführt werden musste.
Ich wollte endlich wissen, ob sie in der Lage wären, kyrillische
Tastaturen zu liefern.

Unsere Präsenz auf der Messe von Brno verlief nach dem gleichen
Konzept wie in Moskau, nur dass der Erfolg noch radikaler ausfiel.

Vollbeladen mit tschechischsprachigen Prospekten, Werbematerialien und Spezifikationsbeschreibungen trafen wir, Heidi, Lothar, Gero Deich und ich, in der zweitgrößten Stadt der CSFR ein. Den UNITEQ-Stand präparierten wir mit der bewährten Sorgfalt, und nach vollendetem Werk schlenderte ich neugierig bei der Konkurrenz vorbei.

Wir waren die einzige Firma, die für westliche Produkte in tschechischer Sprache warb. Einige der westdeutschen Aussteller hatten, kostensparend, wie ich annahm, ihre alten Prospekte von der Hannover-Messe ausliegen.

„Die Leute können alle deutsch hier", klärte mich ein Vertreter aus dem Schwabenland auf. „Das ist altes deutsches Traditionsgebiet. Da gibt es keine Verständigungsprobleme."

Die tschechischen Besucher schienen diese Einschätzung nicht zu teilen. In der ersten Stunde nach der Messe-Eröffnung konnte ich noch beobachten, wie sie mäßig interessiert an den deutschen Ständen vorbeiliefen, dann wurde mir die Sicht genommen. Am UNITEQ-Stand herrschte ein solches Gedränge, dass wir zu Gefangenen auf unseren 20 Quadratmetern wurden und kaum noch zu den Toiletten durchkamen. Die 2000 Faltblätter waren innerhalb von drei Stunden vergriffen. Firmenvertreter erkundigten sich nach Dollar-Preisen und Lieferbedingungen. Tschechische und polnische Exportleiter baten uns um einen anschließenden Besuch in ihren Betrieben. Von diesem Tag an wurden unsere Helfer vom TKB in Prag aus ihrer ungewissen Wartestellung in die Vollbeschäftigung zurückgeführt. In den nächsten Monaten würden sie, entsprechend ihrer frischgefüllten Terminkalender, ständig in der Begleitung tschechischer Geschäftsleute zwischen Prag und Berlin unterwegs sein.

Nach dem Ende der Messe machten wir noch eine Rundfahrt durch die Stadt. Im Zentrum befanden sich zahlreiche barocke Kirchen und Paläste und ein Rathaus aus der Zeit der Renaissance, aber man merkte doch, dass Brno in erster Linie eine alte Handels- und Gewerbestadt war. Sobald wir mit unserem Lieferwagen die Altstadt verließen, gerieten wir unversehens in eine Zeitreise. Die neueren Stadtviertel von Brno erschienen an diesem staubigen Werktagsnachmittag samt ihrer heimwärts eilenden Bewohner wie das lebende Denkmal einer Industriestadt der 30er Jahre.

Auf dem Gelände der alten Festung, die sich über der Stadt erhob, entwarfen wir einen Strecken-Plan für unsere Besichtigungstour. Wir hatten zahlreiche Einladungen erhalten und wollten uns bei dieser Gelegenheit auch gleich nach möglichen Zweigniederlassungen für UNITEQ umschauen. Heidi und Lothar hatten leider keine Zeit, uns zu begleiten, und auch Gero hätte eigentlich nach Berlin zurückgemusst. Auf seine Begleitung legte ich aber besonderen Wert, denn mit seinen Polnisch-Kenntnissen konnte er sich nicht nur in Polen selbst, sondern auch in der Tschechoslowakei verständigen.

„Wir könnten doch", schlug er vor, „einen Abstecher zu meinem Freund Frantisek machen."

Er erzählte mir, wie sie sich während eines dienstlichen Aufenthaltes auf Kuba kennengelernt hatten. Frantisek war ebenso wie Gero spezialisiert für die elektrotechnische Ausrüstung von Hochseeschiffen, und beide hatten sich während ihrer mehrmonatigen Arbeit in Havanna so gut verstanden, dass sie auch danach noch den Kontakt aufrechterhielten. Zuletzt hatten sie sich vor vier Monaten zu Frantiseks Geburtstag gesehen.

„Und wo wohnt er?" fragte ich Gero.

„In Prag. Aber den Sommer verbringt er meistens bei seinen Eltern. Wenn er nicht außer Landes ist, werden wir ihn dort antreffen."

Die Eltern wohnten in einem kleinen Dorf im Bergland zwischen Olomouc und Ostrava, und zwar ganz in der Nähe der Oder- Quelle. Dass die Oder in der Tschechoslowakei entspringt, hatte ich bis zu diesem Tag auch noch nicht gewusst. Wir parkten den Mercedes-Lieferwagen auf dem Dorfplatz vor der Kirche, und die skeptische Aufmerksamkeit der Ortsbewohner verwandelte sich in freundliche Neugier, als Gero nach allen Seiten hin auf Tschechisch grüßte. Dann klopften wir am Haus der Eltern an.

Sie öffneten, erkannten Gero und brachen in Tränen aus. Sie umarmten ihn und nach wenigen Worten wirkte Gero völlig geschockt. Wir wurden hereingebeten und tranken mit den Eltern einen Wacholderschnaps. Mein Blick fiel auf das Foto eines jungen Mannes, das schwarz eingerahmt auf der Kommode stand.

Frantisek war vor zwei Monaten tödlich verunglückt.

Wir besuchten sein Grab, legten Blumen ab, die wir vorher auf einer Wiese gepflückt hatten und heulten zusammen mit den Eltern. Ich

hatte Frantisek nie kennengelernt, doch an diesem Abend hatte ich
das Gefühl, als hätte ich monatelang mit ihm zusammengearbeitet -
so, wie Gero mit ihm in Havanna. Nach Einbruch der Dunkelheit
begleiteten wir die Eltern ins Wirtshaus. Wir aßen Sauerbraten mit
Knödel, tranken Bier und Becherovka, den hochprozentigen
Wacholderschnaps. Die Gäste im Wirtshaus erzählten uns von
Frantisek, zwei Männer hatten mit ihm zusammen die Grundschule
im Nachbardorf besucht.
Auch Gero sprach in den nächsten Tagen noch oft von ihm.
Im EAB hatte ich ihn nur als introvertierten Menschen
wahrgenommen, doch bei der Fahrt durch die Tschechoslowakei,
und stärker noch in Polen wurde er mit jedem Tag lebhafter, offener
und gesprächiger. Ein Grund dafür war sicher, dass über ihn die
gesamte Kommunikation in den Ortschaften und den Betrieben lief,
was von immensem Vorteil war. Deutsch ist in beiden Ländern keine
unbekannte Sprache, doch der Gebrauch der jeweiligen
Landessprache war gerade in diesen Ländern mehr als eine Geste
der Höflichkeit. Ausschlaggebend für unser Verständnis war aber,
dass ich von der Mentalität der Tschechen und Polen, so sehr sie
sich auch voneinander unterscheiden mochten, ebenso angetan war
wie er. Jetzt erst erfuhr ich, welch düstere Befürchtungen die
Projektgruppe dem Westberliner Kaufmann gegenüber anfangs
hegte.
Durch unser Auftreten erlebten wir eine Gastfreundschaft, die mich
immer wieder umwarf. Wir fuhren durch das östliche Polen, von
Rzeszów nach Zamosc, und der Magen knurrte uns gewaltig. Es war
schwierig, nach 14 Uhr in den Gasthäusern noch etwas zu Essen zu
bekommen. Wie groß war unsere Freude, als wir plötzlich an der
Landstraße ein Schild mit gekreuztem Besteck stehen sahen. Wir
folgten den Hinweis und landeten auf einem Feldweg mitten im
Wald. Wir konnten nicht einmal wenden, wir konnten nur dem immer
enger werdenden Pfad entlangfahren. Als wir schon alle Hoffnung
aufgegeben hatten, erreichten wir eine Lichtung. Vor uns lag ein
altes Landschloss, umgeben von einem Parkgelände.
Die Gaststätte hatte schon seit Jahren geschlossen, das Schloss
diente jetzt als Kindererholungsheim.
Der Speisesaal der Kinder befand sich im ehemaligen Marstall des
Schlosses. Wir wurden gebeten, zwischen den Kindern Platz zu

nehmen. Ein so leckeres Essen, wie uns es serviert wurde, hätten
wir in keinem Wirtshaus bekommen können. Wir fühlten uns wie zu
Gast bei Schneewittchen und den siebzig Zwergen.
Zurückgekehrt nach Berlin, hatte ich das Vergnügen, die neuesten
Mahnungen, Klagen und Beschwerden unserer Lieferanten zu lesen.
Sie hatten allesamt noch kein Geld bekommen. Ich war nahe daran,
in die Schreibtischplatte zu beißen. Die Sparkasse in Köpenick hatte
die Überweisung unmittelbar nach der Freigabe ausgeführt, und ich
wusste, wer jetzt unser Geld als zinslosen Kredit missbrauchte. Die
West-Banken ließen sich diese Chance zur Bereicherung nicht
entgehen. Sie konnten ja jede Verzögerung dem dummen Osten in
die Schuhe schieben.
Immerhin hatte sich auch auf dem UNITEQ-Konto wieder ein
erkleckliches Sümmchen eingefunden. Ich fuhr nach Köpenick und
teilte dem verblüfften Filialleiter mit, dass ich zwei Millionen Mark in
bar abheben möchte. „Es dauert mir zu lange mit der
Überweisungsprozedur."
„Unsere Barbestände lassen eine solche Auszahlung gar nicht zu.
Sie müssten zur Zentrale am Alex fahren. Ich werde anrufen, dass
sie das Geld bereithalten sollen."
In der Zentrale am Alex gab man sich locker. Eine junge Kassiererin
drückte mir zwei Päckchen im Filtertüten-Format in die Hand. „Bitte
sehr. Zwei Millionen."
„Hier drin? In diesen Briefumschlägen?"
„Vakuumverpackt. Frisch aus der Druckerei."
„Kann ich mir nicht vorstellen."
Ich öffnete die Banderole und das Geld türmte sich auf ihrem Tisch
zur Höhe eines Umzugskartons auf. Ich war froh, das Experiment
nicht gleich mit beiden Päckchen vollzogen zu haben. Die
Kassiererin half mir, das Geld in eine Karstadt-Plastiktüte zu stopfen.
„Tschüs dann. Schönen Tag noch!"
„Aber ... müsste ich nicht irgendwie noch den Empfang bestätigen?"
„Ach was! Diese Zeiten sind jetzt vorbei. Wir wollen doch niemanden
mehr behindern."
Einen Augenblick lang war ich sprachlos, dann ermunterte ich sie,
nach einem Formular zu suchen, auf dem ich die Auszahlung
quittieren konnte. Fünf Minuten später marschierte ich mit meiner
Einkaufstüte über den Alexanderplatz, vorbei an glatzköpfigen

Hooligans, die jeden Passanten als potentielles Opfer taxierten,
vorbei auch an hellwachen Kindern aus Rumänien, die mich mit
Röntgenaugen zu durchbohren schienen.
Nachdem ich die Überweisungen vom heimischen Charlottenburg
aus durchgeführt hatte, eilte ich zu Graf & Grothues, unserer
hochgeschätzten Werbeagentur, um die polnisch-sprachigen
Prospekte zu begutachten.
„Na, hast du deine Allroundkraft schon gefunden?"
Es war Daniela.
„Woher weißt du das?" fragte ich sie.
„Du hattest überall gefragt." Sie neigte den Kopf und ihre dunklen
Locken fielen ihr über das Gesicht. „Wie kann man nur so blind
sein..."
"Daniela! Ja, sicher! Du bist diejenige, nach der ich gesucht hatte."
Locker, selbstsicher, witzig und vor allem clever, wie sie war,
brauchte ich ihr nicht lange zu erklären, worum es bei dem Job ging.
Genau definieren konnte ich ihn ja selbst nicht. Da die
Telefonverbindung von West nach Ost schon besser funktionierte als
umgekehrt, sollte sie zum Beispiel stündlich im EAB anrufen, um
Nachrichten weiterzugeben. Wichtige Post konnte ich von nun an
über meine Wohnung laufen lassen. Spediteure sollte sie in den
EAB weiterleiten, die zahlreichen Gäste von UNITEQ in Hotels
unterbringen und Unvorhergesehenes mit Improvisationsgeschick
meistern.
Letzteres vor allem. Daniela lächelt vielsagend, als sie mich von
Improvisation reden hörte. Einen Augenblick lang musste ich an
unsere erste Begegnung in Pisa denken. Zwei Jahre war das nun
schon her. Ich hatte sie vor einem Souveniertisch stehen sehen, auf
dem schiefe Türme in allen Größen aufgebaut waren. Sie schien
eine Schwäche für diese Art von Produkten zu haben.
Erwartungsvoll ließ sie sich von mir in einen der schrillsten
Touristen-Shops von Pisa führen, wo ich ihr einen 20cm hohen Turm
mit verstellbarem Neigungswinkel kaufte. Zur gleichen Zeit wurde ich
bereits von meiner Freundin Eva in einem Restaurant erwartet. In
den folgenden drei Wochen hatte ich dann ausgiebig Gelegenheit,
meine Reaktionsgeschwindigkeit zu trainieren.
Aber diese Erinnerungen verdrängte ich sofort wieder. Daniela war
jetzt Mitarbeiterin von UNITEQ geworden, und das musste erst noch

Eva klargemacht werden. Sie war gerade aus Italien zurückgekehrt und wollte eine Zeitlang in Berlin bleiben. Oder sollte ich die beiden einfach in der Küche aufeinanderstoßen lassen?
Ich überließ der schönen Dunkelhaarigen meinen Wohnungsschlüssel und fuhr zurück in den EAB.
Dort angekommen, rutschte mir fast der Magen in die Kniekehlen. Ich wurde von einer polnisch-russischen Herrenrunde erwartet, einer Abordnung von Acumen aus Kielce. Heidi, Gero und Lothar hatten sich mit blassen Gesichtern als Dolmetscher eingefunden.
Geleitet wurde die Delegation vom Direktor des Unternehmens, Herrn Vinnitski. Er drückte mir die Hand auf eine Weise, dass ich beinah aufgeschrien hätte und erläuterte in dröhnendem Tonfall den Grund seines Besuches:
„Mit der Durchführung des Vertrages ist unsere Firma nicht zufrieden. Ich möchte jetzt konkret wissen, ob Sie noch in der Lage sind, Ihre Verpflichtungen in vollem Umfang zu erfüllen."
Das hätte ich bestätigen können, denn meine finanziellen Mittel standen mir ja wieder zur Verfügung. Ich fragte die Herren, ob ich ihnen etwas zu trinken anbieten könne. Mit der Zusage wollte ich mir noch einen Augenblick Zeit lassen. Die Frage des Herrn Vinnitski bezog sich offenbar nicht nur auf die Erfüllung des Vertrages, sondern mehr noch auf den reibungslosen Ablauf. Bei einem Geschäft dieser Größenordnung konnte eine hundertprozentige Garantie aber nur mit einer eigenen Spedition abgeben werden.
„Ich kann nicht abstreiten", sagte ich Herrn Vinnitski, „dass ich gewisse Transportprobleme sehe. Ich würde mich aber freuen, wenn wir hier eine Lösung zu unserer beidseitigen Zufriedenheit finden könnten."
Herr Vinnitski beriet sich mit seinen Mitarbeitern, dann wandte er sich wieder an mich:
„Es ist nicht nur das Transportproblem, dass uns missfällt. Die Lieferzeiten für das nächste Teilgeschäft sind uns ebenfalls zu lang."
„Zwei Monate bei einem Geschäft von diesem Umfang? Wann hat es das denn schon RGW-Handel gegeben?"
„Die Zeiten haben sich geändert und das hat sich auch bei uns herumgesprochen. Auf dem westlichen Markt gibt es Firmen, die innerhalb einer Woche liefern..."
„Standardmodelle mit standardisiertem Zubehör. Sie haben doch

selbst gesehen, welche Unstimmigkeiten es mit Hyundai gegeben hat. In Taiwan kann ich für Sie viel vorteilhafter produzieren lassen, aber Fertigung und Transport erstrecken sich dann schon über zwei Monate."
Herrn Vinnitski schien das nicht zu überzeugen. Ein weiteres Mal beriet er sich mit seinen Begleitern, und als er mir seinen Beschluss verkündete, hatte ich den eigentlichen Grund seines Besuches erkannt.
„Wir wären bereit, den Vertrag mit Ihnen aufrecht zu erhalten, wenn Sie akzeptieren, dass wir für die organisatorische Durchführung ein Unternehmen unserer Wahl bestimmen."
„Sie denken sicher bereits an ein bestimmtes Unternehmen..."
„Wir würden gern die Firma Martronik in Budapest mit in den Vertrag aufnehmen."
Diese Firma stellte selbst Computer her. Sie sollte die Fertigung und den Transport der Ware übernehmen. Die Gewinnspanne von UNITEQ würde sich dann von 35% auf 25% reduzieren. Dafür wären wir von Garantieansprüchen und vor allem von den leidigen Speditionsproblemen befreit.
Ich fragte Herrn Vinnitski, warum er sich nicht gleich von den Ungarn beliefern ließ.
„Weil wir darauf bestehen, dass Ihre Firma für die Erfüllung des Vertrages verantwortlich bleibt. Sie garantieren den Ungarn, dass sie ihr Geld bekommen, und uns, dass wir die Ware erhalten."
„Halten Sie Martronik für einen so unsicheren Partner?"
„Nein, nur die Zeiten sind unsicherer geworden. Wenn die plötzlich die Produktion einstellen müssen, können Sie uns jederzeit Ersatz beschaffen."
„Und wenn Sie nun plötzlich nicht mehr zahlen könnten?"
Herr Vinnitski stieß eine Lachsalve aus, wie ich sie noch nie gehört hatte. Mir dröhnte der Kopf, und allen Anwesenden, einschließlich seiner Gefolgschaft, schien es ähnlich zu gehen.
„Sie können beruhigt sein", sagte er. „Wir sitzen auf Säcken voller Zloty."
Das konnte ich mir allerdings gut vorstellen. Ich erklärte mich einverstanden. Auf dem vertrauten Heimweg über die Rhinstraße und die Frankfurter Allee ertappte ich mich, dass ich mit höherem Tempo als gewöhnlich fuhr. Offenbar wollte ich so schnell wie

möglich den Abstand zwischen mir und Herrn Vinnitski vergrößern. Nüchtern betrachtet, war das ein Trugschluss, denn er dürfte in gleicher Richtung unterwegs zu einem Hotel gewesen sein, doch je näher der Fernsehturm rückte, desto wohler fühlte ich mich wieder. Jenseits des Alexanderplatzes mäßigte sich mein Tempo, und es verringerte sich ganz erheblich, als ich mich dem heimatlichen Charlottenburg näherte. Mit Schrecken war mir eingefallen, wie unverhofft Eva heute über Daniela gestolpert sein musste. Wie rücksichtslos, wie unsensibel von mir, Daniela ohne Rücksprache in der Wohnung einzuquartieren! Ausgerechnet Daniela! Das würde Zoff geben, ohoho, in wenigen Minuten würde es soweit sein. Eine Auseinandersetzung stand bevor, mit allen Schikanen, wahrscheinlich sogar eine schlaflose Nacht.
Zitternd drehte ich den Schlüssel im Schloss und öffnete die Tür einen Spalt, einen winzigen Spalt. Aus der Wohnung drang Quieken und Kichern. Irritiert setzte ich einen Fuß in den Flur. „Da kommt er ja, da kommt er! Willst' dich nicht zu uns setzten?"
Auf dem Küchentisch stand eine leere und eine fast schon ausgetrunkene Flasche Wein. Eva und Daniela saßen ineinander verschlungen auf der Küchenbank und amüsierten sich köstlich über meinen Anblick. Sie hatten die ganze Zeit über mich gelästert, hatten alle meine Eigenarten durchgehechelt, das war ihnen überdeutlich anzusehen.
Ich öffnete eine neue Flasche Wein und holte ein drittes Glas aus dem Schrank. Ja, es gab noch ein Privatleben, wenn auch nur für ein paar Stunden im Monat. War ich froh, dass ich eine Freundin wie Eva hatte, die solche Situationen zu nehmen wusste! Sie war mit meiner Lebensführung nicht zufrieden, verstand nicht, was ich da drüben im Osten verloren hatte, doch das konnte ich plötzlich mühelos akzeptieren. In diesem Augenblick wollte ich nur noch in ihrer Nähe sein.

Daraus wurde vorerst jedoch nichts, ich musste nach Wien fliegen, um mit der Vertretung von Martronik die Aufnahme in das Acumen-Geschäft zu besprechen.
Eine ungarische Firma hatte sich durch diesen Einstieg einen Produktionsauftrag gesichert, und ich gönnte es ihnen. Die Arbeitslosigkeit war in Ungarn schon beträchtlich höher als in der

DDR. Bald, in zwei, drei Jahren, würde die Arbeitslosigkeit in den ehemaligen Ländern des Sozialismus weit über dem westlichen Durchschnitt liegen. Ein Arbeitsgang, der im Westen vier Leute erforderte, wurde im Osten von 18 Leuten bewältigt. Darüber konnte man lachen, wenn man wollte, doch ich sah in dieser Tatsache wenig Anlass zur Belustigung. Keine Firma würde sich das künftig leisten können, und kein Staat im Osten würde den sozialen Einbruch, der bevorstand, abfedern können.

Darüber unterhielt ich mich auch mit Herrn Kertész, dem Vertreter der Firma Martronik in Wien, und wir stimmten darin in den wesentlichsten Punkten überein. Solche Gespräche ergaben sich oft schon vor Beginn der Geschäftsbesprechungen, zumal die Ungarn mit diesen Erfahrungen den anderen östlichen Ländern voraus waren.

Ich mochte Herrn Kertész auf Anhieb. Er leitete in Wien die Vertretung von Martronik für das westliche Ausland, und vergaß darüber hinaus nicht, dem Leben so viel an Vergnügen abzugewinnen, wie es seine Mittel halt ermöglichten. Er kannte die besten Restaurants von Wien, die besten Bars und die besten Kaffeehäuser. Er kannte die Plätze, an denen man sich abseits der Touristenströme wohl fühlen konnte.

Über den Einbezug von Martronik in das Acumen-Geschäft hatten wir uns schnell geeinigt, soweit es die Interessen von UNITEQ betraf, aber Herrn Kertész' Angebot, mir noch mehr von Wien zu zeigen, konnte ich leider nicht mehr wahrnehmen. Ich musste zurück und war in Gedanken mit den Perspektiven von UNITEQ beschäftigt.

Wenn wir, sagte ich mir, Computer in Taiwan bauen ließen, sollte das doch in ähnlicher Form auch in der DDR möglich sein. Langfristig gesehen. Mir schien plötzlich, als hätte ich den richtigen den Ansatzpunkt für eine Investition gefunden. Zuerst müssten wir uns auf die Montage der Geräte beschränken, doch später würden wir nur noch die wichtigsten elektronischen Bausteine auf dem Weltmarkt beschaffen müssen. UNITEQ würde sich, wenn auch nur im Computer-Bereich, vom Handelsunternehmen in einen produzierenden Betrieb verwandeln. Die bisher erzielten Gewinne konnten durchaus schon als solide Investitionsgrundlage betrachtet werden.

Ich saß im Flugzeug, malte mir die Details aus, und sah kurz vor der Landung in Berlin ein, dass ich im Moment noch keinen Investitionsplan entwickeln konnte. Es war überhaupt noch nicht abzusehen, in welchem Umfang sich unser Export entwickeln würde. Mit meinem schönen Plan würde ich mich bis zur Abwicklung der Verträge gedulden müssen, die vor dem 30. Juni geschlossen wurden. Die Größenordnung unserer Geschäftsabschlüsse auf Dollar-Basis würde sich frühestens in drei Monaten einschätzen lassen.

Die UNITEQ-Belegschaft konnte aber jetzt schon Verstärkung gebrauchen. Aus den kaufmännischen Abteilungen des EAB würden wir mindestens fünf neue Leute integrieren können. Die Freude am selbständigen Arbeiten würde sich innerhalb der Projektgruppe auf jeden neuen Mitarbeiter übertragen, davon war ich überzeugt.

Gleich nach meiner Rückkehr stürmte mir zum Beispiel Frau Kühn entgegen:

„Stellen Sie sich vor, ich habe gerade die 500 Waschmaschinen, die von unserem Kunden in Tallin storniert wurden, nach Sofia verkauft!"

„Fantastisch! Wie haben Sie das gemacht, gab es Verständigungsprobleme?"

„Aber nein. Die Bulgaren können doch alle russisch."

„Wie praktisch ... Für wieviel haben sie die Waschmaschinen denn verkauft?"

„Na, für 410 Mark, wie es in der Liste stand."

„Oh! Frau Kühn, Sie haben die Maschinen zum Einkaufspreis verkauft."

„Ja!" Sie strahlte vor Genugtuung über ihren Verkaufserfolg. „Frau Kühn, das ist der Preis, den wir selbst dafür bezahlen mussten. Wenn der Einkaufspreis mit 410 Mark ausgewiesen ist, was machen wir dann mit dem Preis?"

„Nichts. Er steht ja schon fest."

„Tatsächlich?"

„Ja! 410 Mark."

„Dann muss ich die Frage anders stellen: Warum sitzen wir hier im Büro? Draußen ist Sommer. Wieso liegen wir nicht am See und machen Picknick?"

„Weil wir Geld verdienen müssen ... Ach, mein Gott..." Jetzt dämmerte es. „Aber, was soll ich nun machen?"

„Sie rufen in Sofia an und sagen, dass bei dem Preis die Ausfuhr-
und Transportkosten leider nicht enthalten sind. So machen wir
wenigstens keinen Verlust. Und, sagen Sie noch, dass wir diesen
Preis als einmalige Sonderkondition gewähren konnten, aber
weiterhin sehr günstige Angebote an Waschmaschinen haben. Für
wieviel würden Sie die denn nun verkaufen?"
„Vielleicht für ... 412?"
„Sagen wir mal, 450."
Solche kleinen Pannen kamen täglich vor. Da konnte man nur
gelassen bleiben und die Sache von der heiteren Seite sehen. Ende
Juli erhielt ich einen Anruf von Valentin. Valentin schien keinen
Nachnamen zu haben. Bei der Vorstellung durch Herrn Pachenko
hatte er mehrmals und mit Nachdruck seinen Rufnamen wiederholt,
während ich ebenso deutlich meinen Vor- und Zunamen genannt
hatte.
Valentin sprach fließend Deutsch und war in der sowjetischen
Botschaft Unter den Linden tätig.
Jetzt bat er mich, ihn an diesem Ort aufzusuchen. Die Bitte war
höflich, aber sehr eindringlich formuliert, und meine Frage nach dem
Grund wurde überhört.
Ich fuhr trotzdem hin. Es war die einmalige Gelegenheit, die
Botschaft Unter den Linden von innen kennenzulernen.
In einem Foyer, das mit wuchtigen, abgeschabten Sesseln bestückt
war, musste ich auf Valentin warten. Ich nahm in einem der Sessel
Platz, deren Lehnen, wie ich das schon aus Moskau kannte, mit
Schondeckchen überzogen waren.
Über meinem Kopf schwebte ein Kronleuchter. Meine Füße
scharrten ungeduldig über das Eichenparkett. Auf einem Beistelltisch
lagen Zeitschriften von 1973. In einer gläsernen Loge saß eine
füllige, ältere Dame. Sie strickte und bedachte mich dabei mit einem
starr auf mich gerichteten, missbilligenden Blick. Die Männer mit den
straff sitzenden Lederjacken, die sich in meiner Nähe aufhielten,
musterten mich nicht so offen. Ihre Blicke waren zielgenau an mir
vorbei gerichtet. Es stand für mich fest, dass ich nie, nie in meinem
Leben ihren Unwillen erregen wollte.
Schließlich wurde ich von einem Botschaftssekretär abgeholt. Er trug
einen sportlich-adretten, farbenfrohen Jogging-Anzug im Hertie-
Design. Ich wurde durch eine Doppeltür in ein riesiges

Besprechungszimmer geführt, das mit Möbeln aus dem 18.
Jahrhundert eingerichtet war. Auf den Rokoko-Stühlen saßen
mehrere Männer in brandneuen, pflegeleichten Jogging-Anzügen.
Sie fühlten sich wohl darin, die Männer, das war ihnen anzusehen.
Dann erschien Valentin. Er war der einzige Mensch in dieser Runde,
der von seinem Aufzug her problemlos hätte auf die Straße treten
können. Freundlich lächelnd übersetzte er die Worte, die an mich
gerichtet waren:
„Wir würden es sehr begrüßen, wenn Sie die sowjetische Botschaft
mit moderner Bürotechnik ausrüsten würden."
Das hatten sie geschickt eingefädelt. Ich war so erleichtert, dass ich
mich auf keine weiteren Diskussionen über Lieferfristen und
Gewinnspannen einließ. Unklarheiten würden sich später auch per
Telefon noch regeln lassen.
Auf einen Umstand musste ich die Botschaftsangehörigen jedoch
sofort hinweisen:
„Sie wissen, dass Sie die Ware in D-Mark bezahlen müssen?"
„Warum das?" wurde ich gefragt, „Lieferungen an die Botschaft
gelten als Export. Das ist internationale Gepflogenheit. Und die DDR
ist bis 31.12. Mitglied des RGW. Zahlung auf XTR-Basis ist nach wie
vor statthaft. Wir haben uns erkundigt."
Diese Argumentation hatte ich erwartet. Ich erklärte ihnen, dass das
DDR-Ministerium für Außenwirtschaft seit dem 1.7. keine
Trockensiegel mehr für XTR-Verträge erteilte.
„Was genau das nun bedeutet, habe ich bisher nicht herausfinden
können. Ich kann aber nicht einfach daraus schlussfolgern, dass
keine Genehmigungspflicht mehr besteht. Sie müssten sich
wahrscheinlich auf ein undurchsichtiges und zeitraubendes
Antragsverfahren einstellen."
Es erfolgte eine kurze Beratung in Russisch, dann wurde von
Valentin mir das Ergebnis mitgeteilt:
„Wir zahlen in D-Mark."
Ich versprach, wenn irgend möglich, die sowjetische Botschaft bei
der Lieferung vorzuziehen.
Um auch diesen Wunsch erfüllen zu können, musste ich allerdings
einer Institution auf die Finger treten, die sehr gut wusste, dass sie
nie von einer staatlichen Prüfgruppe belästigt werden würde.
Bei meinem nächsten Besuch der Commerzbank bestand ich darauf,

den Filialleiter persönlich zu sprechen.
„Vor drei Wochen wurden mir von der Sparkasse Köpenick zwölf
Millionen Mark überwiesen. Wo ist das Geld?"
Der Filialleiter hob die Hände und quälte sich ein Lächeln ab, das
Verständnis für mein Pech signalisieren sollte. „Das dauert, die
nehmen sich Zeit..."
„Die? Mit denen arbeite ich seit einem halben Jahr zusammen. Die
haben alle meine Aufträge mit sofortiger Wirkung ausgeführt."
„Das mag schon sein. Einen Augenblick, bitte!"
Er verschwand aus meiner Sicht und kam nach fünf Minuten zurück.
Ich kann Ihnen im Moment leider nicht sagen, wo das Geld nun
steckengeblieben ist."
„Steckengeblieben?"
„Verschwunden, wenn Sie so wollen."
„Verschwunden? Bei zwölf Millionen scheint mir das ein Fall für die
Ermittlungsbehörden zu sein. Wenn das Geld morgen nicht auf
meinem Konto ist, komme ich mit der Kriminalpolizei wieder."
Das Geld war zufällig schon am nächsten Tag auf meinem Konto.

Jetzt trafen auch die ersten Vorauszahlungen ein, von denen gleich
neue Ware bestellt werden konnte. Wir hatten weit über hundert
Aufträge zu bearbeiten, Aufträge, die teilweise nicht genau
spezifiziert waren, so dass wir uns den Kopf über die vorteilhaftesten
Warenpakete für unsere Kunden zerbrachen. Wir wollten es jedem
Recht machen. Niemand sollte von uns enttäuscht sein. Wir
kombinierten Komplett-Geräte von Hyundai und anderen Herstellern
mit unseren Omega-Produkten und schrieben oftmals noch die
gewünschte Software. Für die Computerprogramme hatten wir uns
mit den meisten Vertragspartnern auf die russische Sprache
geeinigt, nur die Polen bevorzugten ihre Programme in Englisch.
Die Rückrufe der zufriedenen Kunden waren die schönste
Bestätigung. Sie beflügelten den Elan, die Arbeit wurde zum
Rausch; einem Rausch, dem sich niemand in der Projektgruppe
entziehen konnte. Wir lebten für UNITEQ und schwebten dabei wie
auf einer Wolke. Wie stark ich mich bereits zu meinen Mitarbeitern
hingezogen fühlte, wurde mir bewusst, als ich mir nach Wochen
einmal die Zeit für ein Treffen mit langjährigen Freunden genommen
hatte.

Ich erzählte von UNITEQ's unerwartetem Erfolg, schwärmte von der Mentalität des Ostens und konnte meine Begeisterung über den kometenhaften Aufstieg unserer Firma nicht mehr bremsen. Es gab für mich nichts anderes mehr, von dem ich hätte sprechen können. Plötzlich merkte ich, dass seit einer Stunde niemand außer mir mehr einen Ton von sich gegeben hatte. Es war ungemütlich um mich herum geworden, am Tisch herrschte eine Atmosphäre wie in einer transsylvanischen Burg.

„Kannst du mir Hunderttausend leihen?" wurde ich unvermittelt gefragt. Mein früherer Kommilitone, mit dem ich zusammen für das Examen in Betriebswirtschaft gepaukt hatte, musterte mich herausfordernd. „...Wofür brauchst du sie?"

„Er braucht es wirklich!" - „Er kann nichts dafür, es ist wegen seiner Scheidung!" - „Er ist wirklich pleite!"

„Wann bekomme ich sie zurück?"

„In einem halben Jahr."

Ich schrieb einen Scheck aus, den er wortlos in die Tasche steckte. Dann wandte er sich von mir ab und füllte sein Weinglas nach.

„In einem halben Jahr", sagte ich noch einmal.

„Okay, okay. Du hast doch immer noch genug!"

Als sie die Wohnung verließen, hatte ich begriffen, dass mein alter Freundeskreis sich entschieden reduziert hatte.

Ich wäre am liebsten noch in der Nacht zurück in den EAB gefahren. Jeden einzelnen aus der Projektgruppe hätte ich in diesem Moment umarmen können: Die stille, zuverlässige Frau Winter, unsere Buchhalterin, meine neue Sekretärin Frau Mielgoß, die Fräulein Moser ersetzt hatte und einen außerordentlichen Sinn für Diskretion zeigte, oder Frank Achtel, den Programmierer, der es schaffte, selbst für die kleinste Speicherkapazität ein kurzes, trickreiches und hocheffizientes Programm zu schreiben. Herr Richter und Herr Held fielen mir ein, die beiden auf Hardware spezialisierten Techniker, die ständig neue Reparaturmethoden austüftelten. Ich musste an Herrn Beyer denken, der seine Hard- und Software- Kenntnisse mit nie erlahmender Geduld erweiterte und an Christine Kreis, die sich mit unbeirrbarer Souveränität der Pflege unserer uferlos gewordenen Kundenkartei widmete. Ihre kesse Lippe hatte mir anfangs meist die Sprache verschlagen, doch jetzt, nachdem ich mich an ihren Ton gewöhnt hatte, war ich fast schon fasziniert von ihrer

Schlagfertigkeit. So unterschiedlich die Leute auch waren, eines hatten sie alle gemeinsam: Sie widerlegten täglich das Klischee von den Ostdeutschen, die nicht in eigener Verantwortung arbeiten könnten. So hochmotiviert und selbständig handelnde Mitarbeiter wie die der Projektgruppe 'Computerhandel' würde ich in Westberlin mit der Lupe suchen müssen.

Die ganze Nacht über fragte ich mich, ob ich die Leistungen meiner Mitarbeiter wirklich schon angemessen gewürdigt hatte. Sie erhielten nun alle auch ein zweites Gehalt von UNITEQ, aber es fehlte noch, fand ich, ein Zeichen, das nun gesetzt werden müsste.

Zwei Tage später lagen ganz und gar zufällig auf meinem Schreibtisch einige Prospekte von Autosalons herum.

„Kaufe ich mir nun einen neuen? Ich kann mich nicht so recht entscheiden", sagte ich zu Dr. Braun, der mir am Tisch gegenüber saß.

„Unzufrieden mit dem Daimler?"

„Das nicht ... Wie finden Sie denn so die Angebote?" Dr. Braun blätterte die Prospekte durch und plötzlich leuchteten seine Augen auf. „Hier, sehen sie doch, das ist ein Wagen!"

„Der 190er Mercedes?"

„Ein Wagen von unaufdringlicher Eleganz." Dr. Braun richtete sich im Stuhl auf und beugte sich schwungvoll zu mir über den Tisch. „Das perfekte Model für den erfolgreichen, seriösen Herrn." Er blinzelte mir zu. „Das sind Sie doch, oder?"

Draußen schien die Sonne, und ihre Strahlen brachen sich auf dem weißen Karrosserieblech des UNITEQ-Lieferwagens. Weiß, so beschloss ich im Stillen, sollte die Farbe unserer Firma werden. Als Daniela wieder anrief, zog ich mich in einen stillen Winkel zurück und gab ihr flüsternd meine Instruktionen durch. Ihr Rückruf bestand nur aus einem einzigen Wort: „Übermorgen."

Der weiße Mercedes 190 E wurde vom Chef des Autosalons direkt zum Parkplatz von Objekt VII gebracht. Den Schlüssel überreichte er mir persönlich. Die Umstehenden erwarteten, dass ich ihn lässig in meiner Hosentasche verschwinden lassen würde, doch das hatte ich gerade nicht vor. Ich drückte den Schlüssel Dr. Braun in die Hand. Den Calvados, den er jetzt benötigte, hatte ich wohlweislich schon bereitgestellt.

Die anderen Wagen wurden im Laufe des Nachmittags und der

nächsten Tage geliefert. Heidi beispielsweise, deren Geschmack ich ebenfalls schon ausfindig gemacht hatte, bekam einen 325er BMW. Die meisten Mitglieder der Projektgruppe fanden aber doch, dass der Mercedes der imageträchtigste Wagen sei.

Von dieser Woche an erstrahlte der Parkplatz in symbolträchtigen Weiß. Weiß, so stellte sich heraus, war eine überaus motivierende, leistungsfördernde Farbe.

Inzwischen stand es fest, wann die Vereinigung stattfinden würde, und die meisten Verordnungen, die jetzt noch in der DDR erlassen wurden, waren mit den Bundesbehörden abgestimmt. Im Einzelfall wusste man das aber nie so genau.

Gegen Ende August wurde eine Veränderung im Rahmen der XTR-Verrechnungen bekannt gegeben. Bei Vorauszahlungen wollte die Deutsche Außenhandelsbank, die DABA, den AHBs die Gutschriften nur noch gegen Vorlage, Prüfung und Billigung des Dokumentensatzes erteilen. Ein solcher Dokumentensatz enthielt unter anderem die Transportpapiere, eine Aufstellung der Währungsfaktura, aber auch den Exportauftrag, umgangssprachlich abgekürzt mit EA. Ich fragte mich, ob die Initiatoren dieser Verordnung überhaupt wussten, was sie taten. Auf dem internationalen Computermarkt ist Vorauskasse üblich, wodurch die erwähnten Dokumente dem Verkäufer logischerweise erst nach Zahlung der Ware zur Verfügung stünden. Mit dieser Umstellung konnten vertraglich fixierte Geschäfte zum Kippen gebracht werden. Diese DABA, von der ich bisher kaum mehr gehört hatte, als das sie existierte, griff, ohne sich um die rechtlichen Folgen zu kümmern, in bereits vereinbarte Verträge ein. Unter weniger turbulenten Umständen hätte ich wahrscheinlich einen Anwalt mit einer Klage beauftragt. Doch diese Zeit hatten wir nicht! Es war auch fraglich, ob in der todkranken DDR überhaupt noch ein Gericht eine Klage entgegennehmen würde.

Ich überlegte, welche Nachteile konkret für UNITEQ zu erwarten wären. Wir konnten jetzt nicht mehr von den in D-Mark umgerechneten Vorauszahlungen aus Osteuropa die Waren bezahlen und würden mit unseren Rücklagen und den zu erwartenden Zahlungseingängen aus weiter fortgeschrittenen Geschäften kalkulieren müssen. Dadurch würde uns künftigen Partnern gegenüber nur noch ein begrenzter Spielraum bleiben. Das

widerstrebte mir erheblich. Anderseits würden wir mit unseren vielfältigen Kontakten sicher nicht um Aufträge bangen müssen. Trotzdem hatte ich den Eindruck, dass diese Regelung für uns ein noch nicht erkennbares Risiko enthielt.
In den nächsten drei Stunden ging ich die Unterlagen der neugeschlossenen Verträge durch. Wie es aussah, konnte ein Finanzierungsmodus für alle vor uns liegenden Geschäfte gefunden werden. Was war es dann, was mich beunruhigte? Ich grübelte und rechnete und konnte nicht den Grund dafür finden.

Die Westgruppe der sowjetischen Streitkräfte

Der September begann mit hochsommerlichen Temperaturen. In sämtlichen Räumen waren die Fenster geöffnet. Vor mir auf dem Schreibtisch ausgebreitet lag eine Zeichnung, versehen mit Maß- und Materialangaben, daneben lag ein Foto des stählernen Ungeheuers. Es hatte die Größe und auch die Silhouette eines Mammuts und wurde jetzt von UNITEQ in größerer Stückzahl vertrieben. Der Kufentransformator war der neueste Artikel auf der Liste unserer technischen Qualitätsprodukte.

In gewisser Weise war er ein Ergebnis der Rundreise durch Polen und die Tschechoslowakei, die wir nach der Messe von Brno unternommen hatten. Bei dieser Gelegenheit wurden wir auch von der Firma „Elektromontaz" in Wroclaw gebeten, ihnen einen Wunsch zu erfüllen.

Elektromontaz war die weltweit einzige Firma, die für den Einsatz im schlammig-morastigen Gelände des Braunkohletagebaues Transformatoren auf Kufen herstellte. Die DDR wiederum, die fast die Hälfte ihrer Energie aus der Braunkohle gewonnen hatte, war einer der größten Abnehmer dieser Transformatoren gewesen. Die Wartungsfirma in der DDR war aber kurz nach der Währungsunion von einem westdeutschen Großkonzern übernommen worden, einem der heimischen Elektro-Giganten, und dieses Unternehmen hatte aus unerfindlichen Gründen den Vertrieb dieser Geräte eingestellt. Über solche Entscheidungen konnte man wirklich nur staunen. UNITEQ war sofort bereit, die entstandene Lücke zu füllen. Und der für Elektromontaz übernommene Verkauf in die Braunkohlenreviere um Leipzig und in der Lausitz lief, einschließlich Wartung und Ersatzteillieferung, ausgesprochen gut.

Nun hatte ich gerade ein Schreiben aus Wroclaw bekommen, in dem angefragt wurde, ob die Beschaffenheit der Transformatoren denn in jeder Hinsicht noch den Bedürfnissen der Abnehmer entspräche.

Das war eindeutig ein Versuch, sich marktgerecht zu verhalten. Ich würde also gleich eine Bedarfsanalyse in die Wege leiten müssen. - Unter Einbeziehung von Spezialisten aus dem Westen? Oder besser aus der DDR?

Einiges sprach dafür, anderes dagegen ... Ich warf einen Blick zum
Fenster hinaus, in der Hoffnung, am Himmel eine Wolke zu
entdecken. Sollte man, fragte ich mich, überhaupt Veränderungen
erwägen, bevor darüber Klarheit herrschte, welche technischen
Bestimmungen für den Maschinenpark der künftigen neuen Länder
angewendet werden würden?
Das Klingeln des Telefons riss mich aus meinen Erwägungen. Frau
Mielgoß nahm den Hörer ab und gab mir zu verstehen, dass
Valentin am Apparat sei. Wollte die sowjetische Botschaft etwa auch
einen Kufentransformator bestellen? Vielleicht um Braunkohle im
Garten abzubauen?
Valentin stotterte, als hätte er seine Deutsch-Kenntnisse vergessen.
„Sie müssen uns helfen ... Sie müssen ... Sie sind der Einzige ... Wir
wissen nicht mehr weiter..." Dann wurde das Gespräch
unterbrochen.
So hatte ich ihn noch nie erlebt, so flehend und so verzweifelt.
Wieder klingelte das Telefon. Jetzt hob Heidi den Hörer ab. Sie zog
die Brauen in die Höhe und deckte die Sprechmuschel mit der Hand
ab.
„Kannst du 20 Millionen Eier liefern? Innerhalb einer Woche?"
„Ob ich was kann?..."
„20 Millionen Eier. Und Brot, und Kartoffeln. Die Rote Armee
hungert." „Wo soll ich das herholen? Aus dem Supermarkt? Mit dem
Lieferwagen?"
„Sprich selbst mit ihm!"
Valentin hatte sich etwas beruhigt. „Können Sie zu uns in die
Botschaft kommen? Jetzt, sofort?"
Ich wurde in das gleiche Besprechungszimmer geführt, in dem ich
vor zwei Monaten einen Liefervertrag über Büroausrüstungen
unterschrieben hatte. Meine jetzigen Gesprächspartner trugen
jedoch keine Jogging-Anzüge sondern Uniformen. Valentin
übernahm die Vorstellung:
"General Pawlow, Generaloberst Malewitsch, Generalmajor
Abchrassow."
Die Generäle nickten Valentin zu und er berichtete mir von Eiern, die
unlängst an die „Westgruppe der sowjetischen Streitkräfte in
Deutschland' geliefert wurden; Eier, die schlecht und teilweise schon
angebrütet waren. „Als der AHB es ablehnte, die Eier zu ersetzen,

weigerte sich die Versorgungsabteilung der Westgruppe, die
Rechnung von 13.000 Mark zu bezahlen."
„Wieso werden die sowjetischen Truppen in der DDR eigentlich als
Westgruppe bezeichnet?"
Valentin verstummte kurz und sagte dann in konsterniertem Ton:
„Diese Bezeichnung hat mit der DDR überhaupt nichts zu tun."
Die Minen der Generäle blieben unbeweglich, nur ihre Blicke hatten
sich verdunkelt. Es war nicht zu erkennen, inwieweit sie meine Frage
verstanden hatten.
Valentin wechselte mit ihnen kurz ein paar Worte und erklärte mir
dann, dass die Westgruppe der sowjetischen Streitkräfte in Polen,
der Tschechoslowakei und der DDR stationiert sei und die offizielle
Bezeichnung 'Deutschland' sich aus den alliierten Bestimmungen
ableite. „Die Versorgung der in der DDR stationierten Einheiten
wurde bisher vom AHB Agrarhandel organisiert, da die Belieferung
unter das Exportgesetz fiel. Nun weigert sich dieser AHB, überhaupt
noch irgendetwas zu liefern, bevor diese 13.000 Mark bezahlt sind."
„Es gibt sicherlich eine Instanz, an die die Westgruppe sich in so
einem Fall wenden kann."
„So? Wir haben jedenfalls keine Behörde mehr gefunden, die sich
dafür noch zuständig fühlt. Hier scheinen viele vergessen zu haben,
dass ihr neues Glück ohne Zustimmung der Sowjetunion nicht
denkbar gewesen wäre."
Generalmajor Abrassow schaltete sich mit einer kurzen Bemerkung
ein und Valentin nickte. „Richtig. Den Vertrag mit dem AHB
Agrarhandel betrachten wir als gekündigt."
General Pawlow hatte eine Klemmmappe vor sich liegen, die er jetzt
öffnete. Obenauf lag ein Faltblatt von UNITEQ mit dem Aufdruck „My
ispolnjajem waschi schelanija". Wir erfüllen Ihre Wünsche.
Der General breitete die Hände aus und sprach mich auf Russisch
an. Valentin übersetzte:
„Wir haben uns bei Ihren Vertragspartnern in Moskau erkundigt. Dort
hat man sich nur positiv über Sie geäußert. Uns wurde versichert,
dass Sie absolut vertrauenswürdig sind und jeden Wunsch erfüllen
können."
Dazu konnte ich mir jetzt nun wirklich gratulieren! Ich hatte diesen
Slogan einst gewählt, weil ich wusste, wie wörtlich Werbung in der
Sowjetunion genommen wird. Nur die Konsequenz, mit der man sich

darauf berufen würde, hatte ich leider nicht bedacht.
„Ich habe doch", sagte ich, „nicht die geringste Ahnung von
Lebensmitteln."
„Aber wer Computer liefern kann, wird doch auch Eier liefern
können."
„Im Computergeschäft bin ich seit zehn Jahren. Der
Lebensmittelmarkt ist eine völlig andere Welt."
Valentin übersetzte kurz und fasste impulsiv nach meinem Arm. „Der
Gesamtauftrag hat ein Volumen von 200 Millionen Mark. Den
könnten Sie übernehmen. Meinen Sie wirklich, dass Ihnen da keine
Lösung einfallen wird?"
„Wie lange habe ich Bedenkzeit?"
„Fünf Minuten. Sie müssen verstehen, in spätestens einer Woche
brauchen wir 20 Millionen Eier. Und 15.000 Tonnen Kartoffeln.
Außerdem Brot und Milch. In den Kasernen herrscht jetzt schon
Hunger. Wenn Sie vielleicht später auch noch Fleisch auftreiben
könnten...es muss nicht das Teuerste sein."
Ich unterschrieb den Vertrag.
Valentin begleitete mich zum Ausgang des Botschaftsgebäudes. Im
Treppenhaus fragte er mich, wie es denn mit den EG-
Agrarüberschüssen stünde. „Werden da nicht jedes Jahr
unvorstellbare Mengen vernichtet?"
„Soweit lässt man es nicht mehr kommen. Die Erzeugung wird
künstlich knapp gehalten, und die Ausfuhr von Überschüssen
unterliegt einem so ausgeklügelten Genehmigungs-System, dass
sich kein Laie mehr darin zurechtfindet. Und ich bin ein Laie auf
diesem Gebiet."
Valentin drückte mir verständnisvoll die Hand. „Ich bin überzeugt,
dass Ihnen etwas einfallen wird."
Unter den Linden hätte ich fast einen Fußgänger überfahren, einen
jungen Spunt, der schräg über die Fahrbahn hüpfte. An jeder roten
Ampel schlug ich mir mit der Hand gegen den Kopf und fragte mich,
wie ich mich zu dieser Unterschrift erweichen lassen konnte. Meine
einzige Hoffnung konzentrierte sich in diesem Moment auf die
Projektgruppe, mit der ich gleich ein gemeinsames Brainstorming
abhalten wollte. Ich wusste allerdings sehr gut, dass sie von
Landwirtschaft ebenso viel Ahnung hatten wie ich.
Ich umfuhr den Alexanderplatz, bog in die Karl-Marx-Allee ein,

stutzte kurz, drosselte das Tempo und drängte mich in die nächstbeste Parklücke. Dann stieg ich aus.

Ich war keiner Sinnestäuschung zum Opfer gefallen. Am Alexanderplatz, gegenüber der Weltzeituhr, stand ein Lastenfuhrwerk, das an einem Traktor befestigt war. Von einer Rampe herab versuchten Bauern, Äpfel zu verkaufen. Nein, sie hatten es versucht! Auf dem Boden neben dem Traktor lag ein Schild mit zerbrochenem Stiel und der Aufschrift: „1 Kilo = 1,00 DM". Die „1,00" waren durchgestrichen und durch „0,50" ersetzt worden. Die Bauern auf dem Fuhrwerk, zwei Männer und eine ältere Frau, riefen laut über den Platz: „Äpfel zu verschenken!"

Leute blieben stehen, verzogen das Gesicht und gingen weiter.

„Na, junger Mann, wieviel können Sie denn tragen? Halten Sie doch mal Ihren Beutel auf."

Ich hatte keinen Beutel bei mir. So weit war ich noch nicht integriert. Dadurch wurde ich dann auch als Westler erkannt. „Ick weeß nich, ob Sie die essen können", sagte einer der Männer, „die sind nämlich frisch jeerntet."

„Was wollen Sie denn damit sagen?"

„Na, Ihr esst doch nur die glatt Polierten aus der Packung. Bei unseren hier könnten'se vielleicht 'n' paar Fallstellen finden ... Det können'se nich essen!"

„Das heißt, die Leute wollen Ihr Obst nicht mehr."

„Ooch nich geschenkt. Äpfel aus der LPG, sowat will heut' niemand mehr."

„Was machen Sie damit?"

„Na, unterpflügen, wat sonst?"

Ich nahm mir einen Apfel, biss hinein, und ein längst vergessener Geschmack durchströmte meinen Gaumen. Mit dem angebissenen Apfel in der Hand stürzte ich in den nächsten Supermarkt, eilte vorbei an den zellophanverschweißten Granny Smith aus Argentinien und blieb vor dem Eierturm stehen. Meine Vermutung bestätigte sich. Es gab ausschließlich Packungen mit dem Aufdruck „Die lachende Henne. Gutes aus Niedersachsen".

„Haben Sie auch Eier aus der DDR?", fragte ich eine junge Verkäuferin. „Nee, da hätten'se eher kommen müssen."

„Seit wann sind die denn ausverkauft?"

„Seit zwee Monaten." Sie quiekte vor Freude über meine

Ahnungslosigkeit und die umstehenden Kunden reagierten ähnlich
ausgelassen. Nur eine Rentnerin, in deren Korbwagen eine Dose
Erbsen einsam hin und her rollte, lachte nicht mit. Als ich mich an
der Kasse vorbeidrängte, ohne etwas gekauft zu haben und den
Apfelrest in einen leeren Korb warf, war ich endgültig als
Provokateur entlarvt.
Ich ließ mich auf den Autositz fallen, gab Gas und steuerte der
nächsten Autobahnauffahrt entgegen. Mein Ziel war nicht mehr der
EAB, sondern ein kleines Dorf in der Lausitz. Dort hoffte ich, den
Agronom Herrn Laskowski anzutreffen.
Halb sieben Uhr abends stand ich an der Schwelle seines
Häuschens.
„Irgendetwas nicht in Ordnung mit den Computern?", empfing er
mich.
„Doch, doch. Haben Sie Hühner im Ort?"
Ein leichtes Grinsen huschte über sein Gesicht. „Wissen Sie, wenn
die hier flügge werden, verlassen die dieses Nest, wenn sie bis
dahin nicht in festen Händen sind. Gibt's denn in Berlin nicht
genug?"
„Hühner! Ich meine Federvieh! Das gackert und Eier legt."
„Haben wir auch, ja, 3.500 Stück."
„An wen verkaufen Sie die Eier?"
Er lachte sarkastisch auf. „An Helmut Kohl."
„Im Ernst, was machen Sie mit den Eiern?"
„Wegwerfen. Was sonst? Wir könnten die Hühner schlachten, aber
uns würde niemand das Fleisch abnehmen."
„Haben Sie Kühlmöglichkeiten?"
„Ausreichend. Wollen Sie nicht hereinkommen?"
„Danke, gern. Und bitte, werfen Sie kein Ei mehr weg." Ich erzählte
ihm von meinen ungewöhnlichen Verpflichtungen und dem kurzen
Erlebnis im Ostberliner Supermarkt. Letzteres schien ihn zu
amüsieren.
„Ich bin überrascht, dass nun zufällig auch schon jemand von drüben
mitbekommen hat, in welcher Situation wir uns befinden. Unsere
Kühe werden gemolken, die Milch wird weggeschüttet. Die Schweine
hätten geschlachtet werden müssen, jetzt ist die Fettschicht zu dick.
Kartoffeln werden geerntet, weil sie aus dem Boden 'rausmüssen.
Was dann damit passieren soll, weiß niemand." Herr Laskowski

stellte eine Flasche Bier und zwei Gläser auf den Tisch. „Im Prinzip dürfte es also kein Problem sein, die Russen zu versorgen."
„Aber?"
„Wer übernimmt den Transport?"
„Die Bauern."
„Das wäre für sie völlig neu. Die haben noch nie etwas über die LPG hinaus transportiert."
„Das werden sie aber jetzt tun müssen, wenn sie ihre Erzeugnisse verkaufen wollen."
In den nächsten drei Tagen rollte ich mit meinem Mercedes über Schlaglöcher, Kopfsteinpflaster und Feldwege. Milch konnte ich in der Großmolkerei Luckau bestellen, die anderen Produkte musste ich in achtzehn verschiedenen Dörfern beschaffen. Die Westgruppe umfasste mit Angehörigen auf dem Gebiet der DDR über eine Million Menschen, und die dafür benötigten Mengen gingen weit über die Kapazitäten einzelner LPGs hinaus. Die Ortschaften, in denen man sich bereit erklärte, den Transport selbst zu bewerkstelligen, lagen auch nicht gerade dicht beieinander. Sie waren verstreut über die Mark Brandenburg, das nördliche Sachsen und das südliche Mecklenburg.
In der Projektgruppe hatte man sich inzwischen über die Praktiken des AHB Agrarhandels umgehört und dabei erfahren, dass dieser Verein es geradezu darauf angelegt hatte, die miesesten Produkte an die Rote Armee zu liefern. Den Verantwortlichen für dieses Vorgehen wünschte ich, dass sie sich bald selbst von dem Zeug ernähren müssten, das sie den russischen Wehrpflichtigen zugedacht hatten!
Ich wurde vom Ehrgeiz bedacht, möglichst gute Qualität zu liefern. Unter den gegebenen Umständen konnte ich diesem Anspruch natürlich nur bedingt gerecht werden. Die Schweinehälften in den Kühlhäusern waren teilweise schon so verkümmert, dass sie nicht mehr ausgeliefert werden konnten. Andere hatten wegen zu später Schlachtung eine Fettschicht von 5mm. Meiner Information nach entsprachen 1 bis 2mm der handelsüblichen Norm. In diesen Fällen wollte ich einen erheblichen Preisnachlass gewähren.
Am vierten Tag, einem Freitag, hatte ich 18 Millionen Eier, dafür aber nur 17.000 Tonnen Kartoffeln beisammen. Ich rief Valentin in der Botschaft an.

„Wohin genau sollen die Lebensmittel den nun geliefert werden?"
„An die Westgruppe."
„Valentin, ich glaube, das hatte ich bei unserer letzten Besprechung
schon mitbekommen. Ich muss jetzt aber konkret wissen, an
welchen Ort die Sachen gebracht werden sollen."
„Ich rufe zurück."
Wobei ich hoffte, dass es bald geschehen würde. Ich erwartete für
den nächsten Tag die Anrufe aus den LPGs, denn am Montag sollte
geliefert werden. Wie die Sache formal ablaufen sollte, war mir
ebenfalls noch ein Rätsel. Fiel die Belieferung noch unter das
Exportgesetz? Dann würden wir bei einem AHB Exportlizenzen
beantragen müssen. Und zuständig wäre kein anderer als der AHB
Agrarhandel gewesen. Gerade dieser AHB, der sich so vorbildlich
um die Verpflegung der Roten Armee gekümmert hatte. Die
Verantwortlichen dort würden gewiss alles in ihren Kräften stehende
tun, damit wir noch vor dem Wochenende die Lizenzen erhielten!
Sollten diese Formalien noch berücksichtigt werden? Einen Monat
vor der Vereinigung?
Das Telefon klingelte, es war Valentins versprochener Rückruf. „Wie
ich erfahren habe, sollen die einzelnen Standorte direkt beliefert
werden."
„Es gibt also keine zentrale Annahmestelle für die Waren?"
„Nein."
„Ein Lieferant muss also unter Umständen mehrere Stellen
hintereinander aufsuchen? Ich befürchte, wir werden kaum noch Zeit
haben, das bis morgen zu koordinieren. Was soll's, ich werde mir
etwas einfallen lassen. Jetzt brauche ich eine präzise Beschreibung
aller Standorte und eine genaue Aufteilung des
Mengenverhältnisses."
„Das geht nicht. Ich kenne nicht alle Standorte."
„Valentin!.."
„Die Manöver-Standorte sind geheim."
„Dann beliefere ich nur die festen Standorte, und die weitere
Verteilung wird intern geregelt."
„Die Kommandeure kennen die Manöver-Standorte nur, wenn sie
selbst am Manöver beteiligt sind."
„Wenn die Soldaten aber von mir verpflegt werden sollen, muss ich
heute noch über die Lage aller Standorte Bescheid wissen."

„Das wäre sinnlos. Die Standorte wechseln ständig."
„Dann sehe ich keine andere Möglichkeit mehr, als die Kartoffeln am
Montag vor der Botschaft Unter den Linden auszukippen!"
„Ich rufe zurück."
Womit er in einer beneidenswerten Position war, denn ich konnte
vom EAB aus keinen meiner Anwälte anrufen, um mich nach
eventuellen Präzedenzfällen zu erkundigen. Die Zahlung sollte bei
diesem Geschäft erst nach der Lieferung erfolgen, und die Bauern,
die nicht für die Geheimhaltung der Standorte verantwortlich zu
machen wären, würden natürlich auf die sofortige Bezahlung ihrer
Eier pochen. Warum, fragte ich mich zum zwanzigsten Mal, hatte ich
nicht entschiedener um einen anderen Zahlungsmodus gekämpft?
Hatte ich mich einschüchtern lassen vom Auftritt der Generäle oder
hatte ich mich erweichen lassen vom Gedanken an hungernde
Sowjetsoldaten? Ich schlug die Hände vor das Gesicht und spürte
einen kalten Schauer über dem Rücken.
Und sprang vom Stuhl auf. - Acumen! Acumen und die letzte
Teillieferung von Martronik. An die Rote Armee dachte ich jetzt
überhaupt nicht mehr. Unvermittelt, und ohne den geringsten
Zusammenhang zur Lebensmittellieferung, wusste ich plötzlich,
worin der Nachteil der neuen XTR-Verordnung bestand; jener
Regelung, nach der die DABA Gutschriften erst nach Prüfung des
Dokumentensatzes erteilen wollte. Ohne Vorkasse würde Martronik
aber weder die Waren, noch die Begleitdokumente abschicken
können. Verdammt nochmal! Ich war davon ausgegangen, dass
dieses komplizierte Geschäft, das in seinen verschiedenen Etappen
bereits seit Juni lief, nicht von dieser neuen DABA-Regelung berührt
sein würde. Das konnte man allerdings auch anders sehen. Bei
kleinlicher Auslegung konnte man diese Lieferserie als isolierte,
aufeinander folgende Geschäfte definieren. Sollte es zu
Meinungsverschiedenheiten mit dieser DABA kommen, würde nur
ein Experte im Handelsrecht eine Entscheidung fällen können. Das
würde Monate dauern. Soweit durfte es um keinen Preis kommen!
Ich starrte auf die Mustertapete, ein rot-gelbes Girlandengekräusel,
das seit dem Bau des Gebäudetraktes vor 22 Jahren die Wände
zierte.
Mit Martronik musste eine neue Vereinbarung getroffen werden.
Dabei konnte ich nur auf die Großzügigkeit dieser Firma hoffen; auf

eine Kulanz, die sich ein ungarisches Unternehmen bei der dortigen Wirtschaftslage wohl kaum leisten konnte. Ich würde aber einen Ausweg finden müssen! Und diese Erkenntnis musste mir ausgerechnet in dem Augenblick kommen, in dem der Verteilungsplan für die Lebensmittel meine ganze Konzentration erforderte.

Genau in diesem Augenblick erfolgte auch schon Valentins Rückruf. „Hole mich bitte gleich bei der Botschaft ab", sagte er, „dann klären wir die Standort-Frage."

Mir dröhnte der Kopf, als ich mich ans Steuer setzte. Ich hatte Angst, von den Problemen überrollt zu werden.

Valentins Haltung war unerwartet steif und feierlich, als er zu mir in den Wagen stieg, und sein Gesicht hatte einen weihevollen Ausdruck angenommen. „Wir fahren jetzt nach Wünsdorf. Wissen Sie, was sich dort befindet?"

„Bedaure, nein."

Das Hauptquartier der Westgruppe der sowjetischen Streitkräfte in Deutschland."

Ich musste erst einmal auf der Karte nachschauen, wo dieses Nest lag.

„Was genau machen Sie eigentlich bei der Botschaft?", fragte ich ungeniert. Er sollte sich durchaus provoziert fühlen.

Für die Antwort nahm Valentin sich zwei Minuten Zeit. „Ich sorge für die Verbindung zwischen den verschiedenen Stellen." Soso. Dann wusste ich ja jetzt Bescheid.

In Wünsdorf schien fast die gesamte Bevölkerung aus Sowjet-Soldaten zu bestehen. Junge Wehrpflichtige standen mit traurig-verträumten Blicken vor Schaufenstern oder Verkaufsständen, an denen Unterhaltungselektronik feilgeboten wurde. Die wenigen Einheimischen auf den Straßen huschten mit gesenktem Kopf und vollen Einkaufsbeuteln an den Soldaten vorbei.

Wir hielten am Haupteingang des gigantischen Militärkomplexes. Valentin stieg aus, zeigte zwei verschieden Ausweise, die Posten telefonierten, mein Ausweis wurde aus dem Wagenfenster gereicht, Valentin telefonierte, und schließlich hob sich die Schranke. Die Soldaten unterbrachen ihre Tätigkeiten und starrten uns an, während wir im Schritttempo über eine geteerte Straße fuhren.

„Ihr Wagen ist das erste westliche Auto, das auf dieses Gelände

gelassen wird." Valentin schob seine beiden Ausweise zusammen mit meinem eigenen in die Innentasche seines Jacketts. „Sie werden jetzt die Heeresspitze der Westgruppe kennenlernen. Generalmajor Abchrassow wird Sie General Grigorenko vorstellen."
General Grigorenko drückte mir die Hand und seine Worte gewannen durch die Übersetzung, die sein Adjutant vornahm, noch mehr an Gewicht: „Wir freuen uns außerordentlich, dass Sie mit Ihren Bemühungen Erfolg hatten. Ich werde Ihnen jetzt etwas zeigen, was noch nie ein Mensch aus dem westlichen Ausland gesehen hat. Über die Einzelheiten herrscht für Sie strengstes Schweigegebot. Sind Sie bereit, das zu akzeptieren?"
Ich war bereit.
Er führte mich in einen Raum, der mehrfach bewacht und nach außen vollständig abgedunkelt war. In der Mitte stand ein runder Mahagoni-Tisch mit 12 gepolsterten Stühlen. Eine Wand war vollständig mit einem dunkelgrünen Vorhang bedeckt.
General Grigorenko zog an einer Schnur und der Vorhang öffnete sich. An der Wand wurde eine Karte sichtbar, die mit roten Fähnchen besteckt war.
„Hier sehen Sie die geheimen Manöver-Standorte der sowjetischen Streitkräfte auf dem Gebiet der DDR. Diese Positionierung bleibt bis Dienstag nächster Woche bestehen."
Der Adjutant servierte zwei Gläser Wodka auf einem silbernen Tablett. General Grigorenko stieß mit mir an und erklärte feierlich, wie er sich mit mir zusammen freue, dass die Deutschen nun bald wieder vereint wären und wir Westberliner endlich Zugang zu den brandenburgischen Forst- und Wildbeständen hätten. Auf meinen verdutzten Blick hin fragte er, ob ich denn nicht auch ein Anhänger der Kunst des Waidmannswesens wäre.
Das war ich ganz und gar nicht. Das stundenlange Hetzen von Tieren durch Hunde und Jäger hatte ich noch nie für eine vornehme Beschäftigung gehalten. Vorsichtig gab ich dem General zu verstehen, dass der Gedanke an die Jagd mir nicht näher vertraut sei.
General Grigorenko umfasste meine Hand mit einer väterlichen Geste. „Dann lade ich Sie herzlich zu unserer großen Wildschweinjagd am Sonntag ein. Ich werde Sie von meinem Fahrer abholen lassen."

Es wurde Wodka nachgeschenkt, und ich sah keine Möglichkeit, die Einladung abzulehnen. Beiläufig deutete ich an, dass zuvor noch entschieden werden müsse, auf welche Entfernung die Lieferanten an die Manöver-Standorte herangelassen werden können.
Auf einen Wink von General Grigorenko griff der Adjutant zum Telefon und gab einige Befehle in schneidigem Ton durch. Eine Viertelstunde später waren alle mit der Versorgung betrauten Dienstränge in einem Besprechungsraum versammelt. Valentin hatte neben mir Platz genommen. Um weiteren Begrüßungsreden vorzubeugen, fragte ich unvermittelt, wie die frühere Versorgung durch den AHB Agrarhandel organisiert gewesen sei. Damit löste ich auf der Stelle eine lebhafte Diskussion aus. Mehrmals war das Wort „Talon" herauszuhören.
Diese Talons waren umseitig in Russisch und deutsch bedruckte Abnahmecoupons. Sie hatten das Format einer Postkarte und entsprachen den jeweiligen Mindest-Liefereinheiten. Von den eingelösten Talons, die mir jetzt gezeigt wurden, galt einer für 100 Kilo Kartoffeln, ein anderer für 20 Gläser saurer Gurken. Sie wurden handschriftlich ausgefüllt und abgestempelt und dienten über Jahre hinweg als Verrechnungseinheiten für den Agrarhandel.
Ich wusste nicht mehr, worin eigentlich das Problem bestanden hatte. Die festen Standorte wie Wünsdorf, Jüterbog oder Grimmen würden die LPGs im Tausch gegen die Talons direkt beliefern können, und die Waren für die geheimen Standorte konnten von den Streitkräften mit den gleichen Talons selbst abgeholt werden. Die LPGs würden dann die Talons zusammen mit der Rechnung an UNITEQ schicken, bekämen ihr Geld, während wir die anfallenden Talons mit einer Sammelrechnung zurück nach Wünsdorf senden würden.
Dieser Vorschlag stieß auf ungeteilten Beifall. Valentin flüsterte mir zu, dass die Heeresspitze nun endgültig überzeugt sei, mit mir die richtige Wahl getroffen zu haben. Ich hatte Mühe, ernst zu bleiben. Mein Blick auf die geheimen Standorte wäre überhaupt nicht nötig gewesen. Mir gegenüber schien er nichts weiter als einer der bei Russen so beliebten Vertrauensbeweise zu sein, die, wenn man sich einmal als würdig erwiesen hatte, überschwänglich erteilt wurden. Oder war es eine uneingestandene Vorliebe für Komplikationen, für das labyrinthisch Verschlungene? Unwillkürlich musste ich an den

Moskauer Supermarkt denken, den ich mit den Dolmetscherinnen vom Institut für Steuerungsprobleme besucht hatte. Dort stellte man sich zum Beispiel an der Theke für Fleisch- und Wurstwaren an, bekam eine Vorabrechnung, stellt sich damit an der Kasse an, wo die Kassiererinnen den Betrag in die Registrierkasse eintippten, um anschließend die Summe nochmals mit einem Abakus nachzurechnen. Dann begab man sich zurück zur Wurstabteilung, erhielt die Ware zusammen mit der Endabrechnung, deren Differenz man, nach nochmaligem Anstehen, an der Kasse zu begleichen hatte. Nach solchen, in vielen Varianten wiederkehrenden Erlebnissen wurde mir allmählich klar, dass die Ursachen für die siechende Ökonomie nicht allein in der Planwirtschaft zu suchen waren. Es schien ein tief in der russischen Gesellschaft verwurzeltes Misstrauen gegen jegliche Direktheit und Effizienz zu geben, das auch von einer forsch propagierten Perestroika nicht so leicht zu besiegen sein dürfte.

Die Westgruppe verfügte über eigene Jagdreviere, eines davon befand sich östlich des Müggelsees. Dort fand auch die Wildschweinjagd statt. Treffpunkt der Jagdgesellschaft war die Villa von Generaloberst Malewitsch in Karlshorst.

Gut die Hälfte der Anwesenden kannte ich schon von den Besprechungen in Wünsdorf, und beinah jeder der Generäle bestand darauf, mit mir einen Begrüßungstrunk von 100 Gramm Wodka zu nehmen. 100 Gramm entsprachen dem Volumen eines Senfglases. Wenn meine Trinkpartner mir nicht nachsichtiger Weise gestattet hätten, ab und zu ein neues Glas zu nehmen, bevor das alte ausgetrunken war, wäre ich noch vor Beginn der Jagd in einen komaähnlichen Vollrausch gestürzt.

Zwischendurch wurde ich auch der Gattin von Generaloberst Malewitsch vorgestellt, die mich gleich mit ihrer Tochter und ihrem Schwiegersohn, einem jungen Offizier der Luftstreitkräfte, bekannt machte. Frau Malewitsch führte mich durch die Villa, und es war sicher nur meinem Alkoholpegel zu verdanken, dass ich die Erklärungen über die kleinen Ausbesserungsarbeiten, die sie veranlasst hatte, mit stoischem Lächeln hinnehmen konnte. Die ständig wachsenden Risse an den Blattgoldrahmen der Rokoko-Spiegel hatten ihr nämlich über Jahre hinweg Sorgen bereitet. Nach der Währungsunion hatte sie sich jedoch im West-Berliner Bauhaus-

Markt ein Döschen Bronzefarbe für 4,95 Mark besorgen lassen, mit dem die Rahmen ausgebessert werden konnten, so wie auch die Mahagoni-Möbel mit Klarlack überstrichen wurden, um ihnen neuen Glanz zu verleihen.

Das Jagdgebiet wurde mit Jeeps und Militär-Limousinen angesteuert, die Fahrer hatten ja nichts zu trinken bekommen. Laut durcheinander singend und uns gegenseitig stützend, torkelten wir aus den Fahrzeugen heraus. Das Ablehnen der Jagdwaffe, die mir immer wieder angeboten wurde, war die einzige Willenshandlung, zu der ich noch im Stande war. Als die ersten Schüsse fielen, warf ich mich intuitiv zu Boden. Es wurde kreuz und quer und ohne zu zielen auf alles geballert, was sich bewegte und für ein Wildschwein gehalten wurde und sich anschließend meist als Jagdhund entpuppte. Ich fürchtete ernsthaft, dass die Heeresspitze der Westgruppe sich an diesem Nachmittag gegenseitig umbringen würde. Offensichtlich war es nur den Treibern zu verdanken, dass sich neben den vielen Hunden auch drei Wildschweine unter der Beute befanden. Und es grenzte fast an ein Wunder, dass keiner der jungen Unteroffiziere, die als Jagdhelfer fungierten, neben die toten Vierbeiner gelegt werden musste. Nur der intensive Duft einer Fischsuppe, der aus Kesseln vom anderen Ende einer Wiese herüberwehte, brachte mich von weiteren Gedanken über das Los der Wehrpflichtigen in der Roten Armee ab.

Generaloberst Malewitsch reichte mir einen Teller mit frischen Karpfen-, Barsch- und Zanderteilen. Wenn immer mein Teller sich leerte, füllte er ihn nach, und seine Frau reichte mir das Brot. Niemand brauchte mir zu erklären, wie ungewöhnlich es war, dass ein sowjetischer General einen ausländischen Zivilisten bediente. Mir wurde eine Aufmerksamkeit entgegengebracht, eine Zuneigung, die ich spontan kaum erwidern konnte. Ich fühlte mich wie in einer Familie aufgenommen. Ich sprach kein Russisch, und die Generäle verstanden kein Deutsch, doch die Dolmetscher waren überflüssig geworden. Die Worte, mit denen mir zugeprostet und die Gesten, mit denen mir die Leckerbissen gereicht wurden, bedurften keiner sprachlichen Vermittlung mehr.

Die Versorgung der Westgruppe erforderte einen organisatorischen Kraftakt, der zudem noch in kürzester Zeit bewältigt werden musste. Lothar Wendland schrieb ein Computerprogramm für die Logistik

und die Abrechnung, denn im chaotischen Wirrwarr der
verschiedenen Lieferscheine hätte sich bald niemand mehr zurecht
gefunden. Er bog und knetete das DOS-Programm, bis es auf
Russisch arbeiten konnte. Russische Sachbearbeiterinnen wurden in
der Bedienung geschult, und UNITEQ verlieh vier Computer an die
Zentrale in Wünsdorf.
Allmählich pendelte sich ein halbwegs geregelter Ablauf ein. Die
LPGs schickten die erhaltenen Talons zusammen mit ihren
Rechnungen zu uns. Die Talons trafen in Säcken und Kartons ein,
die Rechnungen über 50- oder 100.000,- Mark in Kilopaketen. Diese
Rechnungen schickten wir nach Wünsdorf, und das
Computerprogramm erstellte Sammelrechnungen an die Streitkräfte.
Die geforderten Beträge wurden dann vom Konto der Westgruppe
bei der Kreissparkasse Zossen an uns überwiesen.
Den Löwenanteil an dieser Arbeit bewältigten drei Mitarbeiter, die
keine Freizeit und kein Wochenende mehr kannten und restlos auf
jede Form von Privat- und Familienleben verzichtet hatten, um die
tägliche Verpflegung der Westgruppe zu gewährleisten. Ohne die
Selbstaufopferung von Herrn und Frau Meyer (die nicht miteinander
verwandt waren) und dem unermüdlichen Herrn Irmler wäre das von
uns ausgetüftelte Versorgungssystem zusammengebrochen.
Herr Irmler hatte neben der Arbeit noch eine andere Last zu tragen.
Als Schwiegersohn des früheren FDGB-Vorsitzenden Harry Tisch
gehörte er zu den bevorzugten Angriffszielen einer bestimmten Sorte
von Journalisten, die ihr Handwerk bei den westdeutschen
Gossenblättern erlernt hatten. Wenn sein Foto in der
neugegründeten Dreckschleuder mit dem Titel 'Super' erschien, war
es begleitet von Überschriften wie: „Seilschaften immer dreister" und
„Bonzensohn schmarotzt weiter auf Kosten der Bevölkerung". Diese
Artikelchen waren meist in der Nähe der Schreckensberichte über
die „Bestie von Beelitz" platziert, damit die Assoziationen der
hirnbetäubten Leser in die gewünschte Richtung liefen. In dieser
Situation erlebte ich zum ersten Mal, wie Mitarbeiter
unterschiedlichster politischer Ansichten sich über die
Überrumpelung durch die West-Medien empörten und Ansätze einer
neuen Ost-Identität entwickelten.
Unsere Arbeit wurde dadurch jedoch kaum beeinflusst. Die UNITEQ-
Festung im EAB war nachts ebenso belebt, wie in den

Tagesstunden, wir standen alle beinah schon im Wettbewerb um das höchste Schlafdefizit. Diese Lorbeeren dürfte allerdings an mich ergangen sein, und das nicht nur, weil ich den weitesten Weg zu meinem Bett hatte. In den drei Stunden, die ich mit geschlossenen Augen verbrachte, träumte ich von dem Dokumentensatz, den wir von Martronik erwarteten. Ich hatte mit Herrn Kertéz vereinbart, dass die Ware 'per Nachnahme' an das Zollfreilager von Warschau geht, mit der Maßgabe, dass sie erst nach Kielce weiterwandert, wenn das Geld in Budapest eingetroffen ist.
Per Nachnahme. Das musste man sich vorstellen! Kein einziges Unternehmen in der großen weiten westlichen Welt würde Waren im Wert von 43 Millionen D-Mark 'per Nachnahme' versenden. Es war das äußerste, was wir von Martronik erwarten konnten. Die Transportdokumente, die diesen Vorgang belegen sollten, würden natürlich nicht als Bestätigung über den Erhalt der Ware durch den Kunden gelten können. Jetzt konnte ich nur noch beten, dass die Sachbearbeiter der DABA darin die Folgen ihrer irrwitzigen Verordnung erkannten.
Als diese Papiere endlich eintrafen und vom ECB als auch von der DABA gebilligt wurden, war ich nur ein paar Tage lang erleichtert. Wir warteten auf die Gutschrift von 57 Millionen Mark, und als wir sie schließlich über den ECB von der DABA erhielten, mussten wir, nach Abzug der Gewinnspanne, 43 Millionen gleich nach Budapest weiterleiten, damit Martronik den Waren-Park für Acumen freigeben konnte. Von der Sparkasse in Köpenick waren aber immer noch keine Überweisungen ins Ausland möglich. Ich musste die Summe, die ich in diesem Falle nicht in einer Plastiktüte transportieren wollte, zuerst wieder auf mein Westberliner Konto überweisen. Das Geld würde mindestens zwei Wochen unterwegs sein, und Herr Vinnitski würde sicher bald wieder ungeduldig werden.
Diese Befürchtung schien sich eines Tages zu bestätigen. Ich bekam Besuch von einem Herrn; einen unangemeldeten Besuch, aber das kam öfters vor und hätte mich normalerweise nicht in Verlegenheit gebracht. Er schüttelte mir die Hand und stellte sich als „Igor" vor.
Ich schaute ihn erwartungsvoll an: „Igor?"
Er drückte mir noch einmal die Hand und wiederholte: „Igor!"
Ich hatte inzwischen gelernt, dass man Herren, die ihren vollen

Namen nicht nennen wollten, auch nicht danach drängen sollte. Ob es hier auch einen abgeschlossenen Raum gäbe, fragte er, in dem man sich ungestört unterhalten könne.

Ich führte ihn in mein Büro. Einen Dolmetscher brauchten wir nicht, Igor sprach fließend deutsch. Noch bevor ich ihm den obligatorischen Wodka eingeschenkt hatte, eröffnete er mir, dass er sehr gute Beziehungen zur Firma Acumen hätte. Mir schwappte der Wodka auf die Schreibtischplatte, als ich das beunruhigende Wort hörte.

„Das Geld geht", sagte ich, „über sechs verschiedene Banken, falls ich richtig mitgezählt habe. Vielleicht sind es auch noch mehr. Wissen Sie, wie lange eine Überweisung von Ost- nach Westberlin dauert?" „Überweisung? Von welchem Geld sprechen Sie?"

Ich schaute ihn ebenso verblüfft an, wie er mich. „Sagten Sie nicht gerade, dass Sie als Vertreter von Acumen gekommen sind?"

„Oh, nein! Das ist ein Missverständnis. Meine Beziehungen zu Acumen sind von rein persönlicher Natur. Ich bin nur gekommen, um Sie kennenzulernen. Sie werden überall als zuverlässiger und ideenreicher Geschäftspartner erwähnt."

„Dieses Lob gebührt natürlich zuallererst meinen Mitarbeitern. Ohne deren Einsatz wäre meine Firma nie so bekannt geworden."

Ich hielt es für angebracht, diesen Aspekt herauszustreichen.

Wie erwartet, wurde Herr Igor jetzt etwas konkreter.

„Besprechen Sie eigentlich prinzipiell alle Geschäfte mit Ihren Mitarbeitern, oder nur die, bei denen es notwendig ist?"

Darauf hätte ich wahrheitsgetreu antworten können, dass meine Mitarbeiter nur die Geschäfte mit mir besprechen, bei denen es notwendig ist, aber ich wollte auf keinen Fall, dass er sich auf ähnliche Weise an einen von ihnen heranschleicht, wie er es gerade bei mir versuchte.

„Worum geht es denn genau?", fragte ich ihn.

„Sie machen hohe Gewinn im Export. Das Gleiche wäre für Sie auch im Import möglich."

„Bürotechnik lässt sich schlecht von Ost nach West importieren."

„Sagte ich etwas von Bürotechnik?" Er öffnete seine Aktentasche, verharrte einen Moment und musterte mich wieder. „Sie sind Geschäftsmann?"

„Einige Geschäfte sind mit mir grundsätzlich nicht zu machen. Ich

zähle sie einfach mal auf: Waffen, Drogen, was gibt es noch?
Pornographie, Prostitution..."
Igor fauchte mir einen Fluch entgegen, den ich keiner Sprache
zuordnen konnte, doch gleich darauf brach er in das herzhafteste
Lachen aus.
„Ich kenne die Gesetze genauso gut wie Sie."
Ich lachte ebenfalls und tat, als wäre meine Bemerkung nur
scherzhaft gemeint gewesen. Ich wollte ihn loswerden, ohne ihn mir
zum Feind zu machen. Solche Leute waren berüchtigt für ihre
Rachsucht. Anderseits war ich aber auch neugierig geworden. „Noch
einen Wodka?", fragte ich.
Er nickte und zog einen Stapel Fotografien aus seiner Tasche. „Was
halten Sie davon?" Es waren Fotos von Rokoko-Möbeln, von
Stühlen, Tischen, Spiegeln, Kommoden, Betten, und Orient-
Teppichen, die ebenso alt zu sein schienen wie die Möbel. Einige
Fotos zeigten Villen-Räume im Rokoko- oder Empire-Stil. An den
Wänden waren Lenin- oder Gorbatschow-Portraits, aber auch
Gemälde von Personen mit gepuderten Zopfperücken zu erkennen.
„Ja und?"
„Die Besitzer wollen sich davon trennen."
„Warum wenden Sie sich nicht an ein Auktionshaus?"
„Viel zu kompliziert! Wenn Sie uns Käufer vermitteln würden,
könnten Sie eine gute Provision einstreichen. Eine sehr gute, um
offen zu sein."
„Wo befinden sich denn diese Sachen im Augenblick?"
„In sowjetischen Dienststellen, die in nächster Zeit aufgelöst werden.
In Polen, der Tschechoslowakei, der DDR ... Sie verstehen sicher,
dass dieses Mobiliar erhebliche Transportprobleme aufwerfen
würde."
„Ich nehme auch an, dass diese Möbel schon in den Villen waren,
bevor sie von sowjetischen Dienststellen genutzt wurden."
Igor spreizte mühsam die Mundwinkel zu einem neuen Lächeln. Eine
so dumme Frage hätte er von einem Geschäftsmann seiner
Vorstellung nicht erwartet.
„Ich kenne keine Sammler", versuchte ich, ihn zu beschwichtigen,
„keinen, der sich für Antiquitäten interessiert. Ich kann Ihnen aber
meinerseits ein nicht zu übertreffendes Angebot machen: Personal
Computer mit zwei Diskettenlaufwerken und einer 80 MB-Festplatte

inklusive Tastatur für den Endpreis von nur 3.800 D-Mark. Ein Preisbrecher, finden Sie nicht?"

Igor verabschiedete sich mit einem verächtlichen Blick, und ich bereute meine verdammte Neugier. Was interessierte mich der Inhalt der Aktentaschen von Männern ohne Nachnamen! Glücklicherweise gab es in dieser Hinsicht Unterschiede, ganz erhebliche Unterschiede sogar. Ich rief in der sowjetischen Botschaft an und vereinbarte ein Treffen mit Valentin.

„Kennen Sie diesen Igor?", fragte ich ihn spät am Abend im Café Adler.

„Ich kenne mehrere Igors. Sie meinen, er sei Russe gewesen?"

„Dieser kurze Fluch, den er ausgestoßen hatte, könnte vielleicht polnisch gewesen sein."

„Igor ist kein polnischer Name, aber das sagt natürlich gar nichts. Wie sieht er denn aus?"

„Mittelgroß, mittelblond, Augenfarbe grün."

„Wie Millionen von Russen und Polen. Sie haben sich doch hoffentlich nicht darauf eingelassen?"

„Um Himmelswillen!"

Daraufhin zeigte er sein charmantestes, sympathischstes Lächeln.

„Sie werden es vielleicht nicht glauben, aber mein Name ist wirklich Valentin. Seit meiner Geburt. Wie lange arbeiten wir eigentlich jetzt schon zusammen?"

„Drei Monate sind es schon."

„Wenn Sie mich fragen, ich hätte keine Einwände, wenn wir uns duzen würden."

„Darauf sollten wir sofort eine neue Runde bestellen!"

Ich konzentrierte mich wieder auf die Arbeit für die Rote Armee, die uns alle restlos auslastete. UNITEQ, die Gesellschaft für technische Qualitätsprodukte, hatte die Verpflegung von einer Million Menschen übernommen. Wir lieferten nicht nur Eier, Fleisch und Kartoffeln, wir versuchten auch, die Soldaten mit frischem Obst und Gemüse zu versorgen. Wir organisierten Frisch-Fisch-Lieferungen von der Ostsee, kauften Gewürze im Westen ein und bestellten Butter, Wurst und Käse in den LPGs von Mecklenburg und Sachsen. Die Generäle der Heeresspitze, die ich kennengelernt hatte, lud ich nach und nach bei mir zu Hause ein, um meine Kochkünste vorzuführen. Nicht umsonst hatte ich in den Apenninen-Dörfern gelernt, wie zum

Beispiel ein Kaninchen in Weinsauce zubereitet wird. Bei einer dieser Einladungen erwähnte General Pawlow, dass die Soldaten schmerzlich eines ihrer Lieblingsprodukte vermissten, seit der Agrarhandel sie nicht mehr belieferte. Es handelte sich um Knäckebrot.

Zuerst wandte ich mich natürlich an das VEB Backwarenkombinat Elsterwerda, den Großproduzenten für Knäckebrot.

Deren Preise waren jedoch im Gegensatz zur Qualität auf Westniveau geklettert, so dass ich es vorzog, gleich die Angebote aller Hersteller einzuholen. Daniela bestellte Proben von Wasa und sechzehn anderen Firmen. Vier Tage später stapelten sich in meiner Wohnung über dreißig verschiedene Kartons mit Knäckebrot. Meine Tochter Franzi war begeistert über die Umwandlung der Wohnung in einen Erlebnispark, in dem man klettern, Höhlen bauen und sich verstecken konnte. Eva hingegen reagierte ähnlich wie Hilde nach dem Eindringen der Hyundai-Kartons in die *Unisoft*-Räume und drohte, für immer auszuziehen, wenn die Knäcke-Proben nicht nach einer Woche wieder verschwunden sein sollten.

Der Westgruppe aber war das Knäckebrot zu teuer. Die Versorgungs-Offiziere verstanden ohnehin nicht, warum ein so einfaches Produkt mit zwanzig verschiedenen Zutaten angereichert sein musste. Knäckebrot bestand nach ihrer Tradition aus Mehl, das mit Wasser verdünnt wurde. Sie beschlossen schließlich, ihr Knäckebrot in Wünsdorf selbst zu backen.

Von dieser Ausnahme abgesehen, wurde uns beinah täglich beteuert, wie zufrieden die Rote Armee mit unseren Lieferungen sei. Wir hatten den Ehrgeiz, bestmöglichste Qualität anzubieten und boten Preisnachlässe, wenn wir diesem Anspruch nicht nachkommen konnten. Ohne uns richtig darüber bewusst zu sein, waren wir auch ein wenig von Sendungsbewusstsein durchdrungen. UNITEQ wollte zeigen, dass Marktwirtschaft auch nach fairen Regeln funktionieren kann, wollte zeigen, was Phantasie und Improvisationskunst bewirken können. In gewisser Weise wollten wir, wenn auch nur im Rahmen unserer Möglichkeiten, die in der alten DDR zu Tode propagierte Idee der deutsch-sowjetischen Freundschaft von einem neuen Ansatz her beleben. Doch diese Gedanken wurden nie ausgesprochen; es war eher ein Gefühl, das dem zu Grunde lag, ein Konsens, der nicht artikuliert werden musste.

Vor allem durften wir auch nicht vergessen, dass wir noch Verpflichtungen gegenüber anderen Firmen hatten. Ich telefonierte zweimal pro Woche mit Eugen Schwarz, der die Produktion unseres Omega-Computers in Taipeh überwachte. Die Chin-Weng- Werke kamen kaum noch mit der Erfüllung der von uns erteilten Aufträge nach. Zum Glück konnten die meisten Firmen in der DDR mit Hyundai, Epson und Compaq beliefert werden, aber es war kaum noch möglich, einen angemessenen Kontakt zu den Großlieferanten in Westdeutschland von meiner Wohnung aus zu pflegen. Doch bevor ich überhaupt noch über eine Lösung nachdenken konnte, kündigte Daniela. Sie hatte es nicht verwinden können, dass sie als Repräsentantin auf der Leipziger Messe den Besuchern manchmal einen Kaffee anbieten musste.

Mich traf diese Kündigung hart, ich konnte sie einfach nicht verstehen. Wie oft hatte ich schon Geschäftspartnern einen Kaffee gekocht, Teller mit Keksen gereicht oder einen Wodka eingeschenkt! Leider fand ich auch keinen Ersatz für Daniela. Frau Thomer zum Beispiel, die ich für diesen Job geeignet hielt, lehnte wegen des langen Fahrtweges ab. Auch mein Angebot, nur von neun bis fünf Uhr zu arbeiten, konnte sie nicht erweichen. Ich hatte den Eindruck, dass es weniger der Fahrtweg, sondern eher die Furcht vor der ungewohnten Umgebung war, die sie zurückschrecken ließ. Die Idee, für Daniela in Westberlin ein Büro zu mieten und sie durch ein oder zwei Mitarbeiter zu verstärken, konnte ich also erst einmal fallenlassen. Doch jetzt hatte ich überhaupt kein „Ohr zum Westen" mehr. Ich hoffte sehnlichst, dass auf die Vereinigung der beiden Staaten eine baldige Vereinigung des Telefonnetzes folgen würde.

Der 3. Oktober 1990 war ein Mittwoch, und für das darauffolgende Wochenende hatten wir eine Reise an die Ostsee geplant. Wir wollten die Vereinigung feiern. Über einige Passagen im Einigungsvertrag gab es unterschiedliche Meinungen, doch niemand in der Projektgruppe sah seine Zukunft jetzt noch pessimistisch. Keiner trauerte mehr über das Ableben der alten DDR, wenn auch die Verteufelungen, wie sie derzeit üblich waren, abgelehnt wurden. Aber jetzt gab es keine Ost-West-Blöcke mehr, sondern westöstliche Verbindungen. Deutschland war zusammengerückt, im Zentrum Europas, und inmitten dieses Zentrums befand sich unsere

UNITEQ, der wir alle eine wegweisende Funktion zuschrieben. Die Euphorie über unseren Erfolg und die Freude über die Vereinigung waren für uns ein und das gleiche. Immerhin hatte UNITEQ zum 1. Oktober die mittlerweile mehr als 25 Mitglieder der Projektgruppe in Festanstellung übernommen. Im Laufe der Sommermonate hatten wir nämlich wertvolle Mitarbeiter hinzugewinnen können. Im Export wurde Heidi jetzt von Frau Dr. Griffel unterstützt, die russisch, englisch, kantonesisch und mandschu-chinesisch sprach und drei Jahre lang an der DDR-Botschaft in Peking gearbeitet hatte. Für die Chin-Weng-Werke waren wir damit direkt erreichbar und ich war obendrein nicht mehr der einzige in der Firma, der sich auf Englisch verständigen konnte.

Zur festen Belegschaft gehörten auch noch Herr Diel und Frau Grenert, die seit Monaten das Büro in Leipzig leiteten, Herr Hendler, der den Vertrieb der Kufentransformatoren in die DDR betreute und natürlich Thomas Martini vom TKB in Prag. Als Niederlassungsleiter von UNITEQ hatte er von Prag aus ein Händlernetz in der ganzen Tschechoslowakei aufgebaut, so dass wir nun auch Filialen in Ostrava und Bratislava hatten. Schließlich übernahmen wir auch noch Stefan und Uli, zwei aufgeweckte junge Männer, die den Kundenwünschen entsprechend die Geräte mit Farb- und Grafik-Karten konfigurierten und ständig über die vereinbarte Arbeitszeit hinaus noch als Fahrer arbeiteten.

Am Dienstag, den 2. Oktober, überwog jedoch die Feiertagslaune über den Arbeitseifer, Grüppchen standen beieinander und redeten über den Ostsee-Ausflug, das Fax-Gerät begann zu rattern, ich stand zufällig daneben, zog das ankommende Papier heraus, überflog den Text und rieb mir die Augen. Offensichtlich war ich überanstrengt. So jedenfalls mussten die Symptome sein. Ich las den Text ein zweites Mal.

"Wie ich zuverlässig weiß, unterhalten Sie geschäftliche Beziehungen zu Acumen. Diese Firma ist Verpflichtung zu mir nicht nachgekommen. Deshalb zahlen Sie 800.000 Dollar an mich. Sonst ich gehe gerichtlich gegen UNITEQ vor. Ich rufe an in wenige Minuten. Dracula."

Abgesendet von einem Anschluss in Wien. Ich war nicht überlastet, ich war zum Objekt eines Scherzes geworden! Dracula. - Das hörte sich an, wie von Kindern erdacht, aber ich konnte mich an keinen

acht- oder zehnjährigen Schlaumeier erinnern, mit dem ich über
Acumen gesprochen haben sollte. Das Papier ging von Hand zu
Hand und die Unterschrift erzeugte dröhnendes Gelächter.
Es erstarb, als das Telefon klingelte.
„Sie haben Fax bekommen? Ich nur fragen, ob sie haben
verstanden, dann ich sage, nach wohin Sie bringen Geld."
„Mit wem spreche ich?"
„Sie haben nicht bekommen?"
„Sie müssten doch wissen, dass ich nicht für die Schulden eines
Geschäftspartners aufzukommen habe. Wenden Sie sich bitte mit
ihrem Problem an Acumen, Herr Dracula, oder wie Sie sich nennen!"
„Vorsicht! Vorsicht, ja? Kein Spaß mit meine Namen. Sie wollen nicht
zahlen? Sie haben doch Frau und Kind. Kleines Mädchen, oder?
Wie alt ist Mädchen? Drei Jahre? "
„Das ist Erpressung!"
„Nennen Sie es, wie Sie wollen."
Ich behielt den Hörer noch in der Hand als Dracula schon längst
aufgelegt hatte. Dann rannte ich zum Parkplatz hinunter. Die
Konzentration auf den Verkehr bewirkte, dass ich allmählich wieder
klarer denken konnte. Der oder die Erpresser mussten mich
beobachtet und dabei auch Eva und Franzi an meiner Seite entdeckt
haben. Vielleicht waren sie auch schon mal in die Wohnung
eingedrungen, aber einen Hinweis auf das Haus in den Apenninen
dürften sie nicht gefunden haben. Die Unterlagen befanden sich seit
Jahren beim Notar und die Fotos von Haus und Garten konnten
überall in Südeuropa entstanden sein.
Meine Wohnung erreichte ich in einem neuen
Geschwindigkeitsrekord. Eva erzählte ich eine Geschichte von 200
Computerpaketen, die in der Wohnung gelagert werden müssten
und von geschäftlichen Belastungen, die meine ganze Kraft und
Energie in Anspruch nehmen würden. Vier Stunden später waren die
beiden unterwegs nach Italien. Dann fuhr ich zu meinem Anwalt und
legte ihm das Fax vor.

Staatsanwalt und Mafia

Herr Dracula hatte mich nicht hindern können, das Wochenende zusammen mit der Projektgruppe an der Ostsee zu verbringen. Der Anwalt hatte mich zuvor noch gewarnt, aus der Wahl des Namens falsche Schlussfolgerungen über die Fähigkeiten des Erpressers zu ziehen. Widersprüche zwischen Intellekt und Cleverness fänden sich häufig bei Vertretern der Unterwelt. Anderseits schien aber Draculas Qualifikation als Gangster nicht allzu hoch entwickelt zu sein. Sein Fax enthielt die programmierte Absendernummer, die vom Nutzer eines Fax-Gerätes jederzeit ausgeschaltet werden kann. Über diese Absendernummer hofften wir, Namen und Adresse des Vampirfürsten herauszubekommen.

Während der kurzen Reise war es mir sogar gelungen, nicht unentwegt an diesen Herrn zu denken. Wir amüsierten uns, so gut es im allgemeinen Gedränge möglich war und kehrten am Sonntagabend mit gemischten Gefühlen nach Berlin zurück. Leute aus der Projektgruppe waren von einer Horde Betrunkener angegriffen worden, die unser zurückhaltendes Auftreten anscheinend als Provokation empfunden hatte.

Der Montag, der erste Arbeitstag im vereinigten Land, unterschied sich von den vorangegangenen Werktagen nur darin, dass ich ziemlich früh nach Hause kam. Es hatte den ganzen Tag lang keine Überraschungen gegeben, keine unvorhergesehenen Organisationsprobleme und ich sonnte mich in der Vorstellung, dass wir allmählich in einen halbwegs geregelten Arbeitsablauf hineinfinden würden. Ich schaltete die ARD-Tagesschau an, die ich schon Monate nicht mehr gesehen hatte. Dann suchte ich nach einem Spielfilm.

Gegen neun Uhr klingelte das Telefon. Gero Deich war am Apparat.

„Gratuliere!", rief ich, „dir ist eine Verbindung von Ost nach West geglückt! ... Gero, was ist los?"

„Die Kriminalpolizei ist hier."

„Wie bitte?"

„Die Kripo. Mehr als fünfzehn Leute. Sie haben die UNITEQ-Räume abgesperrt, lassen niemanden raus oder rein, wühlen in den

Schränken rum und sagen, dass die Akten beschlagnahmt sind."
„Welche Akten?"
„Alle. Die ganzen Geschäftsunterlagen."
„Das ist ausgeschlossen! Was haben die denn als Grund
angegeben?"
„Keinen. Sagen nur die ganze Zeit, dass jetzt Schluss sei mit
unserem Treiben, dass sie uns das Handwerk legen, und so weiter.
Jetzt wollen sie mir den Hörer wegnehmen, wenn ich kann, rufe
ich..."
Die Verbindung war unterbrochen. Mein erster Gedanke war, zurück
zu UNITEQ zu fahren. Doch das wäre nur in Begleitung eines
Anwaltes sinnvoll. Dann wäre die Kripo gezwungen, den Grund ihres
Besuches zu offenbaren, und der Irrtum würde sich aufklären. Dass
sie wahllos Akten beschlagnahmen würden, glaubte ich ohnehin
nicht. Gero Deich musste da in der Aufregung etwas falsch
interpretiert haben.
Der Anwalt war nicht zu Hause. Ich rief Dieter Leicht an, doch da
meldete sich ebenfalls niemand. Es erschien mir doch am
vernünftigsten, auf Geros angekündigten Rückruf zu warten. Im EAB
war nach der Wende so einiges geklaut worden. Und vor dem 1.7.
waren andere Abteilungen in unseren Räumen gewesen. Sollte da
etwas Illegales abgelaufen sein, dann glaubte jetzt die Kripo, in uns
die Täter gefunden zu haben.
Ich versuchte, bei UNITEQ anzurufen, wählte alle fünf Minuten von
neuem, doch in der Leitung ertönte nur das Freizeichen. Es wurde
zehn, es wurde halb elf, sollte ich doch noch losfahren?
Plötzlich klingelt es an meiner Wohnungstür. Nicht ein- oder
zweimal, sondern durchgehend. Aus dem Treppenhaus drangen
Männerstimmen und der Ruf „Aufmachen, Polizei!"
Acht Männer und eine Frau stürmten in die Wohnung. Die
Korpulenteren fanden, dass ich ihnen im Wege stand und schoben
mich von einer Richtung in die andere. Ich wurde gefragt, ob ich der
Geschäftsführer von UNITEQ sei. Auf meine Antwort erfolgte der
Ausruf: „Dann haben wir ihn ja!"
Meine Frage, was denn vorläge und worum es ginge wurde
überhört. Schränke wurden geöffnet, Schubladen herausgerissen,
Ordner auseinandergenommen, der Computer wurde eingeschaltet,
ohne dass die Herren wussten, wie sie ihn bedienen sollten.

Bankauszüge und Firmenpapiere verschwanden in den Taschen von Blousonjacken. Als ich laut und mit aller mir noch zur Verfügung stehender Entschiedenheit fragte, wo denn der Durchsuchungsbefehl sei, kam die Antwort: „Brauchen wir nicht. Gefahr im Verzug."
Die erste Schallplatte wurde zertreten, natürlich nicht absichtlich, die Polizisten hatten nur keine Lust, um die Sachen herumzubalancieren, die ihnen vorher aus den Händen gerutscht waren. Franzis Spielzeug wurde durchwühlt, der Inhalt des Kaufmannsladens und der Puppenwohnung umgegraben. Mir fiel auf, dass mehr als die Hälfte dieser Kripoleute eine auffallende Ähnlichkeit mit dem Schimanski-Darsteller hatten. Welches Vorbild hier wen beeinflusst hatte, interessierte mich im Moment jedoch wenig. Ich musste nämlich über einen soeben entdeckten Gegenstand Rechenschaft ablegen, ein Blaupunkt-Radio, das seit zwei Monaten im Regal stand.
„Was ist das?" wurde ich gefragt.
„Das ist ein Autoradio."
„Warum befindet sich das nicht im Auto?"
„Weil ich noch keine Zeit gefunden hatte, es einzubauen."
„Tatsächlich? Noch keine Zeit gehabt?"
Ich erzählte von dem schon Monate zurückliegenden Diebstahl des Radios aus dem aufgebrochenen Auto, den ich der Polizei, aber nicht mehr der Versicherung gemeldet hatte. Wochen später hatte ich mir ein neues Autoradio gekauft, ohne es bisher eingebaut zu haben. Die Polizisten hörten mir zu, dann fassten sie meine Erklärung auf ihre Weise zusammen: Um die Versicherung zu betrügen, fingierte ich einen Einbruch, und das Radio, das sie jetzt in der Hand hielten, sei kein anderes, als das von mir herausmontierte. Ich versuchte, zu erklären, dass eine solche Aktion in keinem Verhältnis zu einem Gewinn von 300 Mark stünde und löste damit eine eineinhalbstündige Befragung zum Thema 'Autoradio' aus. Inzwischen war es halb eins geworden, das Radio wanderte von Hand zu Hand und die Polizisten betrachteten es wie Sprengmeister, die sich unschlüssig sind, wie die Bombe zu entschärfen sei. Ich musste ein Formular unterschreiben, in dem mir „zur Kenntnis gebracht" wurde, dass das Radio beschlagnahmt sei.
„Sagt Ihnen der Name 'Hyundai' etwas?", wurde ich abrupt gefragt.

„Ein Hyundai ist das, was Sie in den letzten zwei Stunden versucht
hatten, zu bedienen."
Daraufhin starrten sie das Gerät auf meinem Schreibtisch an und
plötzlich erhellten sich ihre Blicke.
„Sie geben also zu, Geschäfte mit Hyundai-Computern gemacht zu
haben?"
„Selbstverständlich. Ich wüsste auch nicht, warum ich das hätte
unterlassen sollen."
Die Polizisten bedachten mich mit überraschten Blicken. Jüngere
Beamte wichen einen halben Schritt vor einem Mittvierziger zurück,
der sich mit einem riesigen Stofftaschentuch die Stirn abtupfte und
mich in pfiffigem Kriminalistenton fragte: „Sagt Ihnen auch der Begriff
'Transferabler Rubel' etwas?"
„Der transferable Rubel ist die Verrechnungseinheit im
Warenverkehr der RGW-Staaten."
Der Mann mit dem Taschentuch in der Hand schloss die Augen,
wiederholte leise meine Worte und bat mich, die Definition noch
einmal laut und vor allem langsam wiederzugeben, damit sein
Assistent mitschreiben könne. Anschließend gab er seinen
Untergebenen das Signal zum Aufbruch.
Es war zwei Uhr morgens. Ich machte mir einen Kaffee und begann,
die Wohnung aufzuräumen. Auf dem Schreibtisch, unter Zetteln und
aufgeklappten Heftern, befand sich unter anderem auch das
Autoradio. Es lag direkt auf dem Beschlagnahmeprotokoll.

Als ich fertig mit dem Aufräumen war, setzte die Morgendämmerung
ein. An Schlaf war nicht mehr zu denken. Ich kochte einen neuen
Kaffee und bereitete mir aus den Resten im Kühlschrank ein
Frühstück.
Kurz vor neun Uhr morgens, gerade als ich meinen Anwalt anrufen
wollte, klingelte das Telefon. Hilde war am Apparat. Sie bat mich um
Auskunft über einen Vorfall, den sie sich nicht erklären konnte.
Am Abend zuvor hatte bei ihr eine Hausdurchsuchung
stattgefunden. Einen Durchsuchungsbefehl hatten die Beamten nicht
vorgelegt, sie beriefen sich auf „Gefahr in Verzug". Anschließend
musste sie noch erfahren, dass die Kriminalpolizei sich in der
gesamten Nachbarschaft erkundigt hatte, ob sie oder ihr Ehemann
schon einmal durch Kontakte zu Kriminellen aufgefallen wären. Die

Polizei solle den Nachbarn gegenüber auch Anspielungen auf eine
Firma mit Namen *Unisoft* gemacht haben, von der aus betrügerische
Aktivitäten gestartet worden seien.
„Was hat das zu bedeuten?", fragte sie. „Wenn du mir jetzt sagst,
was du alles von *Unisoft* aus unternommen hast, könnte ich mich
vielleicht noch darauf einstellen. Ich wäre dann zumindest besser
vorbereitet."
„Ich habe Ware gekauft und weiterverkauft, wie hunderttausend
andere Geschäftsleute auch. Darüber wurde eine korrekte
Buchhaltung geführt, die jederzeit eingesehen werden kann."
„Was wirft man dir vor?"
„Unsachgemäße Haltung eines Autoradios. Die Kripo scheint aber
schon bemerkt zu haben, dass hier ein Irrtum vorliegt, und ich bin
überzeugt, dass er sich im Laufe des Tages aufklären wird."
„Sehr hilfreich, diese Auskunft. Vielen Dank. Wird die Kripo dann
auch meine Nachbarschaft über diesen Irrtum informieren?"
„Bestimmt." Ich rief meinen Anwalt an, der mir versprach, sich sofort
mit der Staatsanwaltschaft in Verbindung zu setzen. Kaum hatte ich
den Hörer aufgelegt, hörte ich einen Schlüssel im Schloss der
Wohnungstür klacken.
Eva trat mit einer schlafenden Franzi im Arm über die Schwelle.
Unwillkürlich suchte ich nach einem Halt an der Wand, an dem ich
mich abstützen konnte. „Bist du verrückt geworden?"
„Wir stören, ja? Das habe ich mir gedacht."
„Der Zeitpunkt hätte etwas günstiger sein können..."
„Den angekündigten Computerkisten bin ich jedenfalls nicht im Weg
... Bist du allein in der Wohnung?" Das war es also. Sie hob die
Nase und zog die Luft im Flur ein. „Das riecht ja widerlich! 4711 oder
sowas ähnliches."
„Polizistinnen verdienen nicht so gut wie wir." Ihr Blick glich dem
einer Katze, die zum Sprung ansetzte. Zum Glück war Franzi wach
geworden und wollte abgesetzt werden.
In wenigen Worten erzählte ich Eva von der nächtlichen
Hausdurchsuchung und der Drohung des Erpressers. Franzi
drängelte und wollte ins Bett gebracht werden. Als sie eingeschlafen
war, bat Eva mich, ihr alles noch einmal zu wiederholen. Plötzlich
strich sie mir über die Haare. „Es reichte dir nicht, dass du eine
gutgehende Firma hattest, nicht wahr? Es musste um jeden Preis

etwas Neues sein, etwas Besonderes."

„Ich habe es doch schon oft erklärt, ich kann nicht wie ein Beamter leben." Genau in diesem Moment jedoch wünschte ich mir nichts sehnlicher, als auf einem Beamtenstuhl der Pensionierung entgegen zu schnarchen.

„Wie soll es jetzt weitergehen?" Eva wirkte äußerlich beherrscht, doch ihre Stimme hatte noch nie so verzweifelt geklungen.

„Ich habe nichts Unrechtes getan", sagte ich, „und ich bin überzeugt, dass sich der Irrtum der Polizei sehr schnell aufklären wird. Was mir Sorgen macht, ist dieser sogenannte Dracula. Ihr könnt hier nicht in der Wohnung bleiben, solange wir nichts Näheres über den Kerl wissen. Tu mir bitte den Gefallen und versuche heute noch eine sichere Unterkunft zu finden."

Eva ging in die Küche, um neues Kaffeewasser aufzusetzen. Einen Augenblick später kam sie tränenüberströmt zurück. Sie umarmte mich, drückte mich und fragte immer wieder: „Kann ich dir helfen? sag' es mir doch! Ich bin doch deine Freundin."

„Du kannst mir helfen! Bitte kümmere dich sofort um eine sichere Unterkunft für dich und Franzi. Dein Bekanntenkreis ist riesengroß, während ich nicht weiß, ob Dracula schon die Adressen der UNITEQ-Mitarbeiter ausgeschnüffelt hat. Ich möchte, dass ihr spätestens in drei Stunden in einer anderen Wohnung seid."

Wir tranken noch zusammen einen Kaffee, dann fuhr ich in den EAB, um eine Bestandsaufnahme des Polizeieinsatzes vorzunehmen.

Die Mitglieder der Projektgruppe stellten mir die gleichen Fragen wie Hilde. Sie waren verängstigt, verunsichert und äußerten immer wieder die Befürchtung, gegen bundesdeutsche Gesetze verstoßen zu haben, von denen sie nichts gewusst hätten. Mühsam machte ich ihnen klar, dass Gesetze nicht rückwirkend eingeführt werden können und wir unabhängig davon weder gegen ein BRD-, noch gegen ein DDR-Gesetz verstoßen hätten. Zwischendurch erreichten uns Anrufe über neue Lieferwünsche der Westgruppe, die Post brachte wieder drei Kisten voller Rechnungen und Talons und wir versuchten herauszufinden, welche Akten noch vorhanden und welche beschlagnahmt worden waren.

Das Ergebnis war deprimierend. Die Polizei musste das Gelände mit einem Lieferwagen voller Akten verlassen haben. Es zeichnete sich ab, dass wir Tage brauchen würden, um einen Überblick zu

gewinnen. An ein Beschlagnahmeprotokoll, an dem wir uns hätten
orientieren können, konnte sich niemand erinnern. Inzwischen war
auch Dieter Leicht bei uns aufgetaucht, um uns von der nächtlichen
Durchsuchung seiner Wohnung zu berichten. Bis in die
Morgenstunden war er gedrängt worden, Aktivitäten im Rahmen
sogenannter Seilschaften zu offenbaren, für die allein schon seine
frühere SED-Mitgliedschaft Beweis genug sei.
Das hob nicht gerade die allgemeine Zuversicht. Die Stimmung blieb
gedrückt, so dass ich die gesamte Projektgruppe noch einmal um
mich versammelte. Feierlich versicherte ich, nie, weder innerhalb
noch außerhalb von UNITEQ, eine kriminelle Handlung geplant oder
durchgeführt zu haben. Folgerichtig könne auch niemand durch mich
in irgendwelche Machenschaften hereingezogen worden sein.
„Keiner von uns", unterbrach mich Lothar Wendland, „würde so
etwas glauben, selbst wenn es von der Polizei behauptet worden
wäre." Andere fielen ihm ins Wort. Wir müssten zusammenhalten,
weitermachen wie bisher, eine kurze Diskussion ergab sich zu der
Frage, wie der Schaden zu begrenzen sei.
Mittendrin erreichte mich ein Anruf von meinem Anwalt. - Ich solle
mich darauf einstellen, dass sämtliche Konten beschlagnahmt seien.
Eine schriftliche Benachrichtigung darüber würde ich in den
nächsten Tagen noch erhalten. Das war ein Schock! Ich wagte mir
im Augenblick nicht auszumalen, was das im Einzelnen bedeutete,
aber eine, wenn auch noch so kurzfristige Beschlagnahme aller
Konten konnte den Tod einer Firma bedeuten.
Der Anwalt hatte für mich einen Termin bei dem zuständigen
Staatsanwalt erlangen können, und ich kannte nur noch ein Ziel: Die
Freigabe der Konten zu bewirken. Danach sollten sie sich, wenn es
sein musste, in Ruhe überlegen, was genau sie mir vorwerfen
wollten.
Eingetroffen im Kriminalgericht Moabit, musste ich zusammen mit
meinem Anwalt noch einen Moment vor der Tür des Staatsanwaltes
warten. Wir hatten kaum ein paar Worte gewechselt, als die Tür sich
auch schon öffnete und zwei Justizbedienstete einen Mann mit sich
zerrten, dessen Anblick bei mir nur noch Entsetzen auslöste. Die
Augen waren verquollen und gerötet, die Lippen und der Unterkiefer
zitterten, der Oberkörper des Mannes war auf unnatürliche Weise
nach vorn gebeugt, und nun sah ich auch, dass ihm Gürtel und

Schnürsenkel abgenommen waren. Gleichzeitig dröhnte aus dem Inneren des Zimmers das Lachen eines launigen Basses und der Ruf: „Den Wäscheschein nicht vergessen, sonst steht er nackt in der Zelle!" Es war die Stimme des Staatsanwaltes. Er sah ausgesprochen zufrieden aus, lehnte sich zurück und sagte: „Ein ähnlicher Fall wie Ihrer. Der Mann wird gerade in Anstaltswäsche eingekleidet. Aber kommen wir zu Ihnen. Sie haben ja selbst schon zugegeben, dass Sie Geschäfte mit Transferrubeln gemacht haben."
Ich musste mehrmals schlucken, bevor ich ihm sagte, dass ich eine derartig unsinnige Behauptung niemals von mir gegeben hätte.
„Der Kriminalpolizei gegenüber waren Sie gestern aber geständiger."
„Sollte die Kriminalpolizei eine solche Angabe gemacht haben, dann ist sie falsch."
Der Staatsanwalt winkte lächelnd ab. Die Polizei lügt immer, das hörte er täglich von seinen Delinquenten. „Wann wurde Ihre Firma gegründet?"
„Die Arbeit meiner Firma begann im März 1990." „Im März? Soso. Clever, clever, muss ich schon sagen. Ein Hellseher, was?"
Nun schaltete sich mein Anwalt ein: „Gibt es ein schriftliches Vernehmungsprotokoll mit der Unterschrift meines Mandanten?"
„Darauf kommt es letztlich nicht an", sagte der Staatsanwalt, „für die Beschuldigung habe ich Beweise."
„Sie können" unterbrach ich ihn, „keine Beweise für eine Handlung haben, die technisch gar nicht möglich ist. Transferrubel sind eine materiell nicht existente Verrechnungseinheit. Sie existieren nur als Zahl auf dem Papier. Man kann nicht mit Transferrubeln Geschäfte machen, sondern allenfalls auf der Basis von Transferrubeln."
„Ich bitte Sie, das ist doch Haarspalterei. Die Beweislage ist so eindeutig, dass die Kriminalpolizei im Vernehmungsprotokoll sogar ihre Verhaftung vorgeschlagen hat. Ich frage Sie jetzt nochmal: Haben Sie auf dieser Basis Geschäfte gemacht, ja oder nein?"
„Ja selbstverständlich. Anders war es ja im RGW-Handel gar nicht möglich."
„Aber dann sind wir uns ja einig!"
„Fast, Herr Staatsanwalt, fast. Ich würde nur noch gern wissen, gegen welches Gesetz ich verstoßen habe." Das Lächeln im Gesicht des Staatsanwaltes verschwand abrupt. Er nahm die Brille ab, seine Stirn zog sich in Falten, er musterte mich mit einem

langanhaltenden, wutentbrannten Blick, dann griff er nach einer Sammelmappe, die mit nicht mehr als fünf Blättern gefüllt sein konnte.- „Sie sind in das Transferrubelsystem eingedrungen! Ich habe deshalb gegen Sie ein Ermittlungsverfahren wegen Betrugsverdacht eröffnet."

„Eingedrungen? Ich verstehe diese Formulierung nicht."

Der Staatsanwalt öffnete das Mäppchen und fischte ein Blatt hervor. „Sie haben ... „, sein Blick fuhr suchend über das Papier, „sie haben ... ein..., ein XTR-Konto bei der Deutschen Außenhandelsbank, der DABA." Dieses Wort betonte er auffällig distanziert, so, als wäre es eine Zumutung für ihn, eine DDR-Abkürzung aussprechen zu müssen.

„Herr Staatsanwalt", sagte ich in flehendem Ton, „ich hatte nie ein Konto bei der DABA. Das war in der DDR auch gar nicht üblich. Die Konten bei der DABA hatten doch die AHBs."

„A-ha-was? Was meinen Sie damit?"

„Sie wissen nicht, was ein AHB ist?" Ich hatte die Fassung verloren.

„Sie haben von der Materie offensichtlich nicht die blasseste Ahnung, dürfen aber Konten beschlagnahmen, Firmen ruinieren und Betrugsverfahren eröffnen!"

„Raus! Raus mit Ihnen! Ich lasse mir von Spekulanten wie Ihnen nicht die Kompetenz absprechen!"

„Und wenn ich heute Abend nach Hause komme", ich war aufgesprungen, mein Anwalt hatte mich am Arm gepackt und wollte mich zurückhalten, „wenn ich nach Hause komme und das Licht anknipse, bin ich dann in das Kilowatt-System der Bewag eingedrungen? Was wird dann beschlagnahmt, meine Möbel?"

„Unterlassen Sie Ihre Beleidigungen, sonst veranlasse ich Ihre sofortige Verhaftung!"

Wir hatten kaum die Tür hinter uns geschlossen, als mein Anwalt mir schon massive Vorwürfe wegen meines Verhaltens machte. „Sind Sie verrückt? Sie stehen mit einem Bein im Knast! Nur die Angabe über die Firmengründung hat Sie im Augenblick davor bewahrt. Das hat ihn offenbar verunsichert."

„Warum eigentlich? Ich habe bis jetzt noch nicht verstanden, was das alles soll."

„Ich auch nicht. Aber ich glaube, es wäre ihm lieber gewesen, wenn Sie Ihre Firma erst nach der Währungsunion gegründet hätten."

„Sie wurde im April gegründet, weil sich wochenlang niemand für
kompetent genug hielt, den Vertrag mit mir zu unterzeichnen."
„Auf jeden Fall vor dem ersten Juli, weit vor dem ersten Juli. Das ist
wichtig." Trotzdem. So könne man nicht mit dem Staatsanwalt reden,
auch wenn man im Recht sei. „Vor allem mögen sie es nicht, wenn
man ihre Argumentation ins Lächerliche zieht. Obwohl der Vorwurf
des Betrugs jeglicher Grundlage entbehrt. Insofern wundert mich
diese harte Vorgehensweise schon. Dass die auf dieser Grundlage
ein Verfahren eröffnet haben ... Sowas habe ich noch nicht erlebt
Wenn das stimmt, das Sie kein Konto bei der DABA hatten, lässt
sich die Beschuldigung nicht mehr aufrecht erhalten und die
Sperrung der Konten muss aufgehoben werden."
Die Sperrung der Konten. Diese Tatsache konnte ich immer noch
nicht fassen. Was hier vorlag, war kein Hindernis, dass durch
Phantasie und Wendigkeit gelöst werden konnte. Das wurde mir
umso klarer, als ich im Laufe des Nachmittags erfuhr, was wirklich
alles beschlagnahmt war. Auf dem West-Berliner UNITEQ-Konto
befanden sich die 43 Millionen, die an Martronik weitergeleitet
werden sollten, um den zweiten Teil der Acumen-Lieferung zu
finanzieren. Weitere 45 Millionen waren vom ECB unterwegs, die
nun gleich mitbeschlagnahmt oder wieder zurückgeleitete werden
würden. Die Sperrung des Privatkontos schien mir dagegen eher
Ausdruck eines bürokratischen Perfektionsdranges zu sein, nach
dem eine Maßnahme vollständig verhängt werden musste. Von
diesem Konto bezahlte ich meine Anzüge und die Kfz-Steuer, das
Kinderspielzeug und die Rechnungen in den Kneipen, in denen ich
meinen abendlichen Heißhunger stillte. Auf meine jetzige Situation
hätte es überhaupt keinen Einfluss gehabt.
Ich musste aber darauf reagieren und zwar sofort, nur hatte ich noch
nicht die geringste Vorstellung von einer Lösung. Für die Rote
Armee zum Beispiel musste ich täglich flüssig sein, damit die
Lieferungen nicht ins Stocken gerieten.
Immer wieder musste ich mir an diesem Tag sagen, dass ich nicht
die Nerven verlieren durfte. Bloß das nicht! Auf keinen Fall
durchdrehen! Ich setzte mich mit Eva in Verbindung, um zu hören,
ob sie schon einen Unterschlupf gefunden hätte.
Ihre Stimme am Telefon war der Lichtblick des Tages. Sie war von
einer Freundin aufgenommen worden, in einer gutbürgerlichen

Wohngemeinschaft. Bei zwei Paaren mit jeweils einem Kind in einer Sieben-Zimmer-Wohnung. Die Nachbarschaft war berüchtigt für ihre Neugier, umfassende Kontrolle war also gewährleistet. Eva. Wenn ich doch nur wieder Zeit gehabt hätte, Zeit und Ruhe, mich mit ihr und Franzi zu befassen!

Plötzlich fiel mir ein, dass ich noch ein zweites Privat-Konto hatte. Ein Konto bei der Berliner Volksbank, das ich irgendwann in den letzten fünf Jahren angelegt und fast schon vergessen hatte. Die Kriminalpolizei schien es ebenfalls übersehen zu haben. Ich raste nach Hause und durchwühlte die Schubladen auf der Suche nach der Bankkarte; Kontoauszüge konnte ich allerdings nicht mehr finden.

Zehn Minuten vor Schalterschluss traf ich bei der Bank ein und erfuhr, dass dieses Konto nicht mehr als 3000 Mark enthielt. Damit ließ sich gerade mal die Portokasse neu bestücken.

Es sollte allerdings noch übler kommen. Ich erinnerte mich nämlich an den Ex-Kommilitonen, dem ich im Juli 100.000 Mark geliehen hatte. Für ein halbes Jahr. Jetzt war ein Vierteljahr vergangen, und er würde mir vielleicht schon die Hälfte zurückzahlen können.

Er konnte sich aber kaum noch an mich erinnern, als ich ihn anrief. Ich versuchte ihm zu vermitteln, dass nun ich derjenige sei, der sich in einer Notlage befände und deshalb das geliehene Geld gern wiedersehen möchte.

„Ach", kam als Antwort, „du meinst, das, was du mir gegeben hattest..."

„Geliehen!"

„So deutlich hattest du das damals aber nicht gesagt. Ich hatte das als Finanzspritze verstanden, und so hatte ich es auch verwendet. Ich habe es nicht mehr."

Ich war froh, ihn nicht persönlich aufgesucht zu haben. Das hätte mir vielleicht noch ein Ermittlungsverfahren wegen Körperverletzung eingebracht. Eines, für das ich dann wenigstens den Grund gewusst hätte.

Für den nächsten Tag hatte ich eine Vorladung bei der Kriminalpolizei.

Ich wurde in ein Dienstzimmer geführt und erkannte den Herrn mit dem Taschentuch wieder.

Sein Taschentuch hielt er im Moment noch nicht in der Hand, obwohl sich auf seiner Stirn schon wieder eine Menge Schweißperlen angesammelt hatten. Das Fenster stand offen, die Heizung war abgedreht, und der Mann schwitzte. Aber nicht vor übertriebenem Eifer, wie mir schien. Ich glaubte eher, bei ihm einen Ausdruck der Ratlosigkeit wahrzunehmen. Und ich hatte nicht die Absicht, darauf Rücksicht zu nehmen:

„Der Staatsanwaltschaft gegenüber sollen Sie behauptet haben, ich hätte sogenannte Geschäfte mit Transferrubeln gemacht. Ich würde von Ihnen gern wissen..."

„Langsam, langsam...", er setzte sich an seinen Schreibtisch.

„Der Begriff des Transferrubels war Ihnen doch bekannt, wie Sie ausdrücklich bestätigt haben."

„Dieser Begriff war allen in der DDR bekannt, die im weitesten Sinne mit Export zu tun hatten."

„Waren Sie DDR-Bürger gewesen?"

„Nein, meine Firma war eine in der DDR ansässige Firma gewesen."

„Etwas unüblich, finden Sie nicht?"

„Interessiert mich nicht! Es war im Einklang mit den Gesetzen gewesen, mit den Gesetzen beider Staaten."

„Oh ja, ein findiger Geschäftsmann übersieht keine Gesetzeslücke."

„Ich erkläre es Ihnen noch einmal: UNITEQ handelte auf der Basis von Gesetzen und nicht auf der Basis von Lücken, während die Justiz offenbar nicht vor falschen Behauptungen zurückschreckt. War es Ihre Erfindung, dass UNITEQ ein Konto bei der DABA gehabt haben soll?"

„Sie haben Recht, wir haben uns geirrt!" Er war vom Stuhl aufgesprungen und drehte aufgeregt eine Runde um seinen Schreibtisch. „Ja, Sie haben Recht. Wir haben festgestellt, dass UNITEQ kein Konto bei der DABA gehabt hatte. Sie haben nur den Außenhandelsbetrieb über die Herkunft Ihrer Produkte getäuscht."

„Das ist ja etwas ganz Neues. Würden Sie mir das bitte genauer erläutern?"

„Sie haben den AHB ECB, ja?.. ECB, so heißen die, oder? Die haben Sie im Unklaren darüber gelassen, dass Ihre Produkte nicht aus der DDR stammten. Damit liegt eine vorsätzliche Täuschung vor."

„Das ist ja noch absurder, als der Vorwurf, ich sei in das Transferrubel-System eingedrungen! Tut mir leid, aber Sie haben

nicht die blasseste Ahnung vom Wirtschaftssystem der früheren
DDR ... Lassen Sie mich ausreden, bitte! Robotron war die einzige
Firma der DDR, die Computer herstellte. Und sie hatten eine eigene
Außenhandelslizenz, das heißt, sie verkehrten nicht mit einem AHB.
Aus der Tatsache, dass ich Computer anbot und die Geschäfte auch
noch über einen AHB laufen ließ, war für jeden, für jeden in der DDR
ersichtlich, dass es sich hier nicht um DDR-Produkte handeln
konnte. Im Übrigen gab es in der DDR überhaupt keine Vorschrift,
nach der nur Ware aus der DDR in den RGW exportiert werden
durfte."
„Was?"
„Sie haben richtig gehört. Es gab diese Vorschrift nicht. Darüber
hatte ich mich erkundigt, noch bevor ich meine Ware anbot."
„Das kann doch nur bedeuten, dass diese Vorschrift nicht erlassen
werden musste, weil in der DDR niemand auf die Idee gekommen
wäre, ausländische Waren in den RGW zu exportieren."
„Auch in diesem Punkt irren Sie sich wieder. Es war durchaus üblich,
Waren aus dem Westen in den RGW zu exportieren, zum Beispiel
dann, wenn Firmen im Produktionsrückstand waren und ihren
Lieferverpflichtungen nicht nachkommen konnten."
Der Kriminalbeamte betrachtete mich stumm und sagte schließlich:
„Irgendetwas finde ich bei Ihnen, verlassen Sie sich darauf."
„Solange Sie nichts gefunden haben, sollte ich eigentlich als
unschuldig gelten. Ich möchte Sie deshalb bitten, die Sperrung der
Konten aufzuheben."
„Darüber entscheidet die Staatsanwaltschaft. Und übrigens...", er
war wieder aufgesprungen, „vergessen Sie nicht, Sie ... Sie
Unschuldsknabe, dass wir bereits etwas sehr Konkretes gegen Sie
in der Hand haben! Ich spreche von dem Versicherungsbetrug."
„Wovon sprechen Sie?"
„Von dem Blaupunkt-Radio. Sie wissen schon..."
Ich hatte mir von diesem Gespräch eine Klärung erhofft und tappte
jetzt noch tiefer als zuvor im Dunkeln. Eine hanebüchene
Beschuldigung wurde durch eine noch abwegigere ersetzt, und ein
Kriminalbeamter hatte mir zu verstehen gegeben, dass er nach
etwas suchte, ohne zu wissen, wonach. Allmählich musste ich mich
von dem Gedanken lösen, dass hier ein Irrtum vorlag; ein Versehen,
das sich schnell aufklären würde. Ich hoffte, dass mein Anwalt

inzwischen so weit gekommen war, dass er mir die Dinge besser deuten konnte.

Doch vorerst musste ich sehen, wie ich mir eine neue Finanzquelle erschloss. Der naheliegendste Weg war der zur Commerzbank, über die fast der gesamte Zahlungsverkehr von UNITEQ gelaufen war.

Als ich in der Kreditabteilung nach dem Filialleiter fragte und meinen Namen nannte, verstummten die Sachbearbeiterinnen. Sie hielten in ihren Bewegungen inne, hoben die Köpfe und musterten mich mit einer Neugier, die alles andere als schmeichelhaft war.

Herr Merkert, der Filialleiter, nickte knapp, als ich mich noch einmal vorstellte.

„Ich weiß. Am Montag war die Polizei hier und durchsuchte die Filiale nach Unterlagen Ihrer Firma. Ihre Konten wurden leider beschlagnahmt."

„Richtig. Deshalb brauche ich jetzt einen Kredit."

Herr Merkert verzog das Gesicht, als wäre ihm ein Insekt in den Mund geflogen. „Ich sehe da gewisse Probleme, deren Lösung mit einer komplizierten Fragestellung verbunden ist."

„Und die 3,2 Millionen, die Sie nach zwei Monaten wiederbekommen hatten, einschließlich der Zinsen für eine Laufzeit von fünf Jahren? Und die zwölf Millionen, die zeitweilig in Ihrer Bank verlorengegangen waren? War das auch mit einer komplizierten Fragestellung verbunden?"

„Ich bitte Sie, mir sind in solchen Fällen die Hände gebunden..."

"So? Sind sie das? Was ist eigentlich mit den 4,5 Millionen, die ich bis Dezember fest angelegt habe? Die lassen sich doch beleihen."

„Dieses Konto ist auch beschlagnahmt."

„Aber nicht bis Dezember. Die Verdächtigungen gegen mich haben sich schon jetzt als haltlos erwiesen."

„Wenn ich die Erlaubnis von der Staatsanwaltschaft hätte, ließe sich darüber reden."

Diese Erlaubnis würde mein Anwalt aushandeln müssen, doch der war im Moment nicht zu erreichen. Ich fand aber, dass ich einige Beweise für meine Unschuld auch selbst zusammentragen konnte.

Der ECB befand sich im 'Haus der Elektrotechnik' am Alexanderplatz, einem Gebäude, in dem noch andere AHBs ihren Sitz hatten. Die AHBs, so hatte ich gehört, sollten demnächst alle zu Treuhand-Betrieben werden. Von einer Endzeit-Stimmung war in diesem Haus jedoch nichts zu merken. Das Schild mit der kryptischen Abkürzung 'ECB' war bereits durch eine strahlende Messingtafel mit der Aufschrift 'Electro Consult Berlin GmbH' ersetzt worden.

Mit Herrn Weimar, dem Geschäftsführer des ECB, hatte ich bisher kaum Kontakt gehabt, aber er erkannte mich sofort. Seine Beteiligung am Acumen-Geschäft hatte dem ECB immerhin eine Provision von fünf Millionen eingebracht. Er schüttelte unentwegt den Kopf, als ich ihm von meinem Ermittlungsverfahren erzählte. „Völliger Unsinn ist das, ich versteh' nicht, wie die darauf kommen. Was habt Ihr uns da nur für Gesetze mitgebracht ... Wir hatten uns hier schon ganz auf Marktwirtschaft eingestellt. Ist das jetzt auch falsch?"

„Glaub' ich nicht, nein..."

„Die besagte Vorschrift gab es jedenfalls nicht. Sicher waren wir bis zur Wende vorrangig daran interessiert, DDR-Erzeugnisse zu exportieren. Natürlich nur, soweit wir dazu in der Lage waren. Aber wer hätte denn im letzten Jahr noch die Schrottkisten von Robotron gekauft?"

„Gibt es denn gar nichts Schriftliches über unsere Sitzung vor dem Acumen-Abschluss?"

„Doch, das Besprechungsprotokoll!"

Herr Weimar sprang vom Stuhl auf und eilte mit federndem Schritt in ein benachbartes Zimmer, kam mit einem Aktenordner zurück, den er auch schon aufgeschlagen hatte und tippte mit dem Zeigefinger auf eine Zeile. „Hier, hier steht es: 'UNITEQ ist eine neue DDR-Firma, die Ware aus Korea anbietet.'"

„Könnte ich das Protokoll kopieren?"

„Das können Sie mitnehmen!"

„Ich möchte es nur kopieren. Würden Sie denn notfalls auch das gleiche, was Sie mir gesagt haben, vor der Staatsanwaltschaft bestätigen?"

„Es ist doch die Wahrheit, oder? Ich sag' doch nur die Wahrheit ... Mein Gott, ich versteh' das nicht."

Ich empfahl Herrn Weimar noch, das Protokoll bei einem Notar zu hinterlegen, sobald er es von mir zurückerhalten hätte. Am Abend traf ich dann meinen Anwalt.

„Das Fax von Dracula wurde", so empfing er mich, „in Wien von

einer Firma namens 'Delta-Export-Import' abgeschickt."
„Aha! Was ist das für ein Laden? Eine Briefkastenfirma?"
„Keinesfalls. Das sind Büroräume in einem Geschäftshaus in der
Innenstadt. Dort herrscht ganz normale Betriebsamkeit. Ein mit mir
befreundeter Wiener Anwalt ist da mal vorbeigegangen und hat von
der gegenüberliegenden Straßenseite einen Blick in die Räume
geworfen. Dort brannte Licht, Leute liefen hin und her..."
„Womit handeln die?"
„Keine Ahnung. Export-Import. Also mit allem."
„Könnte es sein, dass ich Dracula das Verfahren verdanke? Durch
eine falsche Anschuldigung?"
Der Anwalt nahm die Brille ab und rieb sich den Nasenrücken. „Kann
ich Ihnen einen Scotch anbieten?"
„Das hört sich ja sehr ernst an, wie Sie mich das fragen."
Er nickte. „Mit Dracula hat das nichts zu tun. Erinnern Sie sich an
unseren ersten Besuch beim Staatsanwalt? Wir waren zufällig
Zeuge einer Verhaftung gewesen. Ich habe noch zwei andere
Mandanten, bei denen wegen 'betrügerischem Eindringen' ermittelt
wird. Es begann genau wie bei Ihnen. Hausdurchsuchung,
Beschlagnahme der Konten, und so weiter, nur dass beide
anschließend verhaftet wurden. Einer von Ihnen, ein russischer
Staatsbürger, wurde schwer misshandelt. Ob von Polizisten oder von
anderen Gefangenen, habe ich noch nicht herausbekommen
können. Er ist in einem schrecklichen Zustand und kann sich kaum
noch zusammenhängend äußern. Ich will Ihnen keine Angst
machen, aber Sie müssen froh sein, dass Sie noch auf freiem Fuß
sind."
„Obwohl die mir keinen Gesetzesbruch nachweisen können? Die
Beschuldigungen wechseln ständig. Können die nach Belieben eine
Behauptung gegen die andere austauschen?"
„Nein! Eine Vorgehensweise nach dem Prinzip 'Mal sehen, was wir
hier finden' ist ein klarer Verstoß gegen die Strafprozessordnung.
Und mit der Kopie des Besprechungsprotokolls hoffe ich, Ihre
Konten freizubekommen. Aber das ist nichts als eine Hoffnung."
Ich musste also täglich damit rechnen, verhaftet zu werden. Mir
zitterten die Knie, als ich zusammen mit dem Anwalt wieder diesen
Staatsanwalt aufsuchte, um ihm das Besprechungsprotokoll des
ECB vorzulegen.

Ich hatte mir fest vorgenommen, dem Mann mit ausgesuchtester
Höflichkeit gegenüberzutreten, was darauf hinauslief, dass fast nur
mein Anwalt mit ihm sprach. Er schilderte die umfangreichen
Aktivitäten von UNITEQ in der früheren DDR und legte ausführlich
dar, wie sich aus diesem Engagement heraus überhaupt erst die
Möglichkeit des Exports in den RGW ergeben hatte. „Mein
Mandant", so schloss der Anwalt, „war in erster Linie den Aufrufen
der Bundesregierung zu Investitionen im künftigen Beitrittsgebiet
gefolgt."
„Ihr Mandant ist ja nicht mein einziger Fall", entgegnete der
Staatsanwalt. „Ich habe mehrere Fälle, die alle eins gemeinsam
haben: Unmittelbar vor der Wirtschafts- und Währungsunion wurde
eine Firma in der DDR gegründet und kurz darauf wurden
exorbitante Gewinne im Exportgeschäft gemacht."
„Unmittelbar?", fragte ich und erhielt vom Anwalt einen unauffälligen
Stoß gegen den Knöchel.
„Mein Mandant hatte bereits vor den Volkskammerwahlen im März
Schritte für eine wirtschaftliche Kooperation in die Wege geleitet,
woraus ersichtlich wird, dass eine differenzierte Betrachtung der
Fälle unabdingbar ist. Die rechtliche Frage wäre damit allerdings
immer noch nicht berührt."
„Noch nicht. Ich möchte gar nicht verhehlen, dass ich selbst eine
Vielzahl von Regelungslücken beim Abrechnungsverkehr mit
transferablen Rubeln sehe. Bei der Bundesregierung ist deshalb
auch die Schaffung entsprechender Verordnungen geplant. Die
damit verbundenen Änderungen werden voraussichtlich Mitte Oktober
bekanntgegeben."
„Was uns im vorliegenden Fall aber wenig nützen wird, denn
rückwirkend können diese Änderungen ja nicht eingeführt werden."
„Ich bitte Sie! Natürlich brauche ich einen Maßstab zur Beurteilung
der vorliegenden Fälle."
Ich wusste nicht, ob ich lachen oder weinen sollte, als wir das
Gebäude verließen. Der Staatsanwalt hatte mir die Erlaubnis zur
Beleihung des Festgeldkontos erteilt, weil ich nachgewiesen hatte,
dass der Betrag ausschließlich aus Geschäften mit DDR-Firmen
stammte. Die UNITEQ-Gelder hingegen blieben weiterhin gesperrt.
Eine noch nicht erlassene Verordnung sollte entscheiden, ob die
bisherigen Gesetze rückwirkend für ungültig erklärt werden konnten.

Wenn das Schule machen sollte, würde jeder Bürger damit rechnen
müssen, für eine Handlung bestraft zu werden, die zum Zeitpunkt
ihrer Ausübung legal war. Mein Anwalt wies diese Gedanken
vehement zurück. „Ausgeschlossen! Verordnungen können nach
unserem Rechtssystem nicht rückwirkend eingeführt werden."
„Das sollte ein Staatsanwalt aber zuallererst wissen."
„Ein Karrierist. Will sich einen Namen machen. Vor einem seriösen
Richter dürfte er damit nicht bestehen. Der Staat wird UNITEQ den
entstandenen Schaden ersetzen müssen."
Die Zinsen für die Beleihung des Festgeldkontos waren höher als die
Zinsen, die ich für die Anlage erhalten hätte. Herr Merkert freute
sich. Mein Besuch bei der Bank war nicht mehr so unerwünscht wie
zum letzten Mal. Und mir reichte das gewonnene Sümmchen, um
den Warenfluss an die Rote Armee aufrecht zu erhalten. Die Bauern
würde ich auch weiterhin auszahlen können, die Sammelrechnungen
dann wie gehabt nach Wünsdorf schicken, und auf ein neu
eingerichtetes Konto würden bald wieder die Beträge von der
Westgruppe einlaufen. Für einen Augenblick lang war ich beruhigt.
Ich wunderte mich allerdings, dass sich Acumen noch nicht
gemeldet hatte. Einen Tag nach der Sperrung der Konten hatte ich
einen Kurier nach Kielce geschickt und am darauffolgenden Tag
einen nach Budapest zu Martronik. Wie ihre Reaktion darauf
ausfallen würde, war leider überhaupt noch nicht abzusehen.
Im EAB munkelte man natürlich über die Projektgruppe. Einer
gewissen Abneigung waren wir ja schon seit Monaten ausgesetzt;
den Leuten gefiel es nicht, das eine ominöse Gemeinschaft bis in die
Nacht hinein arbeitete und eines Morgens mit einer Flotte weißer
Mercedes-Fahrzeuge vorfuhr. Dieter Leicht hatte mir damals schon
prophezeit, dass ich mit Geschenken dieser Art nur Neid hervorrufe.
Neid bei allen, die nicht dem Computerhandel angehörten.
Tatsächlich waren die strahlend neuen Wagen dann Zielscheibe für
die verschiedensten Wurfübungen gewesen, Teebeutel und feuchte
Filtertüten segelten aus den Kantinenfenstern auf die Kühlerhauben
herab. Ich musste die gekränkten Besitzer trösten und ständig darin
bestärken, dass wir bald über jedes Ressentiment triumphieren
würden. Schließlich stellte UNITEQ mit jedem Monat neue Leute ein.
Doch nun war die Projektgruppe in den Augen vieler
Werksangehöriger als ein Hort der Kriminalität entlarvt worden, das

Geheimnis des Erfolges hatte sich gelüftet, es bestand in betrügerischen Machenschaften, und Dieter Leicht, dem schon mehrmals unterstellt worden war, dass er uns einseitig begünstigt hätte, war zum Schutzpatron des Verbrechens avanciert. Natürlich fragte niemand, worin denn eigentlich der konkrete Vorwurf gegen uns bestand. Wie sollte ich das aber auch erwarten, wenn nicht einmal die Justiz in der Lage war, ihre Beschuldigungen zu präzisieren. Sicherlich wartete der Staatsanwalt ebenso ungeduldig wie ich auf die angekündigte Verordnung der Bundesregierung. Wenn diese Verordnung auch nicht rückwirkend eingeführt werden konnte, wüssten wir dann doch wenigstens beide, welche Paragraphen im DDR-Handelsrecht der Bundesregierung so missfallen haben.
Und dann würde die Arbeit wieder ungestört weitergehen können. Die Justiz würde keine Rundumschläge mehr veranstalten, sie hätte neue Richtlinien, nach denen sie wieder Recht und Unrecht unterscheiden könnte.
Genau das wollte ich jetzt Herrn Kertész von Martronik erklären. Ich suchte die Telefonnummer heraus, die Vorwahl von Wien und wurde von Frau Mielgoß an den Hörer gebeten.
„Für Sie. Der Herr wollte mir seinen Namen nicht nennen."
Ich stöhnte und tippte auf Dracula, der meine Zahlungsbereitschaft testen wollte. „Ja, bitte? Mit wem spreche ich?"
Schweigen, Räuspern, dann ein kurzes Lachen. „Anatol. Nennen Sie mich einfach Anatol."
„Das reicht mir nicht! Nennen Sie mir bitte Ihren vollen Namen, Ihre Firma, Telefon und Adresse, sonst ist das Gespräch für mich beendet."
„Ich gebe Ihnen einen guten Rat. Überschätzen Sie sich nicht. Wir haben verschiedene Möglichkeiten, uns vorzustellen, und einige davon werden Ihnen nicht gefallen."
„Spreche ich zufällig mit der Firma Delta in Wien? Delta-Export-Import? Sagen Sie Ihrem Chef, Herrn Dracula, dass ich nicht gewillt bin, mich erpressen zu lassen."
„Wem? Dracula? Sie nehmen die Sache nicht ernst, nein?" Er legte auf.
Doch bevor ich mir noch überlegen konnte, wie dieser Anruf zu bewerten sei, klingelte es schon wieder.

„Das ist mein letzter Versuch, vernünftig mit Ihnen zu sprechen."
„Sprechen Sie als Vertreter der Firma Delta-Export-Import? Ja oder nein?"
„Ich kenne diese Firma nicht. Können wir jetzt zur Sache kommen?"
„Sie haben mir auch kein Fax aus Wien geschickt?"
„Ich schicke Ihnen keine Faxe, und schon gar nicht mit Absenderangabe. Haben Sie das endlich verstanden? Ich spreche mit Ihnen, weil Sie gegen russische Interessen verstoßen haben."
„Inwiefern?"
„Sie beliefern die Westgruppe mit Lebensmitteln."
„Die Westgruppe der sowjetischen Streitkräfte. Ja, das ist richtig. Die Westgruppe hat mich damit beauftragt."
„Die Lieferungen sind eine russische Angelegenheit. Sie haben nicht das Recht, sich darin einzumischen."
„Ich werde mich mit General Grigorenko in Verbindung setzen und mir das noch einmal von ihm wiederholen lassen."
„Langsam, langsam. Lassen wir den General aus dem Spiel, ja? Sie sind der einzige Lieferant der Westgruppe in Deutschland, und das finden wir unfair."
„Machen Sie doch der Westgruppe Ihre Vorschläge, wenn Sie welche anzubieten haben."
„Ich mache Ihnen einen Vorschlag, einen absolut fairen Vorschlag, und Sie wären dumm, wenn sie nicht darauf eingehen würden. Sie beschaffen weiterhin die Waren aus den LPGs, verkaufen sie an uns, und wir verkaufen Sie weiter an die Westgruppe."
„Und den Preis, den Sie uns dafür zahlen, legen Sie natürlich fest."
„Das versteht sich von selbst."
„Das können Sie vergessen, Herr Anatol!"
„Wenn Sie auf diesen Vorschlag nicht eingehen, werden Sie bald am Fleischerhaken zwischen Ihren eigenen Schweinehälften hängen! War das jetzt deutlich genug?"
Das war es. In den nächsten zwei Stunden wurde bei UNITEQ nicht viel gearbeitet. Wir hatten alle schon ein wenig von der russischen Mafia gehört, dieser Begriff war auch schon in der Presse aufgetaucht, aber wie wir uns verhalten sollten, wusste niemand. Ich rief in der sowjetischen Botschaft an, aber Valentin war nicht zu erreichen. Daraufhin versuchte ich, nach Wünsdorf durchzukommen. Schließlich hatte ich den Adjutanten von Generaloberst Malewitsch

am Hörer.

„Hat es in letzter Zeit Verzögerungen bei den Lieferungen gegeben?", fragte ich ihn, „wir hatten leider einige technische Probleme gehabt. Die sind aber jetzt behoben."

„Es ist alles in Ordnung. Wir sind sehr zufrieden. Es gibt nichts zu beanstanden."

„Ich danke Ihnen. Könnte ich bitte noch mit Generaloberst Malewitsch sprechen?"

„Er hat keine Zeit." Das hieß, dass er schon Dienstschluss hatte. Ich erklärte dem Adjutanten, dass es sich um ein sehr, sehr dringendes Gespräch handele und ich den Generaloberst unangemeldet in seiner Karlshorster Villa aufsuchen müsse, wenn ich keine Verbindung zu ihm bekäme.

Über einen zweiten Apparat stellte der Adjutant die Verbindung zu seinem Vorgesetzten her. Er hätte ohnehin am Hörer bleiben müssen, um zu übersetzen.

„Was gibt es, mein Freund", fragte mich Generaloberst Malewitsch, „was hast du auf dem Herzen?"

„Ist die Westgruppe denn wirklich hundertprozentig mit UNITEQ zufrieden? Oder wünschen Sie sich vielleicht doch einen anderen Vertragspartner?"

Der Generaloberst fand diese Frage völlig abwegig. „Wir möchten von niemand anderem beliefert werden als von UNITEQ."

„Könnten Sie das vielleicht innerhalb der Roten Armee und anderer sowjetischen Einrichtungen etwas verdeutlichen? Ich wurde heute von einer russischen - mhm - Gesellschaft angesprochen, die die Lieferungen gern übernehmen möchte."

„Von was für einer Gesellschaft?"

„Sie hat keinen exakten Namen. Ich glaube nicht, dass sie ins Handelsregister eingetragen ist."

„Überlassen Sie das uns! Wir erwarten, dass Sie uns weiterhin beliefern, wie bisher."

Wozu wir schließlich auch verpflichtet waren. Unterschwellig hatte ich mir wohl gewünscht, dass er uns ein Fallschirmjägerbataillon als Leibwache anbieten würde.

Wie ging die Mafia eigentlich in den Filmen vor, die ich früher im Kino gesehen hatte? Der Pate? Die Sizilianer? Zuerst trugen sie eine mündliche Warnung vor, so, wie heute auch bei mir. Als nächstes hinterließen sie gewöhnlich einen Sachschaden, und spätestens dann musste man sich entscheiden, ob man den Heldentod sterben wollte. Bis zur Sprengung meines Wagens würde ich also weiter liefern müssen.

Es war schon spät am Abend, als ich András Kertész in Wien anrief. Detailliert erzählte ich ihm von der Sperrung der Konten und der begründeten Hoffnung, sie demnächst wieder freizubekommen.

Er seufzte. „Ja, wir haben schon gehört, dass die deutsche Regierung die Rechtmäßigkeit einige Ostgeschäfte anzweifelt. Was soll Martronik tun? Wir müssen UNITEQ auf Zahlung verklagen. Das richtet sich nicht gegen Sie, ganz und gar nicht."

„Ich verstehe Ihre Position. Könnten Sie mir trotzdem noch einen persönlichen Gefallen tun?"

„Selbstverständlich!"

„Kennen Sie eine Firma mit dem Namen Delta-Export-Import? Sie sitzt in der Wiener Innenstadt, im ersten Bezirk und beherbergt Vampire in ihren Räumen." Ich nannte ihm die Adresse und alle weiteren Einzelheiten.

„Interessant", murmelte Herr Kertész, „sehr interessant ... Wann sehe ich Sie denn mal wieder in Wien? Hätten Sie demnächst etwas Zeit?"

Treffpunkt Wien

Die vom Staatsanwalt herbeigesehnte Verlautbarung der
Bundesregierung erschien am 16. Oktober. Ungeduldig überflog ich
den Wortlaut der sogenannten „Bekanntmachung zur Abwicklung
der Ausfuhren und des damit verbundenen Dokumenten- und
Zahlungsverkehrs mit den RGW-Ländern".
Waren, die von Firmen aus den neuen Bundesländern in den RGW
exportiert würden, sollte von nun an mit einem „Ursprungszeugnis"
versehen werden. Mit keinem Wort war jedoch erwähnt, dass die
Ware im Beitrittsgebiet hergestellt sein sollte. Dieses angeblich
ungeschriebene Gesetz hatte auch in diese „Bekanntmachung"
keinen Eingang gefunden. Wenn es verlangt werden sollte, würde
ich für jeden exportierten Artikel ein Ursprungszeugnis nachreichen.
Heidi machte mich, gleich nachdem ich zu Ende gelesen hatte, noch
auf ein anderes Blatt aufmerksam. „Das hat man mir heute Morgen
im ECB mitgegeben. Ein Anschreiben, das die DABA in Verbindung
mit der Bekanntmachung an alle AHBs geschickt hat."
Ein Anschreiben von eindeutigem Inhalt, wie wir alle fanden. „Sehr
geehrte Damen und Herren", war da zu lesen, „hiermit erhalten Sie
die neuen und ergänzenden Vorschriften in Verbindung mit der am
16.10. 1990 veröffentlichten Bekanntmachung zur Abwicklung der
Ausfuhren ..."
Die neuen und ergänzenden Vorschriften. Kein Wort von
rückwirkender Geltung, ungeachtet der Tatsache, dass so etwas
ohnehin unrechtmäßig gewesen wäre. Jetzt musste die Sperrung
der Konten aufgehoben werden! Die 43 Millionen würde ich nach
Budapest absenden und eine Woche später wäre der ganze Trouble
vergessen.
Die „Bekanntmachung" der Bundesregierung enthielt aber noch eine
andere Klausel. Für Produkte von Betrieben aus den neuen Ländern
wurde ein Herstellungsnachweis der zuständigen Industrie- und
Handelskammern gefordert. Als Handelsunternehmen war UNITEQ
davon nicht betroffen, aber diese Forderung stieß bei mir auf ein
gewisses Befremden.
„Heidi", fragte ich, „kennst du die für uns zuständige IHK?"

„Nein."

„Ist dir überhaupt die Existenz einer IHK hier im Beitrittsgebiet
bekannt?"

„Ich weiß von nichts."

Heidi war unbestritten die bestunterrichtetste Mitarbeiterin. Trotzdem
erkundigte ich mich in Westberlin nach etwaigen Einrichtungen in
den Neuländern. Mir wurde mitgeteilt, dass von der Einrichtung einer
IHK im Beitrittsgebiet noch nichts bekannt sei.

Das fand ich köstlich. Das würde dem Aufschwung Ost einen
gewaltigen Schub versetzen! Betriebe brauchten für den Verkauf
ihrer Produkte die Genehmigung einer Institution, die noch nicht
ausfindig zu machen war. Gratulation nach Bonn ans
Bundeswirtschaftsministerium!

Der Staatsanwalt verzog gequält das Gesicht, als ich ihm die
Bekanntmachung der Bundesregierung auf den Tisch legte.

„Die haben es verpfuscht", schimpfte er, „glattweg verpfuscht. Es
wurde ausdrücklich darauf hingewiesen, dass wir eine schriftliche
Festlegung brauchen, nach der die Ware aus der DDR stammen
muss. Jetzt müssen wir auf eine Ergänzung zur Bekanntmachung
vom 16.10. warten."

„Wir? Sie vielleicht, ich nicht. Ich nehme an, dass Sie auf das
Auffinden eines wer weiß wie weit zurückliegenden Beschlusses aus
der alten DDR gehofft hatten, der den Export in die RGW-Länder auf
Waren aus der DDR beschränkt. Da es eine solche Verordnung nie
gegeben hatte, haben die Verfasser der Bekanntmachung es nicht
mehr für nötig gehalten, es für die letzten zweieinhalb Monate zu
definieren, in der die neuen Länder noch im RGW verbleiben. Tut
mir leid, Herr Staatsanwalt, aber Sie müssen jetzt meine Konten
freigeben."

„Das kann ich nicht."

Ich beugte mich zu ihm über den Tisch. „Und warum nicht?"

„Weil Ihre Firma mit betrügerischer Absicht gegründet wurde."

„Das hatten Sie mir schon mal vorgeworfen, ohne den geringsten
Beweis dafür zu haben."

Der Staatsanwalt öffnete eine Mappe und entnahm ihr fünf
gleichaussehende Bögen mit dem UNITEQ-Briefkopf. „Hier ist der
Beweis!"

Ich überflog das Blatt, und ein kalter Schauer kroch mir vom Nacken

aus abwärts in die Glieder. UNITEQ trat in diesem Text als Lieferant auf, Martronik hingegen als Käufer. Umgekehrt wäre es richtig gewesen. Was ich hier in der Hand hielt, war ein missglückter Kaufvertrag, der in dieser Form niemals abgeschickt worden wäre.
„Tut mir leid, Herr Staatsanwalt, das sind Verwechslungen, die in jeder Firma vorkommen, die mit Computern arbeitet. Meine Mitarbeiter müssen diesen Irrtum selbst bemerkt haben, denn dieser Entwurf hat meinen Schreibtisch nie erreicht."
„Und was ist das hier? Auch eine Verwechslung?" Er reicht mir ein neues Blatt.
Es war einer jener UNITEQ-Formbriefe mit vertauschten Textbausteinen, von denen ich verlangt hatte, dass sie weggeworfen werden. Aber es musste ja Papier gespart werden! Papier, das uns in Massen zur Verfügung stand und so gut wie nichts gekostet hatte. Verdammt nochmal! Ich war froh, in diesem Moment mehr als zehn Kilometer von meinen Mitarbeitern entfernt zu sein. Bis zu unserem Wiedersehen am Nachmittag würde ich mich abgeregt haben. Mühsam versuchte ich dem Staatsanwalt das Zustandekommen eines solchen Blattes zu erklären; mühsam und erfolglos. Er hatte jetzt zwei Formbriefe in den Akten; einen, in dem UNITEQ fälschlicherweise als Käufer, einen anderen, in dem UNITEQ ebenso verkehrt als Lieferant auftrat. Darin sah er natürlich einen Zusammenhang, so, wie man auch einen Zusammenhang zwischen zwei Verkehrsunfällen sehen kann, die zur gleichen Uhrzeit in Spandau und Neukölln stattfinden. Und von einer speziell entwickelten DDR-Mentalität wollte er erst recht nichts wissen. Einen verpfuschten Brief wirft man weg, fertig, aus!
"Dann", so hielt ich ihm entgegen, „möchte ich gern wissen, welche Art von Betrug man mit einem so widersinnigen Briefbogen hätte begehen können."
Er lächelte und nickte und lehnte sich ihm Stuhl zurück. „Beweis Nummer zwei: Sie haben von der Firma Acumen Geld für Ware erhalten, die Sie nicht geliefert haben. Genauer gesagt, Sie sind dem Lieferanten Martronik das Geld schuldig geblieben, so dass er nicht liefern konnte."
„Ich konnte das Geld nicht überweisen, weil Sie es beschlagnahmt haben. Das wissen Sie doch ganz genau."

„Richtig. Wir haben das Geld beschlagnahmt, das Sie nicht
überwiesen haben."
Ich hatte noch zu erklären versucht, dass das Geld von der
Sparkasse Köpenick nach West-Berlin überwiesen werden musste,
da man von Köpenick aus keine Überweisungen ins Ausland
durchführen konnte; dass das Geld bei der Commerzbank höchstens
drei oder vier Tage gelegen hatte und ich nicht jeden Tag auf die
Bank gehen konnte, um nach zuschauen, ob es schon da war. Dass
es auch eine Zahlungsfrist gab, die ich bequem hätte einhalten
können, aber das war alles absolut sinnlos, jedes einzelne Wort von
mir verhallte ungehört im Zimmer des Staatsanwaltes.
Kurz darauf konnte ich dann auch in der Zeitung lesen, dass eine
Arbeitsgruppe gegen „Regierungs- und Vereinigungskriminalität"
gegründet worden war, die sich mit Honecker, Mielke und Elementen
wie mir befassen sollte; Betrügern, die durch illegales Eindringen in
das Transferrubelsystem den deutschen Steuerzahler um mehrere
Milliarden Mark geprellt haben sollen.
„Es scheint aber", erzählte mir mein Anwalt, „tatsächlich auch Fälle
zu geben, bei denen Verträge rückdatiert und Ware nicht geliefert
wurde. Der ganze Bereich entzieht sich einer pauschalen
Beurteilung."
„Ich habe aber ein Recht auf eine korrekte Bewertung meiner
eigenen Handlungen. Wie komme ich denn dazu, mit irgendwelchen
Gaunern in Kollektivhaft genommen zu werden!"
„Das Problem besteht aber darin, dass diese Arbeitsgruppe aus
einem kleinen Häufchen von Beamten besteht, die keine Ahnung
von den Gesetzen der DDR haben, geschweige denn von den
Gepflogenheiten. Bis die jeden Fall geprüft haben, können Jahre
vergehen."
„Und bis dahin?.."
„Der von mir eingelegte Widerspruch gegen die Kontensperrung
wurde als unbegründet abgelehnt. Kein Wunder auch, da der Inhalt
der Vorwürfe sich ja ständig ändert. Ich werde natürlich ein neues
Schreiben aufsetzen, das sich auf die Behauptung bezieht, Sie
hätten vorsätzlich nicht an Acumen geliefert..."
Vorsätzlich. Ob man das in Kielce mittlerweile auch schon glaubte?
Anrufe nach Polen kamen nicht durch und Faxe wurden nicht
beantwortet. Ich würde selbst hinfahren oder einen mit dem

Geschäft betrauten Mitarbeiter hinschicken müssen.

Doch sonst verlief die Arbeit fast wie in vergangenen Zeiten, und das Zusammengehörigkeitsgefühl unserer kleinen Belegschaft wurde durch die Ereignisse eher noch bestärkt. UNITEQ gegen den Rest der Welt. UNITEQ, die unser Leben völlig umgekrempelt hatte. In den Räumen von UNITEQ gelang es mir immer wieder, für einige Stunden den behördlich inszenierten Irrsinn und die Drohungen der Erpresser zu vergessen. Ich arbeitete bis spät in den Abend hinein und nahm hinterher oft noch in irgendeiner Kneipe die warme Mahlzeit zu mir, die ich schon in den Mittagsstunden gebraucht hätte.

Völlig in Gedanken versunken saß ich eines Abends gegen zehn Uhr in einer Wilmersdorfer Pizzeria und wartete auf meine Pasta. Das Treiben um mich herum nahm ich kaum war, auch nicht in unmittelbarer Nähe meines Tisches ..."

"Sorgen? Ärger? Läuft's nicht mehr so gut mit *Unisoft*?"

„*Unisoft*?.. Achim! ..."

"Du bist so entschieden an mir vorbeimarschiert, als du hereinkamst, dass ich nicht wusste, ob ich dich überhaupt ansprechen sollte."

Ich packte meine Sachen und zog zu Achims Tisch um. Achim Hofmann. Ich kannte ihn schon seit Jahren. Er hatte vier Semester Psychologie studiert, sich dabei ständig die Frage nach dem Sinn seines Studiums gestellt und nach dessen Abbruch bei der Post, dem Apotheken-Notdienst und dem „Fahrbaren Mittagstisch" gejobbt. Um besser über sich nachdenken zu können, wie er betonte. Eines Tages hatte er dann eine Firma für die „Organisation von Tagungen und Kongressen" gegründet.

„Trotzdem beneide ich dich", sagte er, als er eine kurze Schilderung meiner UNITEQ-Erlebnisse vernommen hatte.

„Hör mal, andere sind verhaftet worden. Ich muss mich darauf einstellen, dass mir das ebenfalls passieren kann."

„Darum beneide ich dich natürlich nicht. Ich beneide mich selbst aber auch nicht um meine Kongress-Agentur. Es gibt einfach zu viele davon, und einige sind besser im Geschäft als ich. Wenn mir Herr Choi nicht hin und wieder die Gestaltung des Rahmen-Programms für koreanische Besucher überlassen würde, wüsste ich nicht mehr, wie ich Steuern und Büro-Miete zahlen sollte. Ich kann versuchen, was ich will, es geht nicht voran."

„Herr Choi?"
„Macht Public Relations für verschiedene Koreanische Firmen.
Scheint damit aber auch nicht so glücklich zu sein. Das würde er
allerdings nie so offen sagen."
„Woraus schlussfolgerst du das dann?"
„Na ja. Wenn unsereins genervt ist, dann wird geflucht, gelegentlich
getobt und ein Gegenstand in die Ecke geworfen. Bei Herrn Choi ist
es ein bestimmter Lidschlag. Ich brauchte Jahre, um ihn
wahrzunehmen. Aber dieser Lidschlag ist oft bei ihm zu sehen. Ich
glaube, der Public-Relations-Bereich widert ihn an."
„Herr Choi. Könntest du mich mit ihm bekannt machen?"
„Kein Problem. Er ist offen für alle interessanten Kontakte."
„Prima. Ich glaube, du kannst deine Firma auflösen."
„Was?!.."
„Du arrangierst so bald wie möglich ein Treffen zwischen uns und
Herrn Choi!"
Eine Woche später wurde die „Choi & Hofmann GmbH" ins
Handelsregister eingetragen. UNITEQ war mit 51% daran beteiligt.
Wir mieteten ein Büro in Schöneberg, gegenüber der Apostel-
Paulus-Kirche, und Herr Choi begab sich gleich anschließend nach
Seoul, um auch dort ein Büro einzurichten. Der Export aus Korea
würde von jetzt ab eigenständiger organisiert werden, während
Achim die Kontakte zu westdeutschen Kunden und Lieferanten
ausbauen konnte. Ich hingegen hatte endlich wieder Zeit, mich dem
derzeitigen Hauptgeschäftspartner von UNITEQ zu widmen.
Die Lieferungen an die Westgruppe hatten nämlich durch die
Sperrung der Konten nur geringfügig gelitten und konnten durch die
Beleihung des Festgeldkontos wieder in Schwung gebracht werden.
Eine neue Drohung der Mafia hatten wir bisher auch noch nicht
erhalten, die Heeresspitze schien Gegenmaßnahmen ergriffen zu
haben.
Wir lieferten Getränke, vom Sprudel bis zum Cognac, wir lieferten
Fleisch und Wintergemüse, ja sogar Kuchen und Gebäck. Mehr als
90% der Produkte kamen aus den heimischen LPGs. In den
Landkreisen zwischen Ostsee und Erzgebirge war UNITEQ zu
einem Begriff geworden, die Adresse wurde herumgereicht, und wer
etwas anzubieten hatte, setzte sich mit uns in Kontakt. Noch nie,
versicherte uns General Grigorenko, noch nie sei die Westgruppe so

gut verpflegt worden. Zusammen mit der Versorgungsabteilung in Wünsdorf beschlossen wir, dass zum Jahresende erstmalig jeder Soldat eine halbe Weihnachtsgans auf den Tisch bekommen sollte. Unberührt von unserem neuen Image als Betrüger vertieften sich auch die Beziehungen zu vielen ostdeutschen Betrieben, wir bestückten ganze Büroetagen mit moderner Netzwerktechnik, entwickelten Warenwirtschaftssysteme und schrieben die passende Software.

Der Export hingegen verlief nicht in dem Umfang, wie wir es uns gewünscht hätten. Die Verpflichtungen aus den früheren Verträgen waren alle erfüllt, sowjetische Firmen würden neue Lieferungen in Devisen zahlen müssen und wir hatten gehofft, dass Henry Klotz, der immer noch in Moskau saß, seine Kontakte für uns nutzen würde. Darin hatten wir uns aber gründlich getäuscht. Die Vermittlung neuer Aufträge, so gab er uns zu verstehen, würde sich für ihn finanziell nicht rentieren. Ich fragte mich, ob der Kerl größenwahnsinnig geworden war. Im Sommer hatte er innerhalb von sechs Wochen eine Million Mark an Provisionsgeldern verdient. Jetzt würde er unter international üblichen Bedingungen arbeiten müssen, doch das entsprach offenbar nicht seinem Format.

Wir würden auch ohne seine Hilfe zu neuen Abschlüssen kommen, davon war ich überzeugt. Mit größeren Firmen blieben wir allein schon wegen der Wartungs- und Garantieverträge in Verbindung. Abgerissen waren unsere Kontakte auf keinen Fall.

Vor allem blieben wir auch weiterhin im vollen Umfang lieferfähig. Zwei Tage nach dem traurigen Telefongespräch mit Henry Klotz wurden wir von einer Delegation der Chin-Weng-Werke besucht. Die Vertreter aus Taipeh waren auf englischsprachige Verhandlungen eingestellt und kommentierten munter in ihrer Landessprache die seltsamen Dinge, die ihnen auf dem Weg zu den UNITEQ-Räumen aufgefallen waren. Frau Dr. Griffel begrüßte sie auf Kantonesisch, die Herren wurden blass, und Frau Griffel musste, wie sie uns später erzählte, mehrmals betonen, dass ihre Kenntnisse es leider, leider nicht zuließen, rasch geflüsterte Privatgesprächen zu verfolgen. Noch nie, so wurde uns von den Firmenvertretern versichert, wären ihnen in Westeuropa Geschäftsleute begegnet, die kantonesisch sprachen. In solchen Augenblicken sah ich dann UNITEQ-Filialen auf allen zukunftsträchtigen Märkten der Welt sprießen, geleitet von arabisch-, brasilianisch-portugiesisch-, und indonesisch-sprachigen Mitarbeitern.

Allmählich wuchsen die Eingänge auf unserem neuangelegten Konto, und ich hegte die Hoffnung, den ausstehenden Betrag an Martronik vielleicht in drei Monaten schon aus unseren jüngsten Gewinnen begleichen zu können. Das wäre ein Schlag gegen den Staatsanwalt! Seine mühsam gedrechselten Rechtsverdrehungen würden vollends zusammenbrechen.

Mein Wagen stand ungefähr 200 Meter von der Haustür entfernt, es goss in Strömen, und ich kehrte sofort wieder in die Wohnung zurück, um den Schirm zu holen. Dabei leerte ich auch gleich den Briefkasten.

Die Stromrechnung flatterte mir entgegen, verschiedene Postwurfsendungen und ein Schreiben von einem Anwalt namens Häusken, Absender Berlin-Charlottenburg.

„An den Geschäftsführer der Firma UNITEQ ... Sie schulden der österreichischen Firma Delta-Import-Export 800.000 Dollar. Sollten Sie innerhalb von 14 Tagen die Summe nicht gezahlt oder Zahlungsvorschläge gemacht haben, wird gegen Sie Klage erhoben ..." Es folgten die üblichen Floskeln und ein Hochachtungsvoll.

Der Verzweiflungsakt eines enttäuschten Tölpels? Oder der Versuch, eine Erpressung in ein legales Gewand zu kleiden? - In Hoffnung auf Unterstützung durch eine voreingenommene Justiz. Gerichte überlastet, Firma UNITEQ bekannt als notorische Betrügerin, Blitzentscheid, Zahlungsbefehl.

Der Brief enthielt noch ein anderes Blatt, ein Duplikat von etwas, das Rechtsanwalt Häusken als „geltend machenden Vertragstext" bezeichnete.

„Die sich einverstanden erklärende Firma kauft Waren zum festgelegten Preis.

Sollten die Waren nicht geliefert werden, muss auch der Preis nicht bezahlt werden.

Der Vertrag soll mindestens 5 Millionen Dollar umfassen.

Käufer und Verkäufer können jederzeit zurücktreten.

Sollte eine Partei zurücktreten, dann muss Vertragsstrafe gezahlt werden.

Statt der Ware kann auch Geld geliefert werden."

Ein so wirres Schriftstück hatte ich in meiner gesamten

kaufmännischen Praxis noch nicht gesehen. Die Zeilen wirkten wie von Insassen einer psychiatrischen Anstalt verfasst. Oder sahen so die Vereinbarungen zwischen Drogendealern aus? Die Ware, die Beteiligten und der Ort des Abschlusses werden nicht genannt? Mir fiel wieder meine allererste Vermutung ein, die ich beim Lesen des Faxes gehabt hatte: Ein unausgelasteter Schüler treibt Scherze mit den Briefbögen seines Vaters.
Ich steckte den Brief ein und schlug die Tür hinter mir zu.
Vor dem Haus stand ein Mercedes mit laufendem Motor, ein 560er SEL. Zwei Männer sprangen aus dem Wagen und kamen auf mich zu.
„Bitte steigen Sie ein."
Sie waren größer und wesentlich breiter als ich und sprachen mit slawischem Akzent. Am Steuer des Wagens sah ich noch einen dritten von gleicher Statur sitzen.
„Ich habe leider im Moment keine Zeit," sagte ich.
„Wenn Sie mit mir sprechen möchten, können wir einen Termin vereinbaren."
Sie umringten mich, packten mich am Handgelenk, und schon saß ich in ihrem Wagen.
Die zweite Warnung - sie war ausgeblieben! Ich hatte mich verkalkuliert!
Der Fahrer startete, fuhr durch ein paar Nebenstraßen und bog ab in Richtung Grunewald. Dann drehte er sich zu mir um. „Wir kennen uns."
„Ich kann mich nicht erinnern, aber wenn Sie mir bitte sagen würden, wohin..."
"Doch! Ich war mit unserem Direktor, mit Herrn Vinnitski, bei Ihnen zu Besuch." Jetzt erkannte ich ihn. Mir wurde heiß, ich spürte, wie mein Hemd am Körper klebte und mir das Atmen schwerfiel. Der Mafia hätte ich noch einen Wunsch erfüllen können, für Acumen aber hatte ich nichts mehr in Reserve.
„Ich kann nichts dafür!" Meine Stimme überschlug sich. „Ich habe Sie nicht betrogen! Ich habe mich vielleicht zehnmal bei Ihnen gemeldet, ohne dass eine Antwort kam." Mein Nebenmann drückte mich sanft in die Sitzbank zurück.
„Sie schulden uns Ware im Wert von 60 Millionen Mark."
„Das habe ich nie bestritten. Sie können es gern noch einmal

schriftlich von mir haben, obwohl sich meine Erklärungen schon auf
dem Tisch Ihres Direktors stapeln." Ich redete und redete auf sie ein,
erzählte ihnen die Geschichte von vorn und von hinten, ohne den
Eindruck zu gewinnen, dass sie viel davon verstanden.
„Die deutschen Behörden gelten doch allgemein als sehr korrekt, "
lautete die schlichte Antwort des Fahrers.
„Ich bin erstaunt, so etwas ausgerechnet von Ihnen zu hören."
Aber nicht einmal diese Anspielung schienen sie verstehen zu
wollen. In diesem Moment verlor ich jede Scheu vor Übertreibungen.
Schließlich war es die deutsche Justiz, der ich diese Situation
verdankte. „Es ist nachprüfbar, dass alle, die Handel mit dem Osten
trieben, jetzt in Schwierigkeiten sind. Sie wollen nicht, dass ich
Kontakte zu Euch habe! Ich war auf eurer Seite, deshalb werd' ich
jetzt bestraft! Hab' ich mich etwa zurückgezogen? Hab' ich mich
versteckt? Mein Anwalt und ich unternehmen alles, um die Gelder
wieder freizubekommen. Ich sitze nicht zu Hause und warte, bis sich
irgendwann was tut."
„Das möchten wir Ihnen auch nicht empfehlen." Der Fahrer bremste
und der Wagen hielt vor dem Gehsteig. „Ich gebe Ihnen einen Rat:
Ein guter Anwalt ist wichtig. Aber noch wichtiger sollte Ihnen die
Sorge um Ihr Leben sein. Steigen Sie aus! Und vergessen Sie Ihren
Schirm nicht!"
Der Wagen fuhr ab, ich lief durch Nebenstraßen, wusste eine Zeit
lang nicht genau, wo ich mich befand und erreichte nach ungefähr
zehn Minuten die Paulsborner Straße. Dort kam mir ein Taxi
entgegen.
In meine Wohnung zurückgekommen, hätte ich gern einen Whisky
getrunken, fand aber nur Wein in der Küche. Das schien mir nicht
das geeignete Getränk zu sein, um diesen Vorfall zu begießen. Ich
schaute mich in der Wohnung um und geriet in einen kurzen Anfall
von Panik. Einen Moment lang fühlte ich mich wie ein
Hinrichtungskandidat, der einen letzten Blick auf die vertrauten
Dinge seines Lebens werfen durfte.
Ich ging in die Küche und kochte mir einen Kaffee. Dann rief ich in
der sowjetischen Botschaft an und ließ mich mit Valentin verbinden.
„Was glaubst du, könnte ich tun?", fragte er, nachdem ich ihm von
meinem neuesten Erlebnis berichtet hatte.
„Du hast gute Beziehungen, Valentin, weitreichende Beziehungen.

Könntest du nicht einen Menschen, vor dem dieser Vinnitski Respekt hat, veranlassen, mit ihm zu reden? Einen, der ihm klar macht, dass ich nie einen meiner Geschäftspartner betrogen hatte, obwohl es dafür unzählige Möglichkeiten gegeben hätte."
„Sitz der Firma ist in Polen, dort haben wir überhaupt nichts mehr zu sagen."
„Acumen ist ein Joint-Venture, da liegt die Sache anders. Ich glaube, der stellvertretende Direktor ist Russe."
„Ich werde sehen, was ich tun kann ... Willst du dich denn wirklich nicht an die deutsche Polizei wenden?"
„Und sie bitten, mich in Untersuchungshaft zu nehmen, weil ich bedroht werde?"
„Verstehe. Aber das die Drohung ernst gemeint war, ist dir klar? Es gibt immer mehr Betriebe in Polen oder der Sowjetunion, die ihre Außenstände von der Mafia eintreiben lassen. Vielleicht solltest du in der Zwischenzeit die Adresse wechseln?"
Da war sie schon wieder, die Mafia. Sie schien wirklich überall zu sein.
„Adresse wechseln! Und dann? Ich muss doch jeden Tag in die Firma."
Ich wunderte mich, wie ich das so sagen konnte, obwohl ich mir vor Angst nicht traute, das Haus zu verlassen. Ich musste aber wirklich in die Firma. Was hätte ich denn sonst tun sollen? Wenn sie mir ans Leben wollten, würden sie mich überall finden.
In diesem Zusammenhang fiel mir auch mein blutsaugender Freund wieder ein. Ich rief den Anwalt an und informierte ihn über das Sendschreiben von Dracula, dann machte ich mich auf in den EAB. Ich war erstaunt, was für banale Gedanken mir unterwegs durch den Kopf zogen. Der EAB war schon vor Wochen in 'Elpro AG' umbenannt worden, den alten Namen, den das Werk vor seiner DDR-Zeit geführt hatte, doch wir alle, ich inbegriffen, sprachen noch vom EAB. Ich hing genau wie alle anderen an den vertrauten Details. Ihr Wert war für mich erheblich gestiegen, seit ich in täglicher Angst vor der Verhaftung lebte.
Es war neue Ware gekommen und ich hielt es für angebracht, die Einlagerung selbst zu überwachen. Der alte Lagerleiter, Herr Graupel, war mit den anderen Mitgliedern der Projektgruppe von UNITEQ übernommen worden, worauf die Elpro AG einen neuen

Leiter für das Hochregallager bestimmt hatte. Bei Veränderungen, die UNITEQ nicht unmittelbar betrafen, wurde erwartet, dass ich mich anpasste, und wenn mir Herr Rohrbeck nicht so kompetent erschien, wie Herr Graupel, war das ausschließlich mein Problem. Herrn Rohrbeck wiederum gefiel es gar nicht, dass ich mich im Hochregallager besser auskannte als er. Misstrauisch stand er auch jetzt wieder neben mir und kritisierte meine Anweisungen.

„Ich muss mit Ihnen reden, " sagte er plötzlich.

„Worum geht's?"

„Ja, also das Lager ist ja letzten Monat eine eigenständige Abteilung geworden. Wir wurden umgewandelt in das 'Profit-Center-Lagerverwaltung'."

„Ich weiß."

„Das heißt, wir sollen Gewinn machen."

„Sie sollten die organisatorischen Voraussetzungen schaffen, um weitere Lagerflächen zu vermieten, wie ich das verstanden habe."

„Ja. Wir sollen Gewinn machen."

„Herr Rohrbeck, sagen Sie mir bitte, was genau Sie von mir wollen, ich habe wenig Zeit."

„Also, ich kann Ihnen das Lager nur weitervermieten, wenn ich auch die Montage übernehmen kann."

„Was wollen Sie denn montieren?"

„Na hier." Er zeigte auf die Omega-Computer, die gerade abgeladen wurden. Hatte er von meinen Montageplänen erfahren? Das war unmöglich, ich hatte bisher nur mit Heidi und Lothar darüber gesprochen.

„Wie kommen Sie darauf, dass es etwas zu montieren gibt?"

„Ich habe es doch schon gesehen."

„Änderungswünsche, Herr Rohrbeck. Bei einer Großlieferung wie dieser haben wir vier oder fünf Änderungswünsche von Kunden. Meistens handelt es sich um den Austausch von Festplatten. Das machen wir nebenbei."

„Dann sagen Sie Ihren Herstellern, sie sollen nur noch die Einzelteile schicken. Wir bauen die hier im Lager zusammen."

„Richtig! Mit Hammer und Zange können Ihre Leute ja umgehen. Nägel gibt es hier genug, und Kenntnisse braucht man für den Umgang mit elektronischen Bauelementen keine. Haben Sie sich mal gefragt, was der Hersteller davon hätte?"

„Aber wir müssen doch Gewinn machen!"
„Vergessen Sie's!" „
Dann kündige ich Ihnen hiermit auf der Stelle. Räumen Sie bitte Ihre
Computer aus meinem Lager!"
„Langsam, guter Mann! Die Kündigungsfrist beträgt drei Monate.
Das wenigstens sollte Ihnen bekannt sein."
Er warf mir einen irritierten Blick zu, dann zählte er an seinen
Fingern ab: „Dezember, Januar, Februar. Hiermit kündige ich Ihnen
zum Februar."
Das kam mir ungelegen, aber ärgern konnte ich mich nur darüber,
dass diese Entscheidung von ihm und nicht von mir gefällt wurde.
Ich war auch sicher etwas barsch gewesen. An einem anderen Tag
hätte ich ihm vielleicht geduldig erklärt, dass man auf so plumpe
Weise keinen Gewinn machen kann. Ich ging zurück an meinen
Schreibtisch und konnte mich auf nichts konzentrieren. Immer wieder
sah ich mich im 560er SEL sitzen, eingezwängt zwischen Herrn
Vinnitskis Spezialisten für angewandte Psychologie. Da es ohnehin
schon Spätnachmittag geworden war, entschloss ich mich, nach
Hause zu fahren.
Ich saß noch keine drei Minuten im Auto, als ich einen
schmerzhaften Stich in der Magengegend verspürt. Ich musste auf
der Stelle anhalten. Es war eine Attacke, die mehrere Minuten
anhielt.
Nach einer halben Stunde konnte ich weiterfahren. Es stand für mich
fest, dass ich heute, gerade heute, einen konsequent bürgerlichen
Abend verbringen würde. Und das hieß: Fernsehen.
Fernsehen, eine halbe Flasche Wein und eine Portion Scampi, aus
der Pizzeria an der Ecke, direkt vor die Wohnungstür gebracht.
Als es schließlich soweit war, ich die Tagesschau eingeschaltet und
mich ausgestreckt hatte, flimmerten mir Bilder von der Öffnung der
Mauer entgegen, Archivbilder zum Ein-Jahres-Jubiläum. Jetzt erst
wurde mir bewusst, dass wir wieder einen 9. November hatten.
Ein Jahr. Es zog an mir vorüber. Der Enthusiasmus, die Ideen, der
zähe Anlauf, der Höhenflug. Und der Absturz. Einen Augenblick lang
wünschte ich mir, ich wäre damals in Italien geblieben. Für den
Winter über hätte ich mir eine Wohnung in Mailand mieten können,
Eva hätte mich dann mit Franzi besucht, zu Weihnachten zum
Beispiel ... Warum war ich nicht schon früher darauf gekommen?

Weil ich den Kontakt zu Berlin nicht verlieren wollte?

Den hatte ich jetzt! Ich saß auf meinem Berliner Sofa und wartete ab, wer schneller sein würde: Die Polizei mit dem Haftbefehl, oder die Auftragskiller der Mafia.

Immerhin war ich noch frei. Jeden Tag, den ich tagsüber bei meinen Mitarbeitern und abends bei Eva und Franzi verbringen konnte, sollte ich als Geschenk des Himmels betrachten. Und UNITEQ war noch nicht besiegt. Noch nicht!

Wahrscheinlich sollte ich auch gleich nach einem neuen Standort suchen und nicht nur nach einem neuen Warenlager. Im EAB war die Luft reichlich schal geworden. Abgestandene Luft bekam so einem feinen Kunstwerk wie UNITEQ ganz und gar nicht.

Ungeduldig riss ich den Umschlag auf. Der Brief kam aus Kielce und war an mich persönlich gerichtet. Aus diesem Grund wohl war dem Schreiben auch eine deutsche Übersetzung beigelegt worden. Eine Woche war seit meinem Notruf an Valentin vergangen, und seitdem hatte ich nichts mehr von ihm gehört.

In der Botschaft hatte ich ihn jedenfalls nicht erreichen können. Ich faltete das mehrseitige Schreiben auseinander. Es war offenbar von Herrn Vinnitski selbst verfasst worden.

Er schrieb, dass ihm vor wenigen Tagen erst zu Ohren gekommen sei, dass es Missverständnisse im Beschreiten des Kommunikationsweges gegeben habe, was er außerordentlich bedaure. Er werde eigens dafür Sorge tragen, dass unsere Beziehungen durch keinerlei Unstimmigkeiten mehr gestört würden. Natürlich sei er in Anbetracht der Sachlage gezwungen, den vorgesehenen Rechtsweg einzuschlagen, wovon seine persönliche Wertschätzung mir gegenüber aber völlig unberührt bliebe.

Ich war sprachlos. Wenn das Valentins Werk war, musste ich mir mehr als ein paar nette Worte einfallen lassen, um mich zu bedanken. Als ich dann den Anhang des Schreibens durchlas, stieß ich noch auf einen anderen Aspekt: Die von Acumen erwartete Ware war tatsächlich von Martronik geliefert worden - in das Zollfreilager Warschau. Für die Herausgabe wäre die Bestätigung, dass die Ware bezahlt sei, erforderlich gewesen. Die konnten die Ungarn natürlich nicht liefern. Durch die Tatsache aber, dass die Ware vorhanden war, hoffte ich, die Justiz überzeugen zu können, dass ich kein Scheingeschäft geplant hatte.

Gleich am nächsten Tag flog ich nach Wien.

Herr Kertész hatte für mich ein Zimmer in einem Hotel am Stephansdom reserviert, ein herrliches Zimmer mit grandioser Aussicht, doch dafür hatte ich im Moment kaum einen Blick übrig.

Ich wollte sofort mit András Kertész sprechen, wollte ihn überreden, die Ware an Acumen freizugeben. Dann hätte mir Acumen eine Bescheinigung über den Erhalt der Ware ausstellen können. Ich hätte den Beweis für meine Unschuld gehabt, den ich der Justiz erbringen musste. Sonst, das hatte mir der Staatsanwalt unmissverständlich klar gemacht, würde das Prinzip 'Im Zweifel gegen den Beschuldigten' zur Anwendung kommen.

Vor dem Büro der Martronik-Vertretung stieß ich beinah mit drei Herren zusammen, die mit mir gemeinsam durch die Tür traten.

„Was für ein Zufall", begrüßte mich Herr Kertész auf Deutsch und die anderen Herren auf Russisch. Ich blinzelte etwas überrascht und wurde dem Enkel von Leonid Breschnew vorgestellt.

Überschwänglich schüttelte er mir die Hand. „Endlich, endlich lerne ich den Geschäftsführer der Firma UNITEQ kennen!"

Ich hatte das Gefühl, neben mir selbst zu stehen, während er mir seine Geschäftsidee erläuterte:

"Wir gründen eine Versicherung. Eine die ganze Sowjetunion betreuende Versicherung. Sie steuern das Know-how bei, und ich ebene die Wege in der Bürokratie."

Kein Ausländer könne ohne einheimische Hilfe mit der sowjetischen Bürokratie fertigwerden. Das glaubte ich ihm gern. Ich hätte ihm auch nicht erzählen können, dass ich nichts vom Versicherungswesen wüsste. Es hatte ja eine Zeit gegeben, in der ich auch nichts vom Lebensmittelgeschäft wusste.

Ich beschrieb dem Enkel von Leonid Breschnew die Situation von UNITEQ. UNITEQ, die Firma, die einst alle Wünsche erfüllte und nun zu Boden geworfen wurde. Enttäuscht über meine eingebüßte Handlungsfähigkeit, und vielleicht auch angeregt durch die prominente Persönlichkeit, wurde meine Schilderung unversehens blumiger. Ich scheute nicht mehr den Vergleich von UNITEQ mit einem Schmetterling, dem die Flügel auf ein Brett gespießt wurden. Dann hielt ich ein und seufzte. Der Enkel von Leonid Breschnew nickte und seufzte ebenfalls. Seine Begleiter zogen die Luft durch die Nase und atmeten schwer aus. Wir schauten uns betreten an und mir entfuhr ein weiterer Seufzer. Die Gäste aus Moskau nickten vielsagend und der Enkel atmete tief durch. András Kertész schenkte uns allen einen Wodka ein.

Die russischen Besucher verabschiedeten sich von uns, sie hatten noch andere Termine vor sich.

Ihre stumme Sympathiekundgebung hatte mir gut getan, wenn sie mir auch nicht viel nützte. Ich bot Martronik zur Sicherheit die 4,5 Millionen vom alten Festgeldkonto an, die ich über UNITEQ wieder herausgewirtschaftet hatte, und eine Zugriffsberechtigung auf das noch gesperrte Konto in Höhe des ausstehenden Betrages. Dieser wäre dann automatisch nach der Freigabe überwiesen worden.

Es folgten stundenlange Telefonate nach Budapest. Doch selbst die Aussicht auf den beträchtlichen Zinsgewinn konnte die Direktoren von Martronik nicht erweichen. Sie müssten hart kalkulieren, sagte Herr Kertész, und sähen in meinem Angebot zu viele Unsicherheitsfaktoren.

Er legte mir die Hand auf die Schulter. „Sie dürfen das nicht persönlich nehmen."

„Das sagt sich leicht."

„Ich weiß. Kommen Sie, ich habe noch eine Überraschung für Sie. Kommen Sie mit in mein Büro."

Herr Kertész führte mich durch einen größeren Raum, in dem die Angestellten der Martronik-Vertretung arbeiteten. Die Bürotür ließ er so weit offen stehen, dass man gut den rückwärtigen Raum überblicken konnte.

„Sehen Sie den Mann am zweiten Tisch neben dem Fenster?" fragte er mich flüsternd.

„Meinen Sie den mit dem beigefarbenen Anzug und dem orange-kariertem Hemd?"

„Genau den."

Ich betrachtete mir den Herrn genauer. Er hatte schulterlange Haare, war von kräftiger Statur, doch seine Haltung wirkte total verkrampft, obwohl er mit dem Gesicht fast auf der Tischplatte lag. Er schlief aber nicht, im Gegenteil, er arbeitete ziemlich verbissen. Sein Ausdruck war düster und gleichzeitig sehr bemüht.

„Was ist mit ihm?" fragte ich Herrn Kertész.

„Das ist Herr Kazimir. Er arbeitet seit vierzehn Tagen bei uns. Ich habe ihn abgeworben. Nun raten Sie mal, von wem!"

„Keine Ahnung."
„Von Dracula."
„Nein!"
„Herr Kazimir besucht gern teure Bars. Bars, in denen halbnackte
Frauen zum Trinken animieren. Dort sahen wir ihn einsam auf einem
Hocker sitzen, denn Herr Kazimir hatte kein Geld. Das machte ihn
unglücklich. Wir luden ihn ein, und er war überaus glücklich. Wir
kamen ins Gespräch. Dabei stellte sich heraus, dass er mit seinem
Chef sehr unzufrieden war. Riskante Jobs für wenig Geld, das gefiel
ihm gar nicht. Ich bot ihm an, bei mir zu arbeiten. Als er mitbekam,
dass er nichts Illegales mehr tun musste und obendrein noch mehr
Geld bekam, konnte er sein Glück gar nicht mehr fassen. Er kann es
immer noch nicht."
„Unglaublich ... Hat er denn auch etwas über seinen Chef erzählt?"
„Das ergab sich mit der Zeit, ja. Jetzt halten Sie sich fest. - Der Kerl
heißt tatsächlich Dracula. Dracula Vnukovic. Er ist vermutlich Serbe
oder Mazedonier. Dieser Name soll in Jugoslawien gar nicht so
selten sein."
„Aha ... und ich dachte, er sei Rumäne. Weiß nicht, wie ich darauf
gekommen bin..."
"Dracula hängt wahrscheinlich auch in der sogenannten Jugo-Mafia
mit drin und in diversen Fingerbrecherbanden."
„Das sind ja kuschelige Aussichten. Gibt es eine Chance, den jemals
wieder loszubekommen?"
„Der größte Trumpf dieser Leute ist ihre Anonymität. Typisch sind
diese Scheinadressen wie hier in Wien, die schnell gewechselt
werden können. Aber von Herrn Vnukovic wissen wir ja nun, dass er
im Besitz einer griechischen Firma namens Maco-Export ist.
Registrierter Sitz ist Saloniki. Das ist seine legale Fassade.
Südfrüchte, Nüsse, Oliven."

In der Schlinge

Mit dieser Information flog ich nach Berlin zurück.
Noch bevor ich mein Köfferchen auf dem Schreibtisch abgestellt
hatte, wurde mir der Hörer gereicht. - „Der sowjetische Botschafter."
„Wer bitte?"
„Hier am Apparat! Du kannst ihn nicht warten lassen!" „Ich kann
doch kein russisch!"
„Er spricht doch deutsch."
Zitternd nahm ich den Hörer an mich: „Exzellenz?.."
„Wir haben Kenntnis über Ihre geschäftlichen Schwierigkeiten
erhalten. Daraus ist für einige sowjetische Firmen ein erheblicher
Nachteil entstanden. Sehen Sie noch eine Möglichkeit, Ihren
vertraglichen Verpflichtungen gegenüber der Firma Acumen
nachzukommen? Herr Vinnitski befindet sich in einer schwierigen
Situation. Herr Vinnitski und seine Familie."
Was das hieß, wusste ich inzwischen. Durch den Botschafter erfuhr
ich, dass Acumen seinen gigantischen Warenberg zum
Weiterverkauf bestellt und von den sowjetischen Firmen auch schon
kassiert hatte. Die wiederum wurden nun ungeduldig, weil die Ware
ausblieb.
Stundenlang überlegte ich, auf welchem Wege ich noch zum
Direktor von Martronik vordringen könnte. Was immer mir auch
einfiel, es erschien aussichtslos. Ich hätte nicht einmal garantieren
können, dass der Staatsanwalt das Geld nach einer erfolgten
Lieferung an Acumen freigeben würde. Ich konnte nur hoffen, dass
wir den Betrag für Martronik so schnell wie möglich erarbeiten
würden.

Inzwischen war es Dezember geworden. Die Bestellungen der
Westgruppe nahmen an Umfang zu. Dank unserer ausgeklügelten
Einkaufspolitik und des rationalisierten Abrechnungssystems, das wir
für die Sachbearbeiterinnen in Wünsdorf entwickelt hatten, war der
Versorgungsabteilung dieses Jahr mehr Geld als erwartet
übriggeblieben. Das kam nun dem Weihnachtsgeschäft zu Gute, wir
bestellten für die Soldaten Stollen, Gebäck und Glühwein. Herr

Meyer, unser Spezialist für die Landwirtschaft, begann wieder mit seinen Rundreisen in die LPGs, um die Qualität der Gänse zu prüfen. Bei dem Federvieh konnten wir wählerisch sein, denn was wir im gewünschten Umfang nicht in den neuen Ländern bekämen, würden wir in Polen bestellen können.

Wir waren alle wieder so mit Arbeit eingedeckt, dass ich nur beiläufig von einer Ergänzung zu der schildbürgerhaften „Bekanntmachung zur Abwicklung der Ausfuhren" vom 16. Oktober hörte. Mit dieser Ergänzung war es dem Bundeswirtschaftsministerium nun schließlich doch noch gelungen, ein Anliegen in Worte zu fassen, das ihm seit Monaten am Herzen lag: Der Export in den RGW auf XTR-Basis war, drei Wochen vor dem Austritt der neuen Länder aus dem östlichen Wirtschaftsverband, nur noch für Waren gestattet, die im Beitrittsgebiet hergestellt wurden.

Am Morgen des 16. Dezember erschien ein Bote des Landgerichtes Berlin bei UNITEQ und fragte nach dem Geschäftsführer. Ich bat ihn Platz zu nehmen, doch er wollte seine Botschaft lieber im Stehen verkünden.

„Ich habe einen Arrestbefehl für Sie."

„Wie bitte?"

„Einen Arrestbefehl!"

„Das heißt, ich bin verhaftet?"

„Nicht Sie. Ihre Firma. Sie unterliegt von jetzt an einem dinglichen Arrest."

„Und was heißt das?"

„Das heißt, das sämtliche Konten, alle Gelder und Einnahmen, die Sie jetzt haben und künftig haben werden, beschlagnahmt sind."

„Darf ich meinen Anwalt anrufen oder ist das Telefon auch beschlagnahmt?"

„Das Telefon nicht, nur das Geld, mit dem Sie die Gebühren bezahlen müssten."

Der Anwalt war außer sich. „Das ist ein Rechtsbruch, ein eklatanter Rechtsbruch! Vor der Verhängung eines dinglichen Arrestes müssen beide Teile vor Gericht gehört werden. Erst dann kann so etwas überhaupt ausgesprochen werden!"

Ich nahm diese Information teilnahmslos auf, die Worte des Anwalts rauschten an mir vorbei. Mir war es völlig egal, ob dieser Schritt rechtmäßig war oder nicht.

Auch als wir dem Richter gegenübersaßen, empfand ich mich als Statist, dessen Anwesenheit ohne jegliche Bedeutung war. Ich sah mich als einen Tropfen Öl, der die Räder der Justiz am Laufen hielt, der es Richtern und Staatsanwälten ermöglichte, geschäftig zwischen Sitzungssaal und Büro hin- und herzueilen, in überlegener Pose zu lächeln und die Hände vornehm an den Fingerspitzen zu falten. Und so zu tun, als würde eine Entscheidung im Nachhinein erwogen.

„Der Arrestbefehl wurde auf Veranlassung der Deutschen Außenhandelsbank ausgestellt, die vorgibt, von der Firma UNITEQ betrügerisch geschädigt worden zu sein."

„Ich konnte die DABA nicht betrügerisch geschädigt haben", antwortete ich lustlos, „weil ich zu ihr keine Geschäftsbeziehungen hatte und unter den Umständen, unter denen wir arbeiteten, auch gar nicht haben konnte. Ich hatte das bereits mehrmals angegeben."

„Darauf nimmt die DABA auch Bezug. Sie gibt vor, dass die Firma UNITEQ und der AHB ECB Komplizen waren. Der Verdacht bezieht sich unter anderem auch auf ein von Ihnen eingereichtes Besprechungsprotokoll eines Herrn Weimar."

Wessen Verdacht? Der des Richters? Der der DABA? Ich wies den Richter darauf hin, dass ich mir das Protokoll besorgt hätte, um die Rechtmäßigkeit unserer Geschäfte zu beweisen.

„Was hat das mit Komplizenschaft zu tun?"

„Die ergibt sich vielleicht aus der Tatsache, dass Ihnen das Protokoll zum Zweck Ihrer Entlastung überlassen wurde."

„Und von welchem Vorwurf hätte ich mich entlasten sollen?"

„Von dem Vorwurf, die DABA betrügerisch geschädigt zu haben, indem Sie sie über die Herkunft der Waren getäuscht haben."

„Dieser Vorwurf ist schon mehrmals widerlegt worden, unter anderem durch die DABA selbst." Ich wies auf das Anschreiben hin, dass parallel zu der Bekanntmachung vom 16.10. das 'Neue und Ergänzende' der Vorschrift betonte.

Der Richter blätterte gelassen seine Akte über die 'Strafsache UNITEQ' durch. „Hier, bitte, hier erklärt die DABA, dass diese Bekanntmachung rein deklaratorischen Charakter gehabt hatte, also eine bereits bestehende Rechtslage noch einmal bekräftigt wurde."

Mein Anwalt verlangte das Blatt zu sehen. „Das ist versuchter Prozessbetrug seitens der Klägerin."

Zum zweiten Mal verlangte er vom Richter eine Erklärung für den Bruch der Rechtsvorschrift bezüglich des dinglichen Arrestes, worauf er wiederum die gleiche Antwort erhielt:
"Bei dem Charakter dieser Fälle, den Summen, die hier im Spiel sind, müssen wir grundsätzlich von Fluchtgefahr und Hinterziehung ausgehen. Bei der erstinstanzlichen Entscheidung werden dann beide Parteien angehört werden."
„Wann wird die zu erwarten sein? 1994? Oder später?" Der Anwalt war in genau den bissigen Ton verfallen, den er mir vor zwei Monaten untersagt hatte. Den Richter konnte er aber damit nicht aus der Fassung bringen.
„In Anbetracht des Zeitdrucks, in dem der Arrest verhängt werden musste, wird ein Termin für die nächsten Wochen anberaumt werden."
Doch selbst wenn ich von diesem Gericht dann Recht bekäme, würde ich jetzt erst einmal die Anwaltsgebühren vorschießen müssen.
„Wieviel werden das sein", fragte ich den Anwalt, als wir das Gerichtsgebäude verlassen hatten.
„In Anbetracht des Streitwertes sind das einige hunderttausend Mark."
„Und wenn ich kein Recht bekäme? Dann hätte ich doch überhaupt kein Geld mehr."
„Dann wäre Ihre geschäftliche Existenz vernichtet. Es dürfte für Sie dann auch kaum noch möglich sein, sich auf irgendeine Weise neu zu etablieren. Was hier vor sich geht, ist mir unbegreiflich. Es werden Firmen vernichtet, um kurzfristig an Gelder heranzukommen."
Ich fuhr zurück zu UNITEQ und versammelte wieder die Mitarbeiter um mich. Diesmal aber nicht, um sie aufzumuntern.
„Wie es aussieht, werde ich die Dezember-Gehälter nicht zahlen können. Wir werden jetzt alles, was in der Firma von Wert ist und sich transportieren lässt, aufteilen, so dass jeder bei Verkauf der entsprechenden Geräte den Gegenwert seines Gehaltes bekommt. Wir fangen am besten mit den Computern an."
Die Aufteilung vollzog sich still und ohne die geringste Form von Streit.
Als sie abgeschlossen war, setzte ich mich an den Schreibtisch, um

ein Telefongespräch zu führen. Ein Gespräch, das ich von einer Stunde auf die andere aufschob.

Beiläufig fiel mir auch ein, dass ich jetzt nichts mehr in der Hand hatte, was ich Martronik bei einer erneuten Verhandlung zur Sicherheit würde anbieten können.

Die Räume leerten sich, und als ich schon glaubte allein zu sein, kam Frau Mielgoß zu mir ins Zimmer. Einen Moment lang blieb sie unschlüssig im Raum stehen, dann zog sie sich einen Stuhl zu mir heran.

„Lassen Sie nicht so den Mut sinken" sagte sie. „Die Kollegen stehen doch alle auf Ihrer Seite. Ich weiß, dass das für Sie jetzt fürchterlich ist, aber wir kennen sowas ja von früher. Das ist für uns nicht neu. Da hat sich ja nicht viel geändert. Sie dürfen einfach nicht aufgeben. Auf keinen Fall! Gehen Sie am besten nach Hause und ruhen sich aus. Morgen wird Ihnen bestimmt eine Lösung einfallen" Ich versprach, ihren Rat zu befolgen und gleich nach Hause zu fahren. Als sie gegangen war, wählte ich die Nummer von Generaloberst Malewitsch.

Er begrüßte mich mit „Nun, wie geht es?", dem deutschen Satz, den er gelernt hatte, als er bei mir zu Besuch war, dann schaltete er seinen Adjutanten zum Übersetzen ein. Ich erzählte, wie die Dinge standen.

„Was ist mit den Gänsen?", wurde ich gefragt, als ich geendet hatte.

„Die gibt es nicht."

„Was ist mit..."

"Es gibt weder Gänse noch Kartoffeln. Weder Milch noch Brot. Und auch kein Eier mehr. Und auch kein Backpulver zum Selberbacken."

Der Generaloberst sagte einen Satz auf Russisch, einen heftigen, lauten Satz. Dann legte er auf.

Ich war froh, dass mich niemand in dem Zustand sah, in dem ich mich in diesem Augenblick befand. Jetzt war ich auch in den Augen der Westgruppe zum Betrüger geworden, oder - da ich ihnen finanziell nichts schuldig geblieben war - zum Hochstapler. Einem, der Vertrauen ausgenutzt und Vorfreude erzeugt hatte, die er nicht einlösen konnte.

Als ich aufstehen und gehen wollte, wurde mir schlecht. Ich musste mich wieder setzen. Das war nicht mehr nur der Magen, das waren Kopf, Gelenke und Atemwege, die sich in einem universellen

Schmerz vereinten. An Autofahren war nicht mehr zu denken. Ich musste ein Taxi bestellen.

Eine halbe Stunde später gab der Pförtner mir telefonisch Bescheid, dass das Taxi am Haupteingang wartete. Ich schlich über das unbeleuchtete Werksgelände und stolperte über ein in die Höhe ragendes Rohr. Als ich das Werkstor schließlich erreichte, war das Taxi wieder abgefahren. Der Pförtner bestellte ein neues.

Dann begann er, zu erzählen.

Niemand außer ihm selbst wusste wahrscheinlich, wann er sich zum letzten Mal mit einem anderen Menschen unterhalten hatte. Ich vermutete, dass es schon Monate her gewesen war. Er erzählte mir, wie idyllisch es früher in der DDR gewesen sei, früher, bevor 'wir' uns breit gemacht hätten. Das Leben hatte noch einen Sinn gehabt. Er zum Beispiel war als junger Mann am Aufbau der Hochhäuser am Straußberger Platz beteiligt gewesen. Dafür hatte er auch eine Wohnung in der Marchlewskistraße zugewiesen bekommen. Mit matter Stimme sagte ich ihm, dass ich die Hochhäuser am Straußberger Platz sehr schön fände.

Er nickte und zündete sich seinen erloschenen Stumpen wieder an. „Und jetzt? Ein Geschäft nach dem anderen macht auf der Karl-Marx-Allee zu." Selbst das Restaurant Warszawa, in dem er seine Verlobung gefeiert hatte, würde nun bald schließen.

Warum denn niemand mehr hinginge, fragte ich ihn.

„Weil ... weil die jungen Leute das heute nicht mehr ... schick finden!" Endlich, endlich kam das neubestellte Taxi.

Zwei Möglichkeiten sah ich vor mir, wenn ich davon ausging, dass ich von der Justiz keinerlei Rechtsprechung mehr zu erwarten hatte: Die eine hieß - Aufgeben. Aufgeben und UNITEQ unter einem explosionsartig wachsenden Schuldenberg ersticken lassen. Die Alternative bestand in der Anpassung an die staatliche Rechtspraxis. Rückblickend sah ich mich geradezu als ein Muster an Solidität und blauäugig praktizierter Offenheit. Wie einer, der sein Vermögen in der durchsichtigen Plastiktüte mit sich trägt, als Anreiz für Räuber aller Art. Von dieser Form der Transparenz würde ich mich verabschieden müssen, wenn ich überleben wollte.

Ich hatte eine Vielzahl interessanter Leute im Ostteil der Stadt kennengelernt, Bekannte von Mitarbeitern der Projektgruppe, die mich eingeladen hatten, in die Wohnung, auf die Datsche, und wenn immer ich die Zeit gefunden hatte, war ich diesen Einladungen gefolgt. In Gedanken ging ich alle durch, an die ich mich erinnern konnte und blieb bei Claudia hängen. Sie gehörte zu den wenigen DDR-Menschen, die nicht abwarten wollten, was die Zukunft ihnen bringen würde. Das wäre ihr auch schlecht bekommen. Als gelernte Textilrestauratorin hatte sie in einem Museum gearbeitet, zu einem Lohn, der nach der Vereinigung unterhalb des Sozialhilfesatzes gelegen hätte.

Sie hatte aber sehr schnell eine Marktlücke entdeckt. DDR-Bürger liebten Wandbehänge; vorzugsweise mit Motiven von Kranichen, Hawaii-Tänzerinnen und Silhouetten der Prager Burg. Schmuckstücke also, die im Westen seit dreißig Jahren nicht mehr hergestellt wurden.

Claudia hatte ihren Job im Museum gekündigt und betrieb seitdem eine gut florierende Restaurationswerkstatt für eben diese Wandbehänge. Als sicht- oder vielmehr hörbares Zeichen ihres Erfolgs hatte sie sogar einen Telefonanschluss in der Werkstatt. Claudia war eine sehr attraktive Frau, die mit ihrem Mann in Scheidung lebte. Meine Bewunderung hatte sie zwar wahrgenommen, aber mit einer unmissverständlichen Ablehnung beantwortet. Es kostete mich eine gewisse Überwindung, sie jetzt in ihrer Werkstatt anzurufen.

Zu meiner großen Erleichterung ersparte sie mir alle mühsam zurechtgelegten Entschuldigungsfloskeln. „Ja sicher erinnere ich mich an Sie! Wie geht's Ihnen denn? Möchten Sie einen Wandbehang mit Computer-Motiven bestellen?"

„Lieber einen mit Friedhofs-Motiven. Ich muss dringend mit Ihnen sprechen, es geht um eine geschäftliche Angelegenheit." Als Treffpunkt schlug ich das Restaurant Warszawa vor. Sie war bereit, für mich ein Konto auf ihren Namen zu führen. Wir saßen in dem Restaurant, in dem der Pförtner seine Verlobung gefeiert hatte und prüften nochmals jeden einzelnen Punkt der Abmachung. Doch wir fanden keinen Aspekt, der sie hätte gefährden können. Sollte die Polizei jemals dahinter kommen, dann hätte sie einfach meine Geschäftsverbindungen übernommen. Niemand konnte eine Restaurateurin hindern, Computer in das Beitrittsgebiet zu verkaufen. Die Exportgeschäfte würde ich von ihr fernhalten, da musste ich mir noch etwas anderes ausdenken.

Den Absturz ins Nichts hatte ich aber erst einmal verhindert. Einige unbedeutende Sümmchen würde ich in die beschlagnahmten Konten einlaufen lassen, damit sich niemand darüber wunderte, warum wir bei UNITEQ überhaupt noch beisammensaßen und hin und wieder einen Brief öffneten.

Ich rief in der Firma an, um zu erfahren, was es neues gäbe und musste mir mitteilen lassen, dass Igor wieder aufgetaucht sei.

Der Mann hatte mir jetzt noch gefehlt! Als er mit seinen Antiquitäten-Fotos abgezogen war, hatte ich gehofft, ihn ein für alle Mal verprellt zu haben, doch da hatte ich mich geirrt. Bei seinem letzten Besuch vor vier Wochen hatte er mir Arzneimittel aus dem Afghanistan-Krieg andrehen wollen, die ich nach Afrika verscheuern sollte. Tabletten, die gegen Typhus bestimmt sein sollten, aber das wusste er selbst nicht genau. Die Schachteln waren mit russischem Aufdruck versehen, enthielten kein Haltbarkeitsdatum und selbstverständlich auch keine weiteren Informationen. Es könne doch, so Igor wörtlich, „kein Problem für Sie sein, neue Verpackungen zu organisieren". Dass ich dieses 'Geschäft' wie alle anderen zuvor auch abgeschlagen hatte, schien ihn nicht besonders zu bekümmern. Der Knabe machte mich ratlos, ich hatte keine Idee, wie ich ihn loswerden könnte.

Leider konnte ich ihn auch nicht einfach ignorieren. Valentin hatte mir geraten, ihn nicht allzu schroff zu behandeln, und genau das sagte mir auch mein Instinkt.

An diesem Nachmittag hatte er einen riesigen Koffer bei sich. Ich fragte mich, wie er dieses Gerät überhaupt in die UNITEQ-Räume transportiert hatte. Sein Blick war ungewohnt ernst, ja geradezu besorgt.

„In vier Wochen läuft das Ultimatum an Saddam Hussein ab, wissen Sie das?"

„Ja."

„Glauben Sie, dass er sich bis dahin aus Kuwait zurückziehen wird?"

„Ich hoffe es."

„Sie hoffen es. Da sind Sie aber so ziemlich der einzige. Keiner, der Saddam kennt, glaubt das."

„Was wollen Sie damit sagen?"

„Das es bald Krieg gibt. Einen richtigen Krieg! Haben Sie mitbekommen, was Saddam den Israelis gedroht hat? Einen Giftgas-

Angriff! Und seine Drohungen hat er bisher immer wahrgemacht. Was sagen Sie dazu?"

„Ich hoffe, dass er daran gehindert wird."

„Und wenn nicht?"

„Igor! Worauf wollen Sie hinaus? Dieser Gedanke ist für mich grauenhaft. Ich kann mir das einfach nicht vorstellen!"

„Hoffen und Vorstellen nützt den Israelis überhaupt nichts. Sie versuchen im Moment, überall auf der Welt Gasmasken einzukaufen. Das ist schwieriger als Sie denken, denn sie müssen ja nicht nur sich selbst, sondern auch die Araber auf der Westbank damit ausrüsten."

„Was schlagen Sie mir vor?" Igor stand auf und öffnete den Koffer. Er war vollbepackt mit Gasmasken. Graue Gasmasken mit transparentem Augenschutz und einem metallenen Filter für die Atmung. In ihrer sorgfältig geordneten Reihung sahen sie aus wie zusammengefaltete Totenköpfe.

„Das ist ein Musterkoffer der Roten Armee. Sie können einen umfangreichen Posten davon bekommen."

„Warum verkaufen Sie die Gasmasken nicht direkt an Israel?"

„Weil wir noch keine offiziellen Beziehungen unterhalten."

„Noch keine offiziellen ... Ich habe überhaupt keine Kontakte nach Israel. Die Sowjetunion unterstützt die UNO-Beschlüsse gegen den Irak und könnte die Gasmasken Israel über ein Drittland zukommen lassen."

„Viel zu kompliziert. Sie als Einzelperson könnten die Kontakte sofort herstellen. Ich könnte ihnen eine Telefonnummer geben ... über den Preis würde man sich einigen, wichtig ist nur, dass im Voraus bezahlt wird." Das war also der Grund für die Hilfsbereitschaft! Ich hatte mich schon gewundert, dass ein Zeitgenosse wie Igor plötzlich um Israel besorgt war.

„Gut!", sagte ich, „private Telefonnummern können wir hier aus dem Spiel lassen. Ich werde bei der Botschaft nachfragen..."

"Der Botschaft?"

„Bei der israelischen Botschaft. Wenn Interesse besteht, beantrage ich eine Exportgenehmigung bei den deutschen Behörden und dazu brauche ich eine informelle Erlaubnis der Roten Armee. Das dürfte kein Problem sein, zur Heeresspitze der Westgruppe habe ich ja gute Kontakte, wie Ihnen bekannt sein dürfte."

„Die Heeresspitze einschalten? Und dann die deutschen Behörden? Wissen Sie, wie lange ein sowjetischer General braucht, um eine Entscheidung zu treffen?"

Das wusste ich nicht, doch dafür wusste ich jetzt, was es mit den Gasmasken auf sich hatte. Sie sollten diskret aus den Beständen der Roten Armee abgezogen werden. Ich hatte in den letzten Monaten keine Zeit gehabt, mich politisch ausführlicher zu informieren, aber es war mir nicht entgangen, dass zwischen Israel und der Sowjetunion eine vorsichtige Annäherung im Gange war. Und das stieß bestimmt nicht auf Zustimmung aller Fraktionen in Moskau! - 'Gestohlene Armeebestände in Israel aufgetaucht'. Auf solche Anschuldigungen dürften die Israelis nicht gerade versessen sein, nicht vor dem aktuellen Hintergrund.

Während ich noch verzweifelt versuchte herauszufinden, ob dieses Geschäft nun eine Hilfe oder eher eine Belastung für Israel bedeutete, hatte Igor schon begonnen, seinen Musterkoffer auszupacken.

„Zu jeder Gasmaske gehört ein Erste-Hilfe-Gürtel. Diese Tabletten zum Beispiel..."

"Was ist denn das hier?" Ich zeigte auf ein Spritz-Besteck.

„Dazu gehören diese Morphium-Ampullen..."

"Was? Morphium!"

„Als Betäubungsmittel. Gegen Schmerzen nach dem Gasangriff."

„Heißt das, dass die Masken nicht richtig abgedichtet sind?"

„Nein, das heißt es nicht! Der Filter ist nur irgendwann verbraucht. Der Gürtel enthält natürlich auch einen Ersatzfilter. Wollen Sie das Geschäft nun machen, oder nicht?"

„Sie legen mir hier Morphium auf den Tisch, obwohl Sie wissen, dass das gegen das Betäubungsmittel-Gesetz verstößt und fragen mich, ob ich das Geschäft machen will?"

„Dann bleiben Sie doch an Ihrem Schreibtisch sitzen und warten, bis Ihnen das Fell über die Ohren gezogen wird! Ihr Vermögen haben Sie ja schon verloren. Wir könnten so wunderbare Geschäfte machen. Geschäfte, bei denen Sie weit mehr verdienen würden, als mit Ihren Computern."

„Geschäfte, die der Staatsanwalt mir seit zwei Monaten anzudichten versucht. Igor, ich bin nicht der richtige Geschäftspartner für Sie."

„Das habe ich begriffen!"

Wir hatten mein Büro verlassen, die UNITEQ-Leute beugten sich über ihre Arbeit und vermieden jeden Blickkontakt mit Igor. Der hatte schon die Hand an der Klinke zur Eingangstür, drehte sich noch einmal um und rief: „Es gibt andere!"
Das konnte ich nur hoffen. Ich wollte jedenfalls nicht dazugehören. Ich informierte den engsten Mitarbeiterkreis über die neue Kontenregelung, und als ich eine halbe Stunde später wieder mein Büro betrat, lachte mich der halbausgepackte Musterkoffer an. Ein Gürtel mit Morphium-Ampullen lag quer über dem Schreibtisch ausgebreitet. Und das zu einem Zeitpunkt, an dem die Kriminalpolizei bei UNITEQ ein und ausging! Sie konnte jede Stunde, ja jeden Augenblick wieder da sein. Ich fluchte fürchterlich, als ich die Tür hinter mir zugeschlagen hatte. Wo war ich mit meinen Gedanken gewesen? Bei den Folgen des dinglichen Arrestes, oder vielleicht bei Claudia?
Ich musste diesen Koffer loswerden, soviel stand fest. Als erstes dachte ich an einen der Müllcontainer, die auf dem EAB-Gelände herumstanden. Doch das wäre unverzeihlicher Leichtsinn gewesen, es hätte mich auf direktem Weg in den Knast gebracht. Hunderte von misstrauischen Blicken verfolgten täglich das Geschehen um die UNITEQ-Bastion. Der Koffer wäre nicht lange im Container geblieben. Mit größtem Interesse wäre überprüft worden, was für ein ungewöhnlicher Gegenstand da gerade entsorgt worden wäre. Ich setzte mich und überlegte, und wusste durchaus schon, was ich zu tun hatte. Obwohl ich es gern vermieden hätte. Oder wenigstens aufgeschoben. Doch mit diesem Koffer im Büro ließ sich nichts aufschieben.
Dieser Koffer musste nach Wünsdorf gebracht werden. Dort konnte er natürlich nicht an einem Kasernentor abgegeben werden.
Nein, ich würde mit einem der Generäle von der Heeresspitze sprechen müssen. Gegenstand des Gespräches würde dann nicht nur der Gasmasken-Koffer sein. Ich würde ausführlich klarstellen müssen, dass die Lebensmittel-Lieferungen nicht durch Leichtsinn oder falsche Kalkulation verhindert wurden. Es würde ein sehr schwieriges Gespräch werden.
Gero half mir, den Koffer zum Auto zu transportieren. Wir mussten die Rückbank vorklappen, um das Monstrum zu verstauen.
Ich fuhr langsam und achtete korrekt auf alle Verkehrsregeln. Auf

keinen Fall wollte ich die Aufmerksamkeit eines Staatsdieners erregen. Meine Magenwände begannen, verdächtig zu reiben. Jetzt konnte ich nur hoffen, nicht von einer neuen Magenschleimhaut-Attacke überfallen zu werden.

Acht Tage später, am 27. Dezember, wurde mir der Termin für die erstinstanzliche Entscheidung über den dinglichen Arrest am Berliner Landgericht mitgeteilt. Es sollte der 16. Januar 1991 sein. Am gleichen Tag, an dem ich diesen Termin erhielt, las ich in der Zeitung, dass die DABA (Deutsche Außenhandelsbank) eine Aktiengesellschaft sei und dass 97% der Aktien der Bundesrepublik Deutschland gehören.

Unabhängige Justiz

Ich wusste also, wer mein wirklicher Gegner war, als ich am 16.
Januar zusammen mit meinem Anwalt das Landgericht Berlin betrat.
In der Nacht zuvor hatte der Golfkrieg begonnen, und ich dürfte so
ziemlich der einzige in der Stadt gewesen sein, der mit anderen
Gedanken beschäftigt war. Gegen die Bundesrepublik Deutschland
Recht zu bekommen, hatte ich nicht die geringsten Illusionen, ich
war nur neugierig, welche Groteske nun wieder aufgeführt werden
würde.
Wie aus der Vorstellung der Beteiligten hervorging, bestanden die
Vertreter der DABA alle aus langjährig leitenden Kadern der Bank.
„Kennen Sie den Beschuldigten?", wurden sie vom Richter gefragt.
„Ja, kennen wir."
Ich gab an, die Herren noch nie in irgendeinem Zusammenhang
gesehen, und auch nicht ihre Namen gehört zu haben.
„Wo haben Sie den Geschäftsführer von UNITEQ kennengelernt?",
wurden die Bankleute noch einmal gefragt.
„Nicht direkt ... indirekt ... vom Hören ... vom Lesen ... von unseren
Anwälten ... über den Staatsanwalt..."
Sie wurden gebeten, ihre Beschuldigungen vorzutragen und es
begann die ermüdende Litanei der Vorwürfe und Verdrehungen, die
mir schon bis zum Erbrechen bekannt war.
UNITEQ hätte angeblich für die Exportgeschäfte im Rahmen des
RGWs eine Importlizenz für die Einfuhr der Waren in die DDR
benötigt, die sie aber nicht vorweisen konnte.
Was ich darauf zu entgegnen hätte?
Dass die Vorschrift zur Importlizenz ab 1.7.1990 außer Kraft gesetzt
wurde und es seit März 1990 nachweisbar niemanden mehr gab, der
diese Lizenz erteilte. Ich wies außerdem darauf hin, dass sich
Lizenzen und Zölle immer auf den Zeitpunkt der Lieferung und nie
auf den Zeitpunkt des Vertragsabschlusses beziehen. Damit
erübrige sich die Frage, ob diese Lizenz vor dem 1.7. noch hätte
erteilt werden können. Die Vertreter der DABA wurden gefragt, ob
sie noch weitere Beschuldigungen vorzutragen hätten.
Das hatten sie. UNITEQ solle zum Beispiel gegen die

Devisenbestimmungen der DDR verstoßen haben, da sie vor dem 30.06.1990 mit D-Mark und XTR gehandelt hätte.
Ich entgegnete, dass das völliger Unsinn sei. „Unser gesamter Zahlungsverkehr wurde innerhalb der DDR in Mark der DDR abgewickelt. Und das man mit der Verrechnungseinheit XTR überhaupt nicht handeln konnte, müssten Sie als Leiter der Deutschen Außenhandelsbank eigentlich wissen."
Der Direktor der DABA, wedelte aufgeregt mit dem Zeigefinger. „Sie haben aber Ihre Gewinne in D-Mark gemacht, während wir jetzt auf einem Berg wertloser XTR sitzen!"
„Wertlos? Vierzig Jahre lang basierte der Handel zwischen den RGW-Staaten auf dem XTR-System. Es ist eine Verrechnungseinheit, Herr Direktor, mit der Sie vierzig Jahre lang gearbeitet haben! Außerdem besteht eine Ausgleichspflicht, auf die sich die Bundesregierung ja auch gegenüber der Sowjetunion beruft. Sie fordert von Gorbatschow die Einlösung der XTR in Dollar."
„Der Kurs des XTR zur D-Mark ist aber viel zu hoch. Ein XTR zu 2 Mark 34. Das gibt es doch nicht."
„Dieser Kurs wurde per Einigungsvertrag festgelegt und gilt selbstverständlich beidseitig. Und falls Sie es nicht verstanden haben: Es besteht eine Ausgleichspflicht."
Der Richter hob die Hand und gab zu verstehen, dass auch dieser Punkt für ihn abgehakt sei. Nun brachte die DABA ihr letztes großes Argument vor, mit dem UNITEQ als Betrügerin überführt werden sollte. Wir hätten, so hieß es, in Tätergemeinschaft mit dem ECB die DABA über die Herkunft der Waren getäuscht, die wir exportiert hatten. „Hätten wir gewusst, dass es sich um Waren westlicher Provenienz handelte, hätten wir keine Gelder ausgezahlt."
„Ja, haben Sie denn die Unterlagen nicht geprüft, die Ihnen über den ECB eingereicht wurden?" fragte der Richter.
„Warum? Wir hatten keine Prüfungspflicht."
„Dann können Sie im rechtlichen Sinne aber auch nicht getäuscht worden sein."
„Hm, nun ja..."
Jetzt, davon war ich überzeugt, würden sie gleich den deklaratorischen Charakter des Erlasses vom 16. Oktober betonen. Vorsorglich zog ich schon das Anschreiben aus der Tasche, das die DABA damals an die AHBs geschickt hatte. Der Anwalt dieser

unglaublichen Bank wechselte noch ein paar Worte mit seinem
Direktor und wandte sich dann an den Richter.
„Gelesen hatten wir die Unterlagen natürlich schon. Und daraus ging
hervor, dass man uns über die Herkunft der Waren täuschen wollte."
Sie sollten ein Beispiel nennen, bat sie der Richter.
„Nun, nun ... ah, ja, das Geschäft mit Trest in Leningrad."
An diese Firma hatte ich VW-Busse, Mercedes-Transporter und
Mitsubishi-Telefaxgeräte exportiert.
„Sie hatten geglaubt, dass Mitsubishi eine DDR-Firma sei?"
Die DABA-Männer zuckten mit den Achseln. „Wir konnten nicht jede
Firma in der DDR mit dem Namen kennen. Wir mussten davon
ausgehen, ja."
Der Richter musterte der Reihe nach die Herren von der Deutschen
Außenhandelsbank.
„Sie haben nicht gewusst, dass VW keine DDR-Firma ist?"
„Nein." Der Richter lehnte sich im Stuhl zurück und verkündete seine
Entscheidung.
Unserer Beschwerde wurden stattgegeben, der dingliche Arrest
aufgehoben. Sämtliche Konten waren wieder frei, mit Ausnahme der
57 Millionen, die die Staatsanwaltschaft unter dem Vorwand des
Lieferbetruges beschlagnahmt hatte. Die DABA ging sofort in
Berufung.
Das kümmerte mich im Moment aber nicht. Mein Vertrauen in die
Justiz war wieder hergestellt. Ich hatte gerade erlebt, wie ein Richter
eine grundsätzliche Unterscheidung zwischen Logik und Irrsinn
vorgenommen hatte.
„Den Scherz mit VW hätten sie im eigenen Interesse unterlassen
sollen." Mein Anwalt kicherte, als wir die Treppen des
Gerichtsgebäudes hinabstiegen. „Von so viel Unverfrorenheit hätte
sich jeder Richter beleidigt gefühlt."
Die Berufungsverhandlung fand am 19. April statt. Es war
gleichzeitig die Verhandlung in der zweiten und letzten Instanz zum
Thema „dinglicher Arrest". Die Vorschrift besagte, dass die
Entscheidung während der Verhandlung gefällt werden musste,
unabhängig davon wie lange sie dauerte. Beide Seiten mussten vor
dem Richter gehört werden und konnten bis zum Schluss der
Verhandlung Material vorlegen.
Ich ging optimistisch in diese Verhandlung. Die DABA würde

unmöglich neue Argumente vorbringen können, sie würde lediglich versuchen, geschickter zu argumentieren. Vorschriften und Gesetze, die damals gültig waren, würde sie aber im Nachhinein nicht umformulieren können.

Die 57 Millionen Mark, die ich dringend brauchte, um Martronik auszuzahlen, würden jetzt freigegeben werden. Zweimal war ich noch nach Wien geflogen, um mit Herrn Kertész zu verhandeln, und zweimal war ich vergeblich wieder abgereist. Ihm waren die Hände gebunden, seine Firma hatte keinen Spielraum mehr. Doch jetzt würde sich alles auf dem Rechtswege regeln. Die Justiz war nach der Vereinigung überlastet gewesen, dafür hatte ich plötzlich Verständnis.

UNITEQ war inzwischen umgezogen nach Biesdorf, in das frühere Gelände der Stasi-Versorgungseinrichtung. Wir hatten es ohne Probleme mieten können, es war ein Gebiet ohne Alteigentümer-Ansprüche. Dort waren wir unbehelligt von missgünstiger Nachbarschaft und schwachköpfigen Lagerleitern.

Es war uns sogar gelungen, neue Kontakte zu Firmen im Beitrittsgebiet aufzunehmen; zu Betrieben, die verzweifelt versuchten, weiter zu produzieren und ihre kaufmännischen Abteilungen einem gewissen Standard anpassen wollten. Diese Abschlüsse konnten aber den Verlust nicht wettmachen, den wir durch die vier Wochen unter dinglichem Arrest erlitten hatten.

Die Beziehungen zur Roten Armee waren fast vollständig zerstört worden. Nach dem Ausfall der Lieferungen hatten die Soldaten kurz vor einer Meuterei gestanden. Erst Wochen später war es mir gelungen, die Generäle zu überzeugen, dass ich sie nicht vorsätzlich im Stich gelassen hatte. Die Lieferaufträge, die wir danach wieder erhalten hatten, betrugen jedoch nur einen Bruchteil des vorherigen Umfangs. Die Westgruppe wurde jetzt von Händlern aus dem Altbundesgebiet beliefert, mit mieser Ware zu erhöhten Preisen. In den LPGs wurden die Kartoffeln inzwischen auf Halden verbrannt, Kühe und Schweine eingeschläfert, und die Eier verfaulten in Kühlhäusern mit abgestellter Kühlung. Derartige Nachrichten bedrückten mich weit mehr als der Gedanke an die DABA. Ich sah keinen Grund mehr, mich vor der Verhandlung in der letzten Instanz zu fürchten. Ich hatte ja alles, was ich zu meiner Verteidigung vorbringen konnte, dargelegt, immer wieder von neuem und zuletzt bei der erstinstanzlichen Verhandlung.

Der Vorschrift entsprechend leitete jetzt ein anderer Richter die Verhandlung. Die DABA-Gesandtschaft stimmte ihr altes Klagelied an, doch diesmal berief sie sich nicht auf imaginäre Gesetze. Im Gegenteil, die Vertreter der Bank betonten, dass es allgemein verbindliche Regeln in der DDR gab, die nicht schriftlich fixiert werden mussten, weil jeder, ausnahmslos jeder sie kannte und sich danach richtete. Es war ein allen verständlicher Ethos, der die Menschen zwischen richtig und falsch unterscheiden ließ, es waren die verbindlichen Richtlinien der sozialistischen Moral. Auf dieser Grundlage konnte jeder jedem vertrauen, so dass Gesetze als Handlungsanleitung in vielen Bereichen überflüssig waren.

Der Richter nickte verständnisvoll. „Sie gingen also davon aus, dass auch der Geschäftsführer von UNITEQ sich danach richten würde."

„Ja, selbstverständlich."

„Und Sie", er wandte sich an mich, „haben mit Ihrem Geschäftsgebaren gegen die Grundsätze der sozialistischen Moral verstoßen."

Mir fiel die Kinnlade herab. Der Richter stammte eindeutig aus dem Westen. Ich konnte auch kein Abzeichen der SED an seinem Revers erkennen. Nur sein mitfühlender Blick ruhte auf den Männern der DABA. Die trugen zwar alle Anzüge und waren vom Alter her ungefähr um die Fünfzig, doch jetzt standen sie vor dem Richter wie Junge Pioniere, die bis zum letzten Tag für den Sozialismus gekämpft hatten und von einem Halunken auf tückischste Weise hereingelegt wurden. Mein Anwalt räusperte sich. „Zur Zeit wird gegen frühere DDR-Bürger ermittelt, die im Sinne der Gesetze der Bundesrepublik Straftaten begangen haben. Würden Sie mir also bitte den Passus im HGB zeigen, der Kaufleute auf die Einhaltung der sozialistischen Moral verpflichtet?"

„Da muss ich aber noch etwas Wichtiges hinzufügen!" rief der Anwalt der DABA. „Das XTR-System hat schließlich Subventionscharakter gehabt. Die Geschäftsleute, die in dieses System eingedrungen sind, haben sich auf Kosten des deutschen Steuerzahlers bereichert."

Ein cleverer Schwenk, wie ich zugeben musste. Von der sozialistischen zur nationalen Moral. Damit war der Anschluss an den Zeitgeist hergestellt.

„Ich würde", sagte ich, „zur Abwechslung gern mal auf ein Faktum hinweisen, Herr Richter. Die Bundesregierung verlangt von den RGW-Staaten den Ausgleich der XTR-Bilanzen in Dollar. Dazu hat sie auch das Recht, denn nach den RGW-Gesetzen besteht eine Ausgleichspflicht überhängiger Beträge in Devisen. Von Subventionierung kann keine Rede sein. Darf ich jetzt fragen, für welche Moralverstöße ich mich noch zu verantworten habe? Habe ich die christliche Moral verletzt? Oder vielleicht die islamische?"
„Nein, nein, nein!" Der Richter schüttelte den Kopf. „Diese Feststellungen dienten lediglich der Beurteilung des Umfeldes. Gegenstand der Verhandlung ist der Vorhalt der Deutschen Außenhandelsbank AG, dass die Firma UNITEQ Waren an die Firma Acumen nicht geliefert hat und deshalb zu Unrecht Gelder als Vorauszahlung erhalten hat."
„Ich konnte nicht liefern lassen, weil die Gelder beschlagnahmt wurden", sagte ich mit dünner Stimme. „Ich habe mit den Firmen Acumen und Martronik ausführlich über die Produktions- und Lieferbedingungen verhandelt. Ich hatte insgesamt fünfzehn Großaufträge im Export bewältigt. Vierzehn davon werden auch heute nicht von der DABA beanstandet, obwohl sich ihr Ablauf in nichts von dem Acumen-Geschäft unterscheidet."
„Welche Unterlagen können Sie zu Ihrer Entlastung vorlegen?"
„Alle Unterlagen, die zu meiner Entlastung dienen könnten, wurden beschlagnahmt."
„Kopien vielleicht?"
Ich stöhnte auf. „Hätte ich gewusst, dass die Unterlagen beschlagnahmt würden, hätte ich natürlich Kopien gemacht. Lassen Sie sich doch bitte die Unterlagen von der Staatsanwaltschaft zeigen!"
„Ich muss heute noch eine Entscheidung treffen und da kann ich mich nicht auf Beteuerungen stützen, sondern nur auf Beweismaterial. Da das nicht vorliegt, schlage ich Ihnen einen Vergleich vor."
„Das käme einem Schuldeingeständnis gleich!"
„Ich bitte Sie! Sie sind Kaufmann. Sie wissen, dass es immer mal strittige Punkte im Geschäftsleben gibt. Die regelt man vernünftigerweise über einen Vergleich. Ich schlage vor, dass Sie sich jetzt mit den Vertretern der DABA an einen ruhigen Ort begeben

und die Sache noch einmal besprechen. Da wir hier im Gebäude leider keinen geeigneten Raum haben, biete ich Ihnen mein Arbeitszimmer an. Dort sind Sie ungestört."
Die Herren von der DABA hatten sich mit ihrem Anwalt auf den Flur zurückgezogen. Mein Anwalt hatte noch einen Anruf zu erledigen und wollte dann gleich nachkommen. Der Richter drückte mir den Schlüssel in die Hand. „Ich habe leider nicht genügend Stühle da oben. Sie können sich aber ruhig an meinen Schreibtisch setzen."
Der Raum war nicht groß. Drinnen standen nur ein Schreibtisch und zwei Stühle, die beide hinter den Schreibtisch gerückt waren. Es sah aus, als hätten zwei Personen gerade an einem Schriftstück gesessen.
Ich setzte mich an den Schreibtisch. Er war bedeckt mit Unterlagen. Obenauf lag ein leeres Blatt, das ein maschinenbeschriebenes Papier halb bedeckte. „...enhandelsbank AG" konnte ich lesen. Ich nahm das leere Blatt zur Seite und las den ganzen Text. „Es wird für berechtigt erkannt die Klage der Deutschen Außenhandelsbank AG gegen die Firma UNITEQ".
Ich las das fertig geschriebene Urteil, demzufolge UNITEQ an die DABA die, wie es hieß, strittigen 62 Millionen Mark (von denen uns nur 57 überwiesen worden waren) zusätzlich Zinsen, Anwaltsgebühren und weiteren Kosten zu zahlen hatte. Eine Summe von insgesamt fast 70 Millionen Mark. Allein die acht Millionen Mark Überhang hätten UNITEQ in ihrer jetzigen Lage ein für alle Mal erledigt.
Mein Anwalt kam herein. Ich zeigte ihm das Blatt. „Hier ist das Urteil. Es stand von Anfang an fest. Was sagen Sie dazu?"
„Befangenheit und Verstoß gegen die Prozessordnung, um es mild auszudrücken."
„Können wir den Richter verklagen?"
„Nein. Können wir nicht. Er wird behaupten, dass ein vorformulierter Freispruch an einem anderen Platz gelegen hätte."
„Was soll ich tun?"
„Den Vergleich annehmen. Dann wird, nehme ich zumindest an, niemand das Geld bekommen und die Entscheidung vertagt werden."
Wir verließen den Raum. Die DABA-Vertreter kamen uns entgegen und ihr Anwalt, ein agiler kleiner Mops mit gepunkteter Fliege, trat

auf uns zu. „Dann wollen wir doch mal sehen, ob wir uns nicht doch noch einigen können!"
Wir ließen ihn stehen und suchten den Richter auf. „Sie nehmen den Vergleich an? Dann sind wir ja schneller fertig als erwartet!"
Der Vergleich beinhaltete, dass die beschlagnahmten 57 Millionen Mark auf ein Notarander-Konto eingezahlt werden sollten, um einen späteren Gerichtsentscheid abzuwarten und UNITEQ die Gerichtskosten von zwei Millionen Mark übernehmen musste.
Als Notar für das Notarander-Konto wurde unter vollem Ernst des Richters der Anwalt der DABA bestimmt. Er kassierte für die Übernahme dieses Amtes gleich 170.000 Mark 'Hebegebühr'.

Hoffnungsschimmer

Tagelang versuchte ich, diesen beispielhaften Akt der Rechtspflege zu begreifen. Als ich zur Jahreswende in der Zeitung gelesen hatte, dass die DABA in den Besitz der Deutschen Bundesbank übergegangen war, hätte ich mir selbst in den pessimistischsten Anwandlungen nicht vorstellen können, wie willfährig ein Gericht im Interesse dieser Institution die Paragraphen verbiegen würde. Gegen die Bundesbank war ich offensichtlich rechtlos, und diesen Fakt konnte ich nicht länger ignorieren. UNITEQ konnte nicht mehr mit taktischem Geschick über Wasser gehalten werden, bis sie ihr Eigentum zurückerhalten würde. Ich wusste jetzt, was ich von dem „späteren Gerichtsentscheid" zu erwarten hatte. Die Anwalts- und Gerichtskosten waren nach diesem sogenannten Vergleich schon eine extreme Belastung, nach einer erneuten Verhandlung mit absehbarer Niederlage wären sie das Ende von UNITEQ.
Das war womöglich schon näher, als es auf den ersten Blick noch schien. Die Sparkasse hatte unser Konto gekündigt. UNITEQ bekam von keiner einzigen Bank mehr einen Kredit. Die Erweiterungsbauten auf unserem neuen Gelände am Rapsweg mussten gestoppt werden, und der Abbruch eines Bauvorhabens zog gewöhnlich Folgekosten nach sich, die nicht im Voraus berechnet werden konnten.
Musste ich mich jetzt nicht auch darauf einstellen, dass ich mich jeden Monat für eine neue Beschuldigung der DABA vor einem Gericht zu rechtfertigen hätte? Gründe, die einen verständnisvollen Richter überzeugen würden, fänden sich genug. Denkbar wäre zum Beispiel ein Verstoß gegen die sozialistische Moral durch Erschleichen eines Einreisevisums, sagen wir, im Jahr 1983? Vielleicht, um Komplizenschaften für den späteren Fall der Mauer vorzubereiten? Oder wegen Entfernung einer größeren Menge von XTR vom Konto der DABA durch okkultistische Praktiken? Der Ablauf wäre mir dann schon bekannt: Beschlagnahme, Gerichtskosten, Anwaltsgebühren, Vergleich, „Notaranderkonto".
Zu allem Überfluss wurde mir auch noch eine Klage von Henry Klotz zugestellt. Er forderte die Zahlung ausstehender Provisionsgelder

aus dem Acumen-Geschäft. Ja, sollte er doch klagen! Das Geschäft war unrechtmäßig, nach offizieller Lesart. Die Klage würde folglich abgewiesen werden. Schade nur, dass ich nicht Henry Klotz's Gesicht beim Lesen der Gerichtspost würde sehen können!

Ich war bereit, der DABA ihre Beute zu überlassen - wenn sie mich künftig mit ihrer Wegelagerei verschonen würde. Mit diesem, in der Rechtspraxis wohl etwas ungewöhnlichen Einigungsvorschlag wandte ich mich an den Anwalt der DABA. Doch der verwies mich gleich an die Geschäftsleitung, weil er keinen Einfluss auf diese Art von Absprachen nehmen wolle.

Das Gespräch in der Direktionsetage Unter den Linden verlief in einer selbst für mich noch überraschenden Offenheit.

Sie können keine eigenmächtige Entscheidung treffen, beteuerten die beiden Herren von der Geschäftsleitung. Darüber entscheide einzig und allein die Bundesbank und das Bundeswirtschaftsministerium.

Man hätte fast schon Mitleid mit den armen Männern bekommen können. Durften nichts entscheiden, mussten nur den ganzen Tag am Telefon sitzen und Befehle abwarten. Ich fand es schon erstaunlich, dass die Eminenzen in Frankfurt und Bonn ihre Politik von diesen Kretins vertreten ließen.

Eine Politik, die mir schlichtweg undurchsichtig blieb. Warum hatten sie sich so an diesen transferablen Rubeln festgebissen? Was hatte es vor knapp einem Jahr mit der ominösen Anweisung auf sich, die Wirtschaftsbeziehungen zum Osten einzufrieren? Mit der Übernahme der DABA hatte die Bundesbank einen Überschuss von 17 Milliarden XTR übernommen, und im Rahmen einer RGW-Nachfolgeregelung bestand nach wie vor die Verpflichtung zur ausgeglichenen Handelsbilanz. Die osteuropäischen Länder und allen voran die Sowjetunion würden ihr Soll in Devisen oder in Warenlieferungen begleichen müssen. Woraus soll der DABA, der Bundesrepublik, dem Steuerzahler, wie mir vorgehalten wurde, ein Nachteil entstanden sein? Und warum sollte eine Firma, die in den neuen Ländern ein paar Arbeitsplätze garantierte und einigen Betrieben das Überleben ermöglicht hatte, abgemurkst werden? Diese Fragen konnte ich mir täglich stellen, aber ich musste mich vor allem entscheiden, ob ich UNITEQ noch weiterführen wollte.

Wir hatten noch Waren für 5 Millionen Mark im Lager. Der

Inlandsumsatz war in einem kontinuierlichen Anstieg begriffen und
bei den Firmen in der EX-DDR hatten wir einen ausgesprochen
guten Ruf. Unser Ansehen schien sich sogar ständig zu verbessern,
und das nicht nur im Inland. Die Maschinenfabrik TREST in
Leningrad, eine unserer besten Kunden aus der RGW-Zeit, hatte
uns für den Sommer zu einer nicht näher definierten Besprechung
eingeladen. Ich war gespannt, was uns da für ein Geschäft erwarten
würde, das ja nun in Devisen verrechnet werden musste.
Eine Woche nach dem Gerichtsentscheid hatte ich mich mehr oder
weniger wieder gefangen, obwohl ich immer noch nicht wusste,
worin jetzt noch die Perspektiven von UNITEQ liegen sollten. Es war
ein sonniger Vormittag, ich überflog die Geschäftspost und dachte
wehmütig an die Euphorie zurück, die uns im vergangenen Frühjahr
gepackt hatte. Das Telefon klingelte, Achim war am Apparat.
„Na, guten Flug gehabt?", fragte ich ihn. Achim war aus Seoul
zurückkehrt, wo er zusammen mit Herrn Choi Verhandlungen mit
Hyundai geführt hatte. Die Choi & Hofmann GmbH profitierte zur
Freude aller Beteiligten am steigenden Inlandsumsatz von UNITEQ.
Auf meine Frage nicht so ernst gemeinte Frage hin stöhnte er durch
den Hörer:
„Ich hasse Interkontinentalflüge! In Moskau musste ich einen
zweitägigen Zwischenstopp einlegen, weil ich nicht sofort von einem
Foltersessel in den anderen wechseln konnte. Dabei ergab sich aber
ein Kontakt, der dich vielleicht interessieren könnte. Neben mir sitzt
Herr Fürstenberg, der Vizedirektor von Intourist Deutschland. Er
möchte dich gern kennenlernen."
„Er weiß, dass er jetzt in Dollar zahlen muss, wenn er Computer
kaufen möchte?"
„Intourist Deutschland. Der Sitz ist in Ostberlin. Er hat letztes Jahr
alle Computer, die er braucht, gekauft. Schon vergessen?"
„Natürlich nicht. Ich habe heute Nachmittag aber keine Zeit, nach
Schöneberg zu fahren."
„Herr Fürstenberg würde dich gern auch am Rapsweg besuchen."
„Um eine Bauruine zu besichtigen?"
„Du übertreibst. Ihr habt dort mehr Platz als auf dem EAB-Gelände."
„Elpro heißt das jetzt, Elpro AG."
„Ach so? Sollte der Laden nicht mal von Siemens übernommen
werden?"

„Sollte. Die hatten sich aber zurückgezogen. Das Kombinat wurde in eine Aktiengesellschaft umgewandelt, und die Aktien gehören zu 100% der Treuhand, ohne dass sie eine Mark dafür einzahlen musste."
„Ist das denn überhaupt statthaft nach dem Aktiengesetz?"
„Nein. Wieso fragst du?"
„Ja ... Wieso eigentlich?. Egal. Wir kommen vorbei."
Die Lieferungen an Intourist, dem staatlichen Reisebüro der Sowjetunion, waren von Heidi betreut worden, wie ich mich nun wieder erinnerte. Intourist Moskau hatte sich an uns gewandt, nachdem sie von ihrer Zweigstelle in Ostberlin einen Hinweis erhalten hatten. Sie gehörten zu den unkomplizierten Kunden, die sich nach den Beratungen präzis entschieden und die Bestellungen auch nicht ständig änderten. Ich selbst hatte damals keinen einzigen Vertreter von Intourist zu Gesicht bekommen.
Herr Fürstenberg trat unbefangen in unser neu eingerichtetes Besprechungszimmer ein. An seiner Seite wirkte Achim wie der fremde Besucher, der mir gleich vorgestellt werden würde.
Viktor Fürstenberg war ein leicht beleibter Mann über Vierzig und schien sämtliche Merkmale eines Bewohners der Mittelmeerländer in sich zu vereinen. Einen großen Teil seines Lebens hatte er aber, wie ich im Laufe der Begrüßungszeremonie gleich erfahren sollte, in Moskau verbracht, was offenbar auch nicht die schlechteste Schule war, wenn man Anschluss an die richtigen Kreise hatte. Die Freude an gutem Essen und Trinken in möglichst großer Gesellschaft war ihm schon auf den ersten Blick anzusehen.
Herr Fürstenberg ließ seinen Blick durch den Raum schweifen, trat kurz an das Fenster heran und nickte anerkennend.
„Sie haben ja ausreichend Platz hier." Das hörte sich an, wie mit Achim abgesprochen. Worauf wollten die beiden hinaus?
Ich stellte die Wodka-Gläser auf den Tisch und schenkte uns ein.
„Haben Sie Erfahrungen in der Tourismusbranche?" Viktor Fürstenberg stellte mir diese Frage, während er sein Glas hob.
Ich stieß mit ihm an. - „Nur als Tourist."
„Ich verfüge über eine zwanzigjährige Erfahrung in diesem Gewerbe und gehe davon aus, dass Intourist in seiner jetzigen Form nicht mehr lange bestehen wird."
„Und in einer anderen Form?"

„Darüber nachzudenken, weigert sich so gut wie jeder in Moskau, und von deren Entscheidungen sind wir schließlich abhängig. Hier in Berlin wäre es völlig sinnlos, ohne Absprache mit der Generaldirektion irgendwelche neuen Konzepte zu entwickeln. Ich habe daraus jedenfalls meine Schlussfolgerungen gezogen.- Ich werde mich selbständig machen."

„Ich nehme an, Sie haben auch schon konkrete Vorstellungen darüber."

„Ja, selbstverständlich. Was ist das beliebteste Urlaubsziel der Ostdeutschen?"

„Mallorca, würde ich sagen."

„Das war es letztes Jahr. Meiner Einschätzung nach gibt es einen Trend zurück in die traditionellen Urlaubsländer Ungarn und Bulgarien. Die sind billiger als die EG-Länder, und die Ostdeutschen werden dort nicht mehr als Touristen zweiter Klasse behandelt; im Unterschied zu Spanien, wo sie als unterste Gästekategorie angesehen werden. Nach Bulgarien habe ich übrigens hervorragende Verbindungen. Es war ja so ziemlich das einzige osteuropäische Land, wo Intourist nicht unerwünscht war."

„Ich verstehe aber immer noch nicht den Zusammenhang zu UNITEQ."

„Der liegt doch auf der Hand! Ich könnte Angebote zusammenstellen, die preislich unter denen der westlichen Gesellschaften liegen, aber den gleichen Standard bieten. Trotzdem wäre es fraglich, ob eine neue, völlig unbekannte Agentur sich auf dem Markt behaupten könnte. Doch UNITEQ könnte allein schon mit seinem guten Namen werben - und die nötigen Kredite vorschießen."

„Ein 'Reisebüro UNITEQ' ?"

„Vielleicht: 'UNITEQ Holidays'?"

Ich schüttelte den Kopf. Wirklich ernstnehmen konnte ich die Idee noch nicht. Wir probierten verschiedene Slogans aus, und Viktor Fürstenberg bestand schließlich auf „UNITEQ TOURISTIK."

„Hört sich das nicht etwas langweilig an?"

„Nur wenn dieser Name noch nicht bekannt wäre. Aber" betonte er, „das Wort UNITEQ muss unbedingt mit enthalten sein."

Es war schon erstaunlich, wie unbeschadet unser Image die Anwürfe der Justiz überstanden hatte. Östlich des Brandenburger

Tors hatte der Name UNITEQ seinen Glanz behalten. Ich war mir nur nicht sicher, ob ich mich schon wieder auf ein neues Wagnis einlassen sollte.

„So richtig bin ich noch nicht überzeugt, muss ich Ihnen sagen." Viktor Fürstenberg nickte verständnisvoll. „Herr Zonkov, der Direktor des staatlichen bulgarischen Reisebüros TIR, hat mir die Zusicherung seiner Beteiligung gegeben, vorausgesetzt, die Finanzierung ist gesichert. Und das ist sie jetzt. TIR wird also mit von der Partie sein. Ich habe übrigens auch sehr gute Verbindungen nach Griechenland, vor allem aber nach Zypern, in den griechischen Teil, wissen Sie, die unterhielten enge Beziehungen zu den sozialistischen Ländern. Also, ich finde, jetzt, wo alles geklärt ist, bräuchten wir nur noch angemessene Geschäftsräume."

Herr Fürstenberg war aufgestanden und ließ seinen Blick wieder durch das Fenster hinaus über das von ihm so geschätzte UNITEQ-Gelände schweifen.

In diesem Moment kam Frau Mielgoß herein und flüsterte mir aufgeregt zu: „Ein Anruf aus der Schweiz. Der Mann will Sie unbedingt persönlich sprechen."

Ich ging in mein Büro und nahm den Hörer an mich. „Was kann ich für Sie tun?" „Vögeli ist mein Name, Vögeli, Anlagen- und Finanzberatung, Zürich. UNITEQ hat eine Forderung gegenüber der Deutschen Außenhandelsbank, die, wie ich gehört habe, schwer durchzusetzen ist."

„Von wem haben Sie das gehört?"

„Ach, wissen Sie, Zürich liegt nun nicht gerade am Rande der Welt. Solche Sachen erfährt man. Ich hätte auch keine Probleme, diese Forderung durchzusetzen. Ich habe beste Beziehungen, zur Bayerischen Landesbank zum Beispiel, aber auch direkt zum Wirtschaftsministerium in Bonn. Weiter ins Detail möchte ich jetzt nicht gehen, aber für zehn Prozent würde ich Ihnen ihre Forderung abkaufen."

Ich sagte nichts, dieser Vorschlag kam zu unerwartet.

„Zehn Prozent", fuhr er fort, „das wären bei dem vorliegenden Streitwert von rund 60 Millionen ungefähr sechs Millionen Mark."

„Möglicherweise wissen Sie auch, dass ich der DABA schon einen Verzicht auf meine Forderungen angeboten hatte, der auf Weisung des Bundeswirtschaftsministeriums abgelehnt wurde."

„Kann ich mir vorstellen, ja. Die könnten dann bei weiteren
Prozessen keine Folgekosten mehr von Ihnen geltend machen. Aber
in diesem Fall bliebe die Forderung an die DABA ja bestehen. Sie
würde nur an mich übergehen." „Sollten wir uns einigen, wäre ich an
einer sofortigen Barzahlung interessiert."
„Kein Problem."
„Wann und wo kann ich Sie treffen?"
„Ich bin die ganze Woche über in Zürich zu erreichen. Wenn Sie
wollen, können wir morgen schon die Sache zur Unterschrift
bringen."
Mein Anwalt bestätigte mir, dass eine derartige Überlassung völlig
legal wäre. Er konnte sich nur nicht vorstellen, dass jemand bereit
sein sollte, UNITEQ diese aussichtslos erscheinende Forderung
abzukaufen. „Achten Sie unbedingt darauf, dass die Forderung in
vollem Umfang an ihn übergeht! Ich kopiere Ihnen einen
Mustervertrag, mit dem Sie den Entwurf, den dieser Vögeli Ihnen
anbieten wird, vergleichen können."
Als ich mich mit dem Taxi vom Flughafen in die Züricher Innenstadt
chauffieren ließ, verspürte ich große Lust, gleich in den Zug
umzusteigen und ein paar Tage in Italien Urlaub zu machen. In
meinem Häuschen war ich schon eine Ewigkeit nicht mehr gewesen,
und die Vorstellung, wieder mit dem Jeep durch die Bergwelt der
Apenninen zu fahren, war geradezu verlockend. Leider durfte ich
mich jetzt nicht einmal diesen Träumen hingeben. Je näher das Taxi
der berühmten Bahnhofstraße kam, desto größer wurde meine
Skepsis in Bezug auf Herrn Vögelis Angebot. Das Risiko, das er
eingehen würde, war ungewöhnlich hoch, und er musste schon über
außerordentlich gute Beziehungen verfügen, um die deutsche Justiz
in seinem Sinne beeinflussen zu können. Wenn das allerdings der
Fall sein sollte, würde er innerhalb einer zweistündigen
Gerichtsverhandlung mehr als 50 Millionen Mark gewinnen.
Verabredet hatten wir uns in der Lounge des Residenz Hotels. Ich
hatte gerade einen Espresso bestellt, als Herr Vögeli in Begleitung
des Rezeptions-Portiers auf mich zukam.
„Es freut mich, Sie hier in Zürich begrüßen zu dürfen." Seinem
Dialekt nach war er gebürtiger Schweizer, was jetzt noch stärker
auffiel als am Telefon. Von seiner Erscheinung her ähnelte er eher
einem dieser munteren Bayern, die trotz ihrer Beleibtheit flink in

ihren Bewegungen sind und über ein reges Mienenspiel verfügen.
„Hatten Sie einen angenehmen Flug gehabt?", fragte er.
„Ja, ganz normal."
„Direktflug?"
„Nein, ich musste in Frankfurt umsteigen."
„Oh, das tut mir aber leid!"
„Das ist nicht weiter tragisch, der Anschluss war gut. Ich werde leider
heute Abend schon in Berlin zurück erwartet..." Das stimmte zwar
nicht, aber ich wollte gern so schnell wie möglich wissen, woran ich
bei Herrn Vögeli war. „Wenn Sie gestatten, ich habe hier einen
Mustervertrag bei mir, dessen Klauseln meiner Ansicht nach auch in
unserer Vereinbarung enthalten sein sollten."
Herr Vögeli nahm lächelnd das Papier entgegen und legte es
ungelesen auf den Tisch. „Sie sind hauptsächlich an
Direktauszahlung interessiert, wenn ich Sie richtig verstanden habe."
„An einer Barauszahlung, oder -überweisung, letzteres in meiner
Anwesenheit bei der betreffenden Bank."
Herr Vögeli nickte.
„Der entsprechende Wechsel ist bereits ausgestellt."
Ich hatte es geahnt, genau das hatte ich geahnt!
"Eine Barauszahlung heißt bei mir Auszahlung von Bargeld. Es
scheint, dass ich umsonst nach Zürich geflogen bin."
Wir schwiegen uns an, Herr Vögeli nahm seine Brille ab und
massierte sich die Nasenwurzel.
„Bei welcher Bank ist der Wechsel denn gedeckt", fragte ich, um das
Gespräch nicht völlig ersticken zu lassen.
„Bei der Chang-Wang-Bank."
„Wie bitte?"
„Der koreanischen Staatsbank. Sie haben doch selbst umfangreiche
Beziehungen in den Fernen Osten. Da müssten Sie doch wissen,
dass das der zukunftsträchtigste Markt der Welt ist."
Gut informiert war er über mich, der Herr Vögeli, das musste man
ihm lassen.
„Wann wäre der Wechsel denn einlösbar?" fragte ich.
„Darüber würden wir uns einigen."
„Es steht also noch gar nicht fest?"
„Wir werden uns einigen, davon bin ich überzeugt. Sie möchten Ihre
Forderung loswerden, und ich möchte sie gern übernehmen."

Ich stöhnte leise auf. - Er hatte natürlich Recht.

„Na gut, Herr Vögeli. Einer meiner Geschäftspartner sitzt in Seoul. Ich werde ihn jetzt anrufen und er wird sich erkundigen, welche Garantien die koreanische Staatsbank für gedeckte Wechsel gibt."

„Seoul? Nein, nein, Pjöngjang..."

"Herr Vögeli!"

„Die Chang-Wang-Bank ist die nordkoreanische Staatsbank, wenn Sie Wert auf die exakte Bezeichnung legen."

„Das können wir vergessen!"

„Aber hören Sie doch, das Land ist praktisch schuldenfrei! Was heißt das denn schon - kommunistisch. Sie pflegen doch selbst Kontakte zu früheren Kommunisten."

„Auf eine solche Diskussion lasse ich mich überhaupt nicht ein. Und ein Wechsel, der von der nordkoreanischen Staatsbank gedeckt ist, kommt für mich einem Wechsel auf Spielgeld gleich!"

Ich fuhr sofort zurück zum Flughafen, erwischte eine Maschine, die gegen 15.30 Uhr nach Frankfurt abflog und verließ gegen sieben Uhr abends den Flughafen Tegel. Eine halbe Stunde später war ich zu Hause.

Auf dem Anrufbeantworter war dreimal hintereinander Valentins Stimme zu hören. „Ruf mich bitte heute noch an. Es ist dringend. Ich warte in der Botschaft." Ich stellte meine Tasche ab und wählte die Nummer.

„Können wir uns heute noch sehen?", fragte er. „Heute, oder spätestens morgen. Obwohl ich schon nicht mehr weiß, ob ich morgen noch kann."

Ich hatte vier Starts und Landungen hinter mir, wollte nur noch in der Badewanne versinken, anschließend eine Flasche Wein köpfen und mich vom TV-Programm berieseln lassen. Ich wusste aber auch, dass ich bis spät in die Nacht hinein nicht würde einschlafen können. Der Gedanke, nach der Begegnung mit Herrn Vögeli den Abend in der Gesellschaft eines vernünftigen Menschen ausklingen zu lassen, hatte doch schon etwas für sich.

„Okay, Valentin, in einer Stunde dann..."

"Restaurant Moskwa, Karl-Marx-Allee. Dort finden wir sicher einen Platz."

Davon war ich auch überzeugt. Dieses Restaurant war schlecht und

teuer und zehrte mühsam von seinem Ruf aus besseren Tagen. Mit Valentin schien irgendetwas nicht zu stimmen, er hörte sich deprimiert an. Außerdem hatte er seit der Maueröffnung wahrscheinlich kein russisches Restaurant mehr betreten. Er bevorzugte die französisch-elsässische, die spanische, italienische und portugiesische Küche. Sämtlichen russischen Köchen, so betonte er immer, sollte man in diesen Ländern noch einmal ihre Ausbildung wiederholen lassen. Das Restaurant Moskwa war spärlich besetzt, und die Kellner bedachten die wenigen Gäste, die sich hierher verirrt hatten, mit erstaunten Blicken.
Wir wählten beide ein Gericht, das auf der Karte als „ukrainisches Schnitzel" ausgewiesen war.
Valentin warf einen resignativen Blick über die leeren Tische.
„In den ersten Jahren, die ich in Berlin verbracht hatte, konnte man hier wirklich gut essen. Russische Küche, aber verfeinert, nicht so fett wie bei uns zu Hause. Den Abend hier mit Gästen zu verbringen war etwas Besonderes, man musste vorbestellen, es war immer voll bis auf den letzten Stuhl."
„Was ist denn los mit dir, Valentin. Kann ich etwas für dich tun?"
„Nein. Kannst du nicht. Das ist jetzt unser letzter Abend, den wir in Berlin, oder besser gesagt, in Deutschland, zusammen verbringen werden."
„Was sagst du da?"
„Man hat mir zu verstehen gegeben, dass ich innerhalb der nächsten drei Tage Deutschland verlassen soll. Andernfalls würde ich offiziell zur Persona non grata erklärt werden."
Ich rieb mir das Kinn und vollführte noch einige ähnliche Gesten, mit denen ich versuchte, die Fassung zu bewahren.
„Wer hat dir das zu verstehen gegeben?" „Na, die deutsche Regierung. Das Auswärtige Amt."
„Ich nehme an", sagte ich, „dass die sowjetische Regierung jetzt auch alle Mitarbeiter der deutschen Botschaft in Moskau, von denen sie weiß, dass sie für den Bundesnachrichtendienst arbeiten, aufgefordert hat, das Land zu verlassen."
Valentin lächelte mild. „Du hast so eine bestimmte Art von Humor, die mir wirklich gefällt..."
"Dann möchte ich die Frage mal etwas allgemeiner stellen. Hat Gorbatschow denn bei den Verhandlungen irgendeinen konkreten

Vorteil für die Sowjetunion gewinnen können, sieht man mal von ein paar Zahlungsversprechungen ab?"

„Er war vielleicht kein guter Verhandlungsführer, und in euren Helmut muss er sich geradezu verliebt haben. Aber es gab keine Alternative zu ihm. Verstehst du? Keine Alternative. Im Moment allerdings..." Valentin zuckte mit den Achseln, „im Moment lässt er sich offenbar von jedem beschwatzen, der Zugang zu ihm findet."

Die von uns bestellten Gerichte wurden aufgetragen; unter einem Klecks Letscho-Gemüse lugte ein Wiener Schnitzel hervor, die Beilage bestand aus bleistiftharten Pommes und einem Schälchen mit dem geschabten Weißkohl, der in den Supermärkten als 'serbischer Salat' verkauft wird. Dazu tranken wir ein schales Bier. Wir trugen stumm unsere Portionen ab, und während Valentin sich offensichtlich an die gesellschaftlichen Ereignisse in diesem Lokal erinnerte, musste ich an den Septemberabend denken, an dem wir als volltrunkene Jäger mit den Generälen um ein Lagerfeuer tanzten. Er hatte den Kontakt zur Westgruppe eingefädelt, er hatte mich vor der wildgewordenen Acumen- Besatzung gerettet und vermutlich noch vor anderen unliebsamen Zeitgenossen geschützt. Ich konnte mir nicht vorstellen, dass er jetzt einfach die Sachen packen und verschwinden sollte.

Valentin wollte Krimsekt bestellen, aber den gab es nicht. Ich bat um einen georgischen Cognac, worauf der Kellner unwirsch den Kopf schüttelte. „Asbach!", schnauzte er mich an.

„Da haben Sie aber einen edlen Tropfen in Ihr Angebot aufgenommen. Bringen Sie mir doch bitte nochmal die Karte." Wie konnte ich nur annehmen, dass die Geschäftsleitung hier die Zeit verschlafen hätte! Ich bestellte eine Flasche Taitinger, und der schwarz-weiß befrackte Feldwebel entfernte sich irritiert von unserem Tisch.

„Valentin", sagte ich, und dann wusste ich schon nicht mehr weiter. „Hätte ich das zwei Tage vorher erfahren...Ach was soll's! Wir machen jetzt keine Abschiedsfeier. Wir feiern Wiedersehen an einem anderen Ort!" Ich legte ihm den Mercedes-Schlüssel auf den Tisch. „Er steht draußen auf dem Parkplatz. Nimm ihn mit! Er ist nicht mehr ganz neu, fährt aber bestimmt noch drei Jahre. Ich muss übrigens im August nach Leningrad. Von dort aus kann ich sicher einen Abstecher nach Moskau machen."

"Du bist immer eingeladen bei mir. Du kannst mich so oft und so lange besuchen, wie du willst."

Der Abschied von Valentin drückte mir noch mächtig aufs Gemüt, als ich am nächsten Morgen unsere Räume am Rapsweg betrat. Ein gutgelaunter Dieter Leicht eilte mir entgegen und teilte mir mit, dass er ebenfalls als Gesellschafter von „UNITEQ TOURISTIK" teilhaben wollte. Ich würde das mit Viktor Fürstenberg besprechen müssen, sagte ich, dann flüchtete ich in mein Büro und schlug die Hände vor das Gesicht. Ich war mit dem Taxi gekommen und hatte über eine Stunde lang dem dummen Geschwätz des Fahrers und der debilen Moderatorenstimme von irgendeinem Frühstückssender zuhören müssen. Wie halten das einige Leute nur aus, fragte ich mich. In der Elpro gab es Abteilungen, in denen von acht bis sechzehn Uhr solche Dudelprogramme dröhnten. Na schön, das sollte mir egal sein, ich hatte mich um anderes zu kümmern. Dieter Leicht wollte Teilhaber unseres Tourismus-Projektes werden. Das würde nicht erst feierlich mit Viktor Fürstenberg besprochen werden müssen. Ein Kreditgeber mehr konnte nur von Nutzen sein. Allein für das Chartern von Flugzeugen würden wir mindestens 200.000 Mark vorschießen müssen. Und erst in diesem Moment fiel mir auf, dass er extra nach Biesdorf gekommen war, um sein Interesse an der Sache zu bekunden. Er war aufgetaucht wie aus dem Nichts, wie ein Mann, der durch Wände geht, so, wie es schon im alten EAB seine Angewohnheit gewesen war.
Gerade als ich mich erkundigen wollte, wo er sich im Augenblick befand, meldete sich mein Anwalt. „Ich habe für Sie die Erlaubnis zu einer Akteneinsicht bei der Kripo bekommen. Wann hätten Sie denn Zeit?"
Ich hatte sofort Zeit.
Eine knappe Stunde später saßen wir beim Dezernat für Vereinigungskriminalität und blätterten die Akte zur 'Strafsache UNITEQ' durch. Zwei andere Kriminalbeamte arbeiteten im gleichen Raum an eng zusammengerückten Schreibtischen, im Dezernat herrschte ein unübersehbarer Platzmangel. Für uns hatte man die Ecke eines Schreibtischs freigeräumt.
Ich entdeckte das Protokoll der Hausdurchsuchung, dass auch die Empfehlung zu meiner Verhaftung enthielt, dann das Protokoll

meines ersten Besuchs der Kripo.

„Wenn wir alles detailliert durchgehen, „sagte ich zum Anwalt, „dann sitzen wir heute Abend noch hier."

„Geben Sie mal her..." leise murmelnd überschlug er die Seiten im Schnelldurchgang. „Kennen wir schon ... auch bekannt ... das auch."

„Kann man denn davon ausgehen, dass diese Akte vollständig ist?" fragte ich ihn.

„Interner Schriftverkehr zwischen Polizei und Staatsanwaltschaft ist vermutlich entfernt worden, ebenso etwaige Anweisungen übergeordneter Dienststellen."

Die beiden Kripoleute blickten von ihren Tischen auf, ohne jedoch etwas zu entgegnen. Ich blätterte in der Stellungnahme des Staatsanwaltes zum Stand der Ermittlungen. Erstaunt laß ich: „...für die betrügerische Absicht des Woite sprechen auch die beiden handschriftlichen Notizen, die offensichtlich von ihm selbst geschrieben wurden (Anlage 37 und 38)."

Anlage 37 und 38 bestand wirklich aus handschriftlichen Notizen, allerdings war an der unterschiedlichen Handschrift sofort zu erkennen, dass sie nicht von derselben Person stammten. Tatsächlich hatte ich sie beide nicht geschrieben. Bei einer Notiz handelte es sich um ein Gesprächsprotokoll von Gero Deich. Irgendjemand hatte bei uns angefragt, ob wir am Ankauf von nationalen Rubeln (der sowjetischen Landeswährung) interessiert seien. Wir hatten damals abgelehnt, das Geschäft kam nicht zustande. Es wäre auch völlig legal gewesen. Der Staatsanwalt konnte oder wollte wohl nicht den Unterschied zwischen einem nationalen und einem transferablen Rubel erkennen.

Die andere Notiz hatte ich noch nie im Leben gesehen, ich konnte auch nicht ersehen wodurch sie belastend sein sollte.

Warum hatte der Staatsanwalt sich nicht die kleine Mühe gemacht, diese Handschriften mit meiner eigenen zu vergleichen? Es wäre ihm ohne weiteres möglich gewesen.

Auf ca. 30 Seiten war ein Lügengebäude errichtet worden, dass mich fassungslos machte. Wie war denn so etwas möglich? Diese Leute, von denen ich erwartet hätte, sie wollten die Wahrheit ans Licht bringen, waren ganz offensichtlich an der Wahrheit gar nicht interessiert. Die wollten ihren Beschuldigten am Zeuge flicken. Muss man das als Staatsanwalt tun, um Karriere zu machen? Oder ist das mal wieder der „voreilende Gehorsam" eines deutschen Beamten? Die Staatsanwaltschaft beim Landgericht Berlin als Teil der Rechtspflege.

Vor ein paar Tagen hatte ich in der Zeitung gelesen, dass sie total überlastet sei. „Überfordert" wäre das passende Wort gewesen, wie ich jetzt wusste.

„Hier!" rief der Anwalt plötzlich, „die Aussagen von Mitarbeitern der DABA."

Wir beugten uns über das Vernehmungsprotokoll einer Sachbearbeiterin, die häufig die Anträge der AHBs bearbeitet hatte, die unsere Partner gewesen waren. Das Protokoll war nach dem Frage-Antwort-Schema abgefasst und enthielt so aufschlussreiche Passagen, dass ich ohne Rücksicht auf die Polizisten laut zu lesen begann: „Frage: 'Wurde bei der Deutschen Außenhandelsbank geprüft, ob es sich bei den Exportgeschäften um DDR-Waren handelte?'

Antwort: 'Nein, das prüften wir nicht. Dass der Export in die RGW-Länder nur für DDR-Waren erlaubt war, wusste ich nicht. Das ist mir erst heute, während dieser Vernehmung gesagt worden.'"

Wir suchten im Protokoll nach der betreffenden Stelle, aber diese Belehrung tauchte überhaupt nicht auf.

„Mir scheint", sagte ich zum Anwalt, „dass vor der Vernehmung ein Instruktionsgespräch mit der Sachbearbeiterin stattgefunden hat."

„Das aber offenbar nicht perfekt verlaufen war."

„Trotzdem sehe ich hierin den Beweis, dass die Kripo eine Zeugin im Interesse einer Partei beeinflusst hat, und dass im entscheidensten Punkt des ganzen Streitfalls."

Die Beamten im Raum hatten wieder ihre Arbeit unterbrochen. „Ist das Ihre übliche Methode", fragte ich sie, „oder machen Sie das nur auf besondere Anweisung?"

Der Ältere von ihnen hob abwehrend die Hand. „Ich habe mit Ihrem Fall nichts zu tun! Beschweren Sie sich an anderer Stelle." Beide wechselten einen Blick, einen langen, dienstmüden Blick, mit dem sie sich gegenseitig ihre Erfahrungen im Umgang mit Straftätern bestätigten.

„Beißen Sie sich nicht zu stark an dem Protokoll fest, „riet mir der Anwalt, als wir wieder auf der Straße standen, „am Stand der Dinge wird das nichts ändern. Ich muss mich leider verabschieden. In

zwanzig Minuten treffe ich mich mit einem...", er lachte, „mit einem anderen Vereinigungsbetrüger."
Ich ging in ein nahegelegenes Steakhouse und begoss das Essen mit einem Beruhigungsbier. Dann ließ ich mich mit einem Taxi nach Biesdorf kutschieren.
Dort wurde ich bereits von Viktor Fürstenberg erwartet. Ihm schien es gut zu gehen. Er strahlte vor lauter Unternehmungslust. „Morgen fliegen wir nach Sofia! Herr Zonkov erwartet uns."
„Zur Vertragsunterzeichnung? Das ging aber schnell."
„Oh nein, erst schauen wir uns mal die Hotels an, die er so anzubieten hat. Von deren Zustand wird auch die Aufteilung der Investitionskosten abhängen."
Das war klug vorausgedacht. Viktor Fürstenberg ging also nicht nur entschlossen, sondern auch umsichtig vor.
Leider würde ich nicht mitfliegen können. Ich würde mir, jetzt nach der Akteneinsicht, eine neue Verteidigungsstrategie aufbauen müssen. Ich hatte einen neuen Beweis für einen vorsätzlichen Prozessbetrug gefunden. Ich würde ... nein, es ging nicht, ich konnte nicht mehr. Ich konnte mich nicht mehr mit diesem widerlichem Zeug befassen, mit diesen miesen, hinterhältigen Tricks von Polizei und Justiz, auf die man ständig reagieren musste, um am Schluss doch nur wieder geleimt zu werden. Allein der Gedanke daran war schlichtweg unerträglich.
„Wann geht die Maschine?" fragte ich Viktor. „Viertel acht, Schönefeld. Die Plätze sind schon gebucht."
„Okay, dann halb sieben am Check-in von Balkan Air." Ich delegierte die anderen Arbeiten, soweit es möglich war, an die UNITEQ-Crew, erledigte den Rest und setzte mich wieder nach Westberlin ab, um meine Sachen zu packen. - Und schon fühlte ich mich besser. Wie schön ist es doch, etwas Neues aufzubauen! Ein neues Projekt, eine neue Firma. Am Anfang steht eine Idee, dann wird geplant und kalkuliert, dann werden die Gedanken umgesetzt, man sieht, wie es wächst und gedeiht und erste Früchte trägt. Das war immer noch die beste Medizin gegen rechtsstaatlich erzeugten Depressionen.
Ich bat den Taxifahrer, die Route zu ändern und nach Schöneberg zu fahren. Bevor ich meinen Koffer packte, wollte ich noch Herrn Choi treffen. Von ihm hoffte ich, zu erfahren, was von einer Wechselgarantie der Chang-Wang-Bank zu halten sei. Ihn schien

der Bericht von der Züricher Begegnung überhaupt nicht zu
amüsieren. Sein Ausdruck versteinerte sich und schließlich fragte er:
„Sind Sie darauf eingegangen?"
„Natürlich nicht."
Die Falte zwischen seinen Augenbrauen glättete sich wieder. „Sie
müssen verstehen, Kontakte nach Nordkorea werden in Seoul nicht
gern gesehen."
„Es wäre das Ende unserer Verbindung zu Hyundai gewesen, das ist
mir schon klar. Aber was ist von so einem Angebot zu halten?"
„Ich halte es für ausgeschlossen, dass die nordkoreanische
Staatsbank die Garantie für private, im westlichen Ausland
ausgestellte Wechsel übernimmt. Das Land ist wirtschaftlich und
politisch in der Stalin-Zeit stehengeblieben."
„Demnach ist Vögeli ein Betrüger. Nur, ein Betrüger lockt doch seine
Klienten nicht mit einem abschreckenden Angebot."
Herr Choi machte eine kurze, unbestimmte Bewegung mit der Hand,
die besagte, dass er dieses Thema beenden wollte.

Achtzehn Stunden später landete ich mit Viktor Fürstenberg auf dem
Flughafen der bulgarischen Hauptstadt, wo ein Dolmetscher von TIR
uns in Empfang nahm. Ich hatte nicht die geringsten Vorstellungen
von Sofia, und der Flughafen hätte sich an jedem beliebigen Ort der
osteuropäischen Welt befinden können. Er lag relativ nah zur Stadt,
so dass wir uns mit dem Lada des Dolmetschers bald auf einer der
großen Einfallstraßen befanden, die ins Zentrum von Sofia führten.
Das Vitoscha-Gebirge, das sich südlich der Stadt erstreckt, war
deutlich zu erkennen. Einige Gipfel waren mit Schnee bedeckt,
obwohl die Temperatur auf der Höhe von Sofia 26 Grad betrug. Der
Mai schien in Bulgarien der erste Sommermonat zu sein.
Während unserer Ankunft glaubte ich noch fast, mich in Russland zu
befinden, die Schriftzüge waren kyrillisch, und die Neubaublöcke, die
die Straße säumten, erinnerten mich stark an die Außenbezirke von
Moskau.
Doch je tiefer wir ins Zentrum einrückten, desto stärker änderte sich
das Straßenbild. Kraftfahrzeuge aus fünf Jahrzehnten drängten sich
an Straßenbahnen, Autobussen und Oberleitungsbussen vorbei. Auf
den breiten Bürgersteigen standen oder hockten Ansammlungen von
Leuten, die so gut wie alles tauschten, kauften oder verkauften, was

im Westen wie im Osten jemals an Gebrauchsgütern hergestellt
worden war. Eine Atmosphäre des Handels und Wandels belebte die
Straßen, die Stadt schien weit entfernt von der allgemeinen
Katerstimmung zu sein, die mittlerweile so typisch für unsere neuen
Länder, aber auch für Polen und die Tschechoslowakei war. Wir
fuhren an einem Park entlang, der in eine Blumen- und
Springbrunnen-Anlage überging, bogen in eine andere Straße ein,
an deren linker Seite sich wieder ein Park erstreckte, und der
nächste Park war schon jenseits einer Straßenkreuzung erkennbar.
„Sofia gilt als die grünste Hauptstadt Europas", unterrichtete mich
der Dolmetscher, „hier vorn, nein, schauen Sie, rechts von Ihnen,
das ist das Denkmal von Kyrill und Method, den Begründern der
slawischen Schriftsprache."
Viktor Fürstenberg lächelte zufrieden. Die Wirkung, die diese Stadt
auf mich ausübte, schien er als günstiges Zeichen für unser neues
Unternehmen zu werten.
„Wir fahren jetzt direkt an der Alexander-Newski-Kathedrale vorbei.
Der russische Feldherr, der den Bulgaren gegen die Osmanen
beistand, Sie wissen schon..." Ich wusste nichts, ich staunte nur.
Diese Kathedrale, die natürlich von Grünanlagen umrahmt war, war
die bisher größte, aber bei weitem nicht die einzige Kirche mit
vergoldeten Zwiebeltürmen, die ich auf diesem kurzen Weg gesehen
hatte.
Runde oder rhombenförmige Kulturpaläste schlossen die Lücken
zwischen Häusern mit Zuckerbäckerfassaden und jahrhundertealten
Gebäuden. Auf jedem größeren oder kleineren Platz stand ein
Reiterdenkmal. Winzige Gassen mündeten in riesige Boulevards.
Die Bürgersteige der Alleen waren dicht mit Platanen und
Kastanienbäumen bewachsen, unter denen Liebespaare,
Jugendgrüppchen und Familien entlangschlenderten. Die Männer
trugen dunkle Hosen und weiße Hemden, die jüngeren Frauen
weiße Sommerkleider, die mit Schleifen und Rüschen besetzt waren.
Ich fühlte mich an meine erste Reise nach Spanien erinnert, die ich
Ende der Sechziger Jahre unternommen hatte.
Das Sheraton Sofia Hotel am Lenin-Platz, in dem Herr Zonkov uns
untergebracht hatte, befand sich zufällig gegenüber der
Hauptgeschäftsstelle von TIR.
„Wir können morgen ins Vitoscha-Gebirge fahren", begrüßte er mich,

„um die Hotelanlagen zu besichtigen. Es ist nur eine halbe Stunde
von Sofia entfernt. Südöstlich von Sofia befindet sich auch der
größte Stausee des Landes, mit mehreren Hotels und zwei größeren
Campingplätzen. Die Gäste können sich also täglich neu
entscheiden, ob sie wandern, bergsteigen, schwimmen,
sonnenbaden, angeln oder unser schönes Sofia besichtigen wollen.
Ihnen gefällt es hier? Wenn Sie nicht zu müde sind, können wir
gleich einen Spaziergang machen."
Allein in der unmittelbaren Umgebung des Sheraton Hotels befanden
sich drei prachtvolle Kirchen, ein Lenin-Denkmal, eine Synagoge,
eine Moschee, das „Zentrale Universale Warenhaus ZUM" und eine
Parkanlage mit freigelegten römischen Ruinen. Herr Zonkov zählte
unermüdlich auf, was ich in den nächsten Tagen allein in Sofia noch
alles sehen müsse. Geplant war aber auch eine Besichtigungsfahrt
in das Rila-Gebirge, das die dreifache Ausdehnung des Vitoschas
hatte, sowie in die Seebäder Varna, Drushba und Elenite, in
mindestens sieben Klöster und in die uralte Stadt Plovdiv, die aus
einer 8000 Jahre alten Siedlung entstanden sein sollte.
„Sie haben doch hoffentlich etwas Zeit mitgebracht?", fragte mich
Herr Zonkov.
„Ich habe mich gerade entschlossen, meinen Aufenthalt auf eine
Woche zu erweitern."
„Eine Woche nur? Dann werden Sie aber nicht zum Schlafen
kommen!"
Während des fürstlichen Abendessens im Restaurant „Rubin", das
durch eine für uns bestellte Folklore-Darbietung ergänzt wurde,
beugte sich Herr Zonkov zu mir. In seinen Augen blitzte es lustvoll
auf, ich merkte, dass er mir gleich eine seiner tiefsten
Leidenschaften anvertrauen würde. Der Dolmetscher beugte sich zu
meinem anderen Ohr, um die vertrauliche Form der Mitteilung
beizubehalten.
„Sind Sie auch so ein passionierter Jäger wie ich?"
Mein plötzliches Erstarren schien er völlig falsch zu verstehen. Mit
leuchtendem Blick zählte er auf: „Damhirsche, Edelhirsche, Mufflons,
Gemse, Bären, Wildschweine. Wussten Sie, dass es in Bulgarien
über eine Million Fasane gibt? Ich verrate Ihnen noch etwas. Wölfe,
Schakale, Luchse und Füchse dürfen in Bulgarien das ganze Jahr
über geschossen werden!"

Ich wand mich auf meinem Stuhl. „Wissen Sie, ich hatte vor, mich
bei dieser Reise ganz dem Geschäftlichen zu widmen. Wir haben ja
ein sehr umfangreiches Besichtigungsprogramm."
Er lachte und schlug mir freundschaftlich auf die Schulter. „Korrekt,
wie die Deutschen nun mal sind..." Dann schenkte er mir Wein nach.
Er hatte mir das Stichwort geliefert, mit dem ich mich vor der Jagd
drücken konnten. Meine Korrektheit verlangte, dass wir gleich am
nächsten Morgen mit der Hotelbesichtigung im Vitoscha-Gebirge
begannen. Dem erstaunten Herrn Zonkov bat ich, mir am besten
gleich alle Hotels zu zeigen. Ich hatte nicht die geringste Lust, an der
Ausrottung der bulgarischen Fauna teilzunehmen.
Das Vitoscha-Gebirge war eine landschaftliche Perle. Die
Temperaturen lagen ungefähr acht Grad unter der von Sofia, und die
Luft war so erfrischend und rein, dass ich am liebsten gleich einem
der empfohlenen Wanderwege gefolgt wäre. In diesem Gebirge, so
wurde ich belehrt, gibt es mehr als 40 Skipisten. Schon zweimal im
vergangenen Jahrzehnt hatten hier sogenannte
„Studentenwinterweltspiele" stattgefunden. Vom touristischen
Standpunkt aus betrachtet, hatte Bulgarien also eine Sommer- und
eine Wintersaison.
Die meist modernen Hotels waren ein- bis dreistöckig, hatten
umlaufende Balkone und asymmetrische Spitzdächer. Ältere Hotels
hatten die für die Balkanarchitektur typischen vorstehenden
Obergeschosse, die von hölzernen Stützpfeilern getragen wurden.
Die Fassaden waren teilweise mit Schnitzereien verziert. Von vielen
Hotels aus bot sich ein Panorama-Blick auf die bulgarische
Hauptstadt. Es war schon ein romantischer Fleck, an dem wir uns im
Augenblick befanden.
Leider war der Zustand der Hotels weniger perfekt als ihre Lage.
Fenster und Türen waren undicht, die Heizkörper würden im Winter
kaum ihre Wirkung entfalten können. Die Tapeten lösten sich auf
Grund des billigen Kleisters, mit dem sie verklebt waren, an vielen
Stellen schon von der Wand. Diese Mängel traten in den Hotels, die
nicht älter als drei Jahre waren, genauso zu Tage wie in denen, die
vor zwanzig Jahren errichtet wurden. Die Möbel waren ebenso wie
die Vorhänge Teil der Erstausstattung, und das sah man ihnen an,
noch bevor man die Zimmer betreten hatte. Das gleiche Bild sollte
sich dann auch im Rila-Gebirge, in den Rhodopen und in den

Seebädern an der Schwarzmeerküste bieten.

Herr Zonkov verstand im ersten Moment nicht so richtig, wovon ich sprach, war anschließend aber völlig erstaunt, wie das denn nur möglich sein könne.

Ich wusste es schon. Das Wort „Instandhaltung" war in Bulgarien ebenso unbekannt wie in allen anderen ehemaligen RGW-Ländern. Restauriert wurden Kirchen und Kulturdenkmäler, die schon mehrere hundert Jahre alt waren. Die anderen Sachen waren ja noch neu. Die Wirtschaft dieser Länder würde, davon war ich überzeugt, bei weitem nicht so schlecht stehen, wenn Wohngebäude, Industrieanlagen und ähnliches einer regelmäßigen Wartung unterzogen worden wären.

Trotzdem bereute ich es keinen Augenblick lang, hier in Bulgarien mit in das Tourismusgeschäft eingestiegen zu sein. An jedem Ort, den wir besuchten, wurden Viktor und ich mit der gleichen Offenherzigkeit aufgenommen. Man sah nicht nur die Investoren in uns, man wollte, dass wir uns wohl fühlten, wiederkommen und an der Entwicklung des Landes Anteil nehmen würden. Die Renovierungsarbeiten, so rechneten wir uns aus, würden wir ausschließlich mit einheimischen Fachkräften betreiben können, und die notwendigen Materialien konnten zu zwei Dritteln auf dem bulgarischen Markt beschafft werden.

Nach einer Woche Besichtigungsmarathon unterzeichneten wir feierlich die Verträge für „UNITEQ TOURISTIK". Viktor Fürstenberg wollte, dass ich ihn anschließend gleich nach Zypern begleiten sollte, aber ich musste zurück nach Berlin, um den Koffer umzupacken. Auf mich wartete die Computex in der taiwanesischen Hitze.

Wertpapiere, geprüft von Schweizer Banken

Ich war entschlossen, die Montage unserer Computer von jetzt an am Rapsweg vornehmen zu lassen. Wir hatten bereits die Einrichtung einer „Fertigungsstraße" vorbereitet, an der vorerst acht Leute tätig sein sollten. Nur auf diese Weise sah ich eine Chance, UNITEQs Position auf dem Inlandsmarkt zu halten und mit einem zweiten Schub wieder auf den osteuropäischen Markt vorzudringen. Wir mussten in der Lage sein, schnell und direkt auf die Sonderwünsche der Abnehmer einzugehen - und wir mussten die Preise weiter senken. Der Transport der Fertiggeräte aus den Chin-Weng-Werken war zu teuer und dehnte die Lieferzeit unverhältnismäßig aus. Mit Eugen Schwarz hatte ich abgesprochen, dass er sich auf dem fernöstlichen Markt nach Gehäusen, Festplatten, Speicherbausteinen und Prozessoren umschauen sollte, und die Computex bot in dieser Hinsicht die wichtigste Orientierung. Ein Tag verblieb mir noch vor dem Abflug nach Taiwan. Ich schaute also am Rapsweg vorbei, um die nötigen Unterlagen einzusammeln und bekam gleich nach meinem Eintreffen mitgeteilt, dass Sascha Matwejew sich von mir verabschieden wolle.
Unter den Versorgungsoffizieren in Wünsdorf war er derjenige, mit dem ich mich am besten verstanden hatte. Jetzt gehörte er zu den ersten, die im Rahmen der Truppenrückführung in die Sowjetunion zurückgeschickt wurden.
Warum ausgerechnet er? Diese verdammten Abschiede bereiteten mir zunehmend Schwierigkeiten, obwohl sie in der Geschäftswelt normal sind.
Ich erinnerte mich plötzlich wieder an den Traum, aus dem ich zuletzt vor drei oder vier Nächten aufgeschreckt war. Das Viertel, in dem ich wohnte, war von einem Zaun umschlossen, die Pfähle konnte man von jeder Position innerhalb der Umgrenzung sehen. Kontakte nach außen waren untersagt, und alle Menschen, die ich mochte, einschließlich Eva und Franzi, lebten natürlich außerhalb des Zauns. Am Ende meiner Straße befand sich das Berliner Landgericht, die DABA hatte ihren Sitz gleich mir gegenüber. Herr Rohrbeck, der Leiter des 'Profit-Center-Lagerverwaltung' in der

Elpro, hatte die Verwaltung meiner Wohnung übernommen. Ich durfte mich zwar darin aufhalten, hatte aber seinen Anweisungen zu folgen. Die Leute auf der Straße waren empört über mich, weil ich früher Leute außerhalb des Zauns gekannt hatte. Dadurch war allen ein großer Schaden entstanden. Niemand sprach mit mir und in den Geschäften wurde ich selbstverständlich nicht bedient. Man muss nicht Freud gelesen haben, um solche Träume zu entschlüsseln, aber in manchen Nächten wiederholten sich dieser Horror in unzähligen Varianten.

Ich beschloss, gleich nach Wünsdorf hinauszufahren. Zeitlich passte es mir zwar überhaupt nicht, aber wenn ich Sascha noch einmal sehen wollte, blieb mir nichts anderes übrig. Immerhin konnte ich auf diesem Weg einen fast schon wieder gefüllten Karton mit Talons loswerden.

Ich hatte gerade die dazugehörige Sammelrechnung ausdrucken lassen, als Frau Mielgoß mir den Hörer in die Hand drückte. „Für Sie persönlich..."

"Vögeli. Ich wusste ja, dass wir noch ins Geschäft kommen würden. Nein, legen Sie nicht auf! Was halten Sie von Wertpapieren? Papiere von amerikanischen Firmen, von alteingesessenen Firmen, die seit Jahrzehnten Gewinne machen. Papiere im Mindestwert von sechs Millionen."

„Und diese Papiere liegen in Ihrem Tresor in Zürich? Oder muss ich damit rechnen, dass Sie mir einen Wechsel auf Wertpapiere anbieten, persönlich garantiert von Fidel Castro?"

„Aber nein. Die Papiere liegen, wie Sie richtig bemerkt haben, bei mir im Tresor, und Sie können sie von jeder Bank in Zürich prüfen lassen."

„Unter einem Vorbehalt. - Die Forderung ginge erst an Sie über, wenn ich die Papiere in Bargeld verwandelt habe."

„Einverstanden. Wann sehe ich Sie in Zürich?"

„In ungefähr zehn Tagen." Ich wollte meine Forderung an die DABA loswerden, also musste ich noch einen zweiten Versuch mit Vögeli wagen.

Aber zuerst musste ich nach Taipeh, nein, zuerst musste ich nach Wünsdorf zu Sascha Matwejew.

„Weißt du schon, wohin du versetzt wirst?", fragte ich ihn, nachdem ich die Talons recycelt hatte.

Sascha wich meinem Blick aus und grinste verlegen. Seine linke Stirnhälfte war blau angeschwollen und im Gesicht hatte er fünf kleine frische Schnittwunden. Wladimir, Dolmetscher im Leutnantsrang, grinste ebenso verschämt und stieß Sascha mit dem Ellenbogen an. In diesem Moment wirkten sie wie Schüler, die bei einer Missetat ertappt wurden und mühsam versuchten, Reue zu heucheln. Es stellte sich heraus, dass Sascha gegen drei Uhr morgens mit einem Militärjeep einen Zeitungskiosk plattgewalzt hatte. Es stellte sich ferner heraus, dass Sascha zu diesem Zeitpunkt 1,2 Promille im Blut gehabt hatte. Ihm wurde eine sofortige Strafversetzung angekündigt.

„Es hätte schlimmer kommen können. Aber ich habe dann gleich um meine Entlassung ersucht, und dem ist gestern stattgegeben worden."

„Wo wirst du dich denn niederlassen", fragte ich.

„In Moskau?"

„Nein. Ich gehe zurück nach Woronesch."

„Und was wirst du machen?"

„Ich glaube, ich mache das, worüber ich schon seit Monaten nachgedacht habe. Ich werde versuchen, einen Computerhandel aufzubauen."

Diese Idee mochte sich naiv anhören, doch ich fand sie keineswegs unrealistisch. Sascha hatte ich als flexiblen und reaktionsschnellen Organisator schätzen gelernt, aber die EDV-Technik interessierte ihn verständlicherweise mehr als Eier und Kartoffeln. Wenn immer Lothar Wendland oder ein anderer UNITEQ-Mitarbeiter in Wünsdorf aufgekreuzt war, nutzte er die Gelegenheit zu einem kleinen Informatik-Kurs. Der Aufbau eines Computerhandels in der Sowjetunion war allerdings mit einem ganz entscheidenden Problem verbunden.

„Du weißt", sagte ich, „dass du jetzt die importierten Computer mit Devisen bezahlen musst."

„Sicher, und daran könnte es scheitern. Man braucht einen Kredit, und man braucht eine Bank, die bereit wäre, Dollars zu verkaufen. Ich muss sehen, was ich für Verbindungen knüpfen kann. Mein Vater ist stellvertretender Kaderleiter bei 'Woronesch-Plast', und mein Schwager hatte jahrelang eine Position im Sportverband des Bezirks-Komsomol. Ich habe gehört, dass es ihm jetzt sogar noch

besser gehen soll als früher. Ich weiß nicht, was damit gemeint ist,
aber man wird sehen."
„Wenn du eine Bank ausfindig machen kannst, die dir Devisen
verkauft, dann kannst du mit jeder Unterstützung von UNITEQ
rechnen. Wir sind gerade dabei, die Montage unserer Geräte selbst
in die Hände zu nehmen und können dadurch Preise machen, die
auch für die Sowjetunion akzeptabel sein werden."
Da eine materielle Unterstützung aber allemal mehr wert ist als
schöne Worte und Versprechungen, suchte ich am Rapsweg noch
ein Telefax- und ein Kopiergerät heraus, um Sascha wenigstens die
elementarste Grundausstattung für eine Firmengründung
mitzugeben. Dann fuhr ich nach Hause und packte meinen Koffer für
Taiwan.

Ohne die Hilfe von Eugen Schwarz hätte ich mich auf der Computex
wieder verirrt wie das Kind im Wald. Es gab nicht hundert, sondern
tausende Anbieter von Festplatten, deren Repräsentanten aber alle
eins gemeinsam hatten: Gleiches Auftreten, gleiche Gestik, gleiche
Mimik, gleiche Haltung, gleiche Vorführung ihrer Produkte. Ich hätte
niemals herausfinden können, ob die Männer an den Ständen
Vertreter einer mittelständischen Firma waren, oder die Festplatte,
die sie als Muster zeigten, nur aus ihrem eigenen Computer
herausmontiert hatten - in der Hoffnung auf ein schnelles Geschäft
mit einer „Langnase".
Zurückgekehrt nach Berlin, wurde ich von einem verzweifelt
wirkenden Viktor Fürstenberg empfangen.
„Was habe ich getan? Was werfen die mir vor? Akten sind
beschlagnahmt worden, ohne dass ich dafür eine einzige Erklärung
bekommen hätte. Ich hörte immer nur 'Mafia' und 'Handwerk legen'
und dass ich die Gesetze schon zu spüren bekäme."
„Wer sagte das?"
„Die haben mich gefragt, seit wann ich meinen deutschen Pass
hätte! Ich sagte, dass ich DDR-Bürger gewesen sei, worauf sie
fragten, ob ich denn auch wirklich hier geboren wäre. Und ob ich
einen Gewerbeschein vorweisen könne! Als ich ihnen sagte, dass
wir im Handelsregister eingetragen sind, sagten sie, dass das für
keinen Ganoven bisher ein Problem gewesen sei."
„Wer sagte das, Viktor, wer?"

„Die Polizei. Sie rissen unsere Unterlagen aus den Schränken und
drohten mir, mich zu verhaften!"
„Das machen sie immer so. Ihnen ist jeder verdächtig, der es weiter
bringt als sie."
„Ich dachte, in Deutschland herrscht jetzt Demokratie!"
„Viktor!" Jetzt musste ich wirklich lachen.
„Was jetzt in Deutschland herrscht, das ist der Rechtsstaat. Haben
die UNITEQ-Leute denn meinen Anwalt benachrichtigt?"
„Ja. Ich habe schon mit ihm gesprochen, aber ich konnte seinen
Ausführungen nicht richtig folgen."
„Das ging mir anfangs auch so. Wir fahren jetzt zu ihm und lassen
uns die Sprache des Rechtsstaates in die menschliche
Umgangssprache übersetzen."
Doch das war gar nicht mehr nötig. Auf meinem Schreibtisch lag
bereits eine vom Anwalt hinterlegte Zusammenfassung. Ermöglicht
wurde der rechtsstaatliche Vorstoß durch 'Gefahr im Verzug', das
war klar, und die Aktion galt nicht Viktor, sondern mir. Ich stand unter
dem Verdacht der Gründung einer Scheinfirma, mit dem Ziel der
Vermögensverschleppung. Der rechtliche Status von UNITEQ
TOURISTIK war vom Anwalt bereits geklärt worden, und es war ihm
gelungen, Viktor aus der Schusslinie zu ziehen.
„Das kann uns noch öfters passieren", erklärte ich ihm. „Die
Staatsanwaltschaft beobachtet alles, was auf dem Gelände hier
vorgeht, und sobald sie eine Veränderung wahrnimmt, bläst sie zur
Attacke. Wenn wir unsere Fertigungsstraße in Betrieb genommen
haben, werden wir, nehme ich an, der illegalen
Sprengstoffherstellung bezichtigt."
„Dann halte ich es für besser, wenn UNITEQ TOURISTIK sich seine
Räume woanders sucht."
„Das kann sicher nicht verkehrt sein, nur wird es schwierig werden,
Räume mit so günstigen Konditionen wiederzufinden."
Dieter Leicht hatte sich zu uns gesellt. Für ihn, so beruhigte er Viktor,
sei es kein Problem, bezahlbare Geschäftsräume ausfindig zu
machen. Dann drängte er mich in mein Zimmer.
„Wann triffst du dich mit Vögeli?"
„Ich wollte mich morgen mit ihm in Verbindung setzen."
„Er hat mir nämlich auch Papiere zum Kauf angeboten. Für fünf
Millionen. Für die Elpro. Ein einmaliges Angebot, sagt er. Von

hochplatzierten amerikanischen Firmen."

„Das ist aber nett von ihm, dass er da gerade an dich gedacht hat."

„Ich nehme an, er hat herausbekommen, dass wir zusammen die UNITEQ gegründet hatten. Und da er scharf darauf ist, deine Forderung zu erwerben, sieht er das Angebot an die Elpro vielleicht als eine Art Bonus. Ich dachte mir, dass du die Papiere, die er mir anbietet, gleich mitprüfen lassen könntest."

Natürlich konnte ich das. Aber dieser Herr Vögeli erschien mir immer suspekter. Warum hatte er mir diese Papiere nicht gleich bei unserem ersten Treffen angeboten, ja nicht einmal erwähnt? Weil er sie zu diesem Zeitpunkt wahrscheinlich noch nicht gehabt hatte. Demnach müsste er aber innerhalb kürzester Zeit elf Millionen Mark aufgetrieben haben, um diese Papiere zu erwerben. - Warum hatte er mir dann nicht gleich das Bargeld angeboten?

Genau diese Frage stellte ich Herrn Vögeli, als er mich mit seinem Rolls Royce vom Züricher Flughafen abholte.

„Ganz einfach", lautete die Antwort. „Weil ich ein Geschäft abschließen konnte, dessen Zustandekommen zum Zeitpunkt Ihres ersten Besuchs in Zürich noch nicht feststand. Mit dem Partner war vereinbart worden, dass er in Wertpapieren zahlt, da ihm diese Summe nicht in bar zur Verfügung stand."

Das war allerdings eine plausible Erklärung. Und ich sagte mir, dass ich mit einem so starken Misstrauen, wie ich es Herrn Vögeli gegenüber hegte, nicht hätte nach Zürich zu fliegen brauchen. Von dieser Einsicht gelenkt, versuchte ich, mich seinem Kommunikationsbedürfnis anzupassen und ging auch auf seine Fragen zum XTR-System und zu UNITEQs Schwierigkeiten mit der Justiz ein.

Währenddessen erreichten wir sein Büro. Es lag im Zentrum von Zürich und bestand aus fünf großen Räumen, die mit Mailänder Designermöbeln ausgestattet waren. An den Wänden reihten sich signierte Pop-Art-Drucke. Raffiniert platzierte Zimmerpalmen sorgten für genau den freundlichen Ton, der von Arbeitspsychologen empfohlen wurde. Sekretärinnen und Assistentinnen arbeiteten an ergonomischen Tastaturen und fügten sich dabei perfekt in das Ambiente ein. Mein Kompagnon Dieter Leicht wäre vor Neid erblasst, wenn er das gesehen hätte.

Herr Vögeli führte mich in sein Zimmer und öffnete einen Tresor.

Daraus entnahm er einen Aktenkoffer.

Der Koffer enthielt Papiere von Texaco, Shell, Dow Chemical, AT&T, IBM und anderen Megakonzernen. Es war schon eine geballte Ladung an Macht und Potenz, die dem Inhalt des Koffers entströmte.

„Es gibt", sagte Herr Vögeli, „hier in Zürich einige Banken, die ohne vorherige Anmeldung ein Gutachten über die Gültigkeit der Papiere ausstellen. Wenn Sie möchten, können wir gleich aufbrechen."

Nur ein paar Schritte von Herrn Vögelis Büro entfernt befand sich eine der angesehensten Schweizer Banken. Dort mussten wir ungefähr eine Stunde lang warten, bis der Prüfungsvorgang abgeschlossen war. Herr Vögeli verhielt sich nicht mehr so gesprächig wie am Anfang, mein immer noch nicht ausgeräumtes Misstrauen schien ihn langsam zu beleidigen.

„Die Papiere sind echt", wurde mir dann mitgeteilt. „Den Wert der Papiere können wir aber nicht ermitteln. Damit müssten Sie sich an die Börse wenden." Ich erhielt eine Bescheinigung über die Prüfung der Papiere durch die Bank. Die Gebühr von 1.078,12 Franken übernahm Herr Vögeli.

„Möchten Sie die Prüfung noch von einer zweiten Bank vornehmen lassen?" fragte er mich.

Das wollte ich, und das Ergebnis fiel genauso aus wie bei der ersten Bank.

Ich war mir nicht mehr sicher, ob ich ihm nicht doch Unrecht getan hatte. Wir gingen zurück in sein Büro. Eine Sekretärin hatte bereits einen Vertragstext aufgesetzt, der bis ins Detail meinen Vorstellungen entsprach. Herrn Vögeli würde die Forderung an die DABA übertragen werden, wenn ich den Erlös aus den Papieren auf dem Konto hatte. Für Dieter Leicht wurde festgelegt, dass er das Geld erst überweisen sollte, wenn der genaue Wert feststand. Für die Ermittlung dieses Wertes standen mir die Papiere für vierzehn Tage zur Verfügung.

Herr Vögeli wog die beiden unterschriebenen Seiten wie eine Blattgoldarbeit in den Händen und legte sie vorsichtig ab.

„Es tut mir leid für Sie, dass die Börse schon geschlossen hatte, aber diesen Besuch können wir ja morgen nachholen."

„Ich muss morgen schon sehr früh abreisen."

„Oh, das ist aber schade!"

„Den Wert der Papiere kann ich ja auch in Frankfurt bestimmen

lassen."
„Ja, sicher. Und glauben Sie mir bitte, ich kann Sie verstehen. Ich hatte im Laufe meiner geschäftlichen Praxis auch schon schlechte Erfahrungen gemacht. Ich bin aber zu der Schlussfolgerung gekommen, dass man sich nicht vom Misstrauen beherrschen lassen sollte. Das lähmt die Entscheidungsfähigkeit ganz erheblich. Darf ich Sie zum Essen einladen?"
Meine Hoffnung, während des Essens im Restaurant „Zum schwarzen Bock" etwas Interessantes über Herrn Vögeli zu erfahren, zerschlug sich allerdings schnell. In unserer Begleitung waren zwei seiner Assistentinnen, die sich in nichtssagenden Bemerkungen übertrafen und mich mehrmals darauf hinwiesen, dass Zürich am Zürichsee liegt. Herr Vögeli erging sich in Erörterungen über die Salzburger Festspiele, pries die Aufführungen des Züricher Schauspielhauses und kommentierte die Ausstellungskonzepte der Baseler Kunsthalle. Die Assistentinnen stimmten ihm in allen Punkten zu und taten, als herrsche an unserem Tisch eine niveauvolle Atmosphäre. Ich hatte bereits vom Flughafen aus eine Hotelübernachtung gebucht und war froh, als ich endlich die Tür hinter mir schließen konnte.
Für den nächsten Tag hatte ich mich mit Dieter Leicht in Frankfurt verabredet. Gemeinsam besuchten wir mit unserem Aktenkoffer in der Hand die Wertpapierzentrale der Dresdner Bank.
Das Resultat war das gleiche wie in Zürich. Die Dresdner Bank bestätigte, dass die Papiere echt waren, konnte aber den exakten Wert nicht bestimmen. Da Dieter Leicht durch seine Tätigkeit als Vorstands-Vorsitzender der Elpro AG zwangsläufig auch gute Kontakte zu Finanzexperten hatte, überließ ich ihm die weiteren Vorbereitungen zur Schätzung der Papiere.
In Berlin erwartete mich eine interessante Nachricht; eine, die mich zwar nicht selbst betraf, aber doch ein unangenehmes Gefühl auslöste. Herr Choi hatte über die südkoreanische Presse erfahren, dass der Direktor der Chang-Wang-Bank in Nordkorea wegen illegaler Devisenspekulation verhaftet worden war.
„Dann wird er den Gefängnishof wohl erst mit der Auflösung der koreanischen Volksrepublik wieder verlassen können", sagte ich.
Herr Choi schüttelte den Kopf.
„Eher, meinen Sie?"

Er schüttelte noch einmal den Kopf und fuhr mit der Hand kurz an seinem Hals entlang.

„Um Himmels Willen! Der arme Kerl wollte sich doch nur ein bisschen marktwirtschaftlich betätigen."

Herr Choi lachte plötzlich auf. „Wer zu früh kommt, den bestraft das Leben."

Darüber konnte ich aber nicht lachen.

Der genaue Wert der Papiere, die Herr Vögeli uns überlassen hatte, konnte nur in Amerika bestimmt werden. Das war die einstimmige Auskunft, die Dieter Leicht an der Frankfurter Börse erhalten hatte. In Frankfurt hätten die Papiere nur auf ihren ungefähren Wert geschätzt werden können. Dieter Leicht hatte auch schon die Verbindung zu einem amerikanischen Börsenmakler, einem gebürtigen Berliner, aufgenommen, dessen Büro sich in Sarasota, Florida, befand. Er hatte ein Treffen mit besagtem Herrn Mangold vereinbart und anschließend den Flug gebucht. Jetzt saß er mir gegenüber und fragte, ob ich denn nicht an seiner Stelle fliegen wolle.

„Mein Terminkalender ist zu voll, ich habe mich da etwas verschätzt. Flug, Aufenthalt, Rückflug..." Dieter Leicht seufzte tief. „Ich kann kein Englisch. Das hatte ich beim Buchen des Fluges einfach vergessen. So, als ob man einen Mietwagen bestellt und dabei vergisst, dass man keinen Führerschein mehr hat. Den brauchte man früher ja auch nicht. Ohne Englisch-Kenntnisse steht der Ost-Manager heute manchmal ziemlich dumm auf dem Parkett."

Da konnte ich ihm nur Recht geben. Als Einzelreisender ohne Englisch-Kenntnisse in die Staaten zu fahren, wäre ein ziemlich kühnes Unterfangen. Mein Terminkalender war zwar auch voll, aber ich fand, dass ich diese Gelegenheit zu einer netten Urlaubswoche in Florida nutzen sollte.

Dieter Leicht hatte einen Flug nach Miami mit der Concorde gebucht. Mit dieser vielgepriesenen Maschine wollte ich schon immer einmal fliegen. Jetzt erschien mir dieser Flug als gelungener Auftakt zu meinem Kurzurlaub. Urlaub mit beiläufiger Wertpapierschätzung. Sollte ich tatsächlich bald den Fängen dieser DABA-Krake entrinnen? Diese Aussicht war mir wirklich einen kleinen Urlaub wert. Über dem Atlantik befand sich ein ausgedehntes Hoch, die

Concorde der British Airways flog durch fast wolkenlosen Himmel, und ein für die Passagiere sichtbares Display zeigte bald die zweifache Schallgeschwindigkeit an. Wir flogen auf die Nachmittagssonne zu, die scheinbar unbeweglich am Himmel stand und nicht untergehen wollte.
Der Flughafen von Miami roch nach Orangen und Desinfektionsmittel. Ich reihte mich in die Schlange an der Passkontrolle ein. Sie rückte nur langsam vorwärts, weil der Name eines jeden Passagiers per Computerabfrage kontrolliert wurde. Tickets und Bordkarten wurden mit den Pässen verglichen, eine Prozedur, die ich bisher noch auf keinem Flughafen erlebt hatte.
Als einziger Passagier wurde ich gebeten, mit meinem Gepäck zur Seite zu treten und zu warten. Zwei Herren in Zivil traten auf mich zu und baten mich, ihnen zu folgen. Sie führten mich in einen Warteraum, eine Art Karree, das nach einer Seite hin offen war.
Ich wurde nach dem Zweck meiner Reise gefragt und gab an, dass ich Tourist sei.
Ende Juni? - Ja. Während der Tourismus-Saison im Winter hatte ich halt keine Zeit gehabt. Mir wurde plötzlich mulmig zumute. War es nach amerikanischem Gesetz gestattet, Papiere im Wert von elf Millionen D-Mark unangemeldet durch den Zoll zu bringen? Das würde ich sicher gleich im Anschluss an die Gepäckkontrolle erfahren, auf die ich mich schon eingestellt hatte.
Mein Gepäck schien die beiden im Moment aber nicht zu interessieren. Wie kommt es denn, wurde ich gefragt, dass mein Ticket nicht auf meinen Namen, sondern auf den von Dieter Leicht ausgestellt sei.
Ich erklärte es ihnen. Daraufhin verglichen sie gründlich mein Passbild mit meinem Gesicht und fragten mich, wo Dieter Leicht sich im Augenblick befände.
Na, in Europa, in Berlin.
Tatsächlich? Ich sollte nachdenken, ob ich nicht doch wüsste, über welchen Flughafen er gerade versuchte, in die Staaten einzureisen. Ich schlug vor, dass sie ihn in Berlin anrufen sollten, wenn sie sich so für ihn interessierten und betonte, dass ich mich gern als Dolmetscher zur Verfügung stellen würde. Sie befahlen mir zu warten und verließen den Raum.
Ungefähr zwanzig Meter von mir entfernt, außerhalb des Karrees,

standen zwei Polizisten. Sie hatten an diesem Fleck jedoch schon gestanden, bevor ich in den Raum geführt wurde. Spanische Sprachfetzen drangen von allen Seiten auf mich ein und der Geruch des Desinfektionsmittels legte sich mir allmählich auf den Magen. Der Geräuschpegel erhöhte sich, ich hörte einen heftigen Wortwechsel in Englisch und Spanisch, dann den Schrei einer Frau, die Polizisten eilten in die Richtung, aus der der Schrei erklang und entschwanden meiner Sicht.

Nach einer dreiviertel Stunde Wartezeit stand ich auf, nahm mein Gepäck und trat in die Abfertigungshalle hinaus. Ich fühlte mich ausgesprochen unwohl, aber ich war Tourist und konnte die Herren ja falsch verstanden haben. Schließlich war ich ja unbewacht geblieben. Ich schaute mich um und setze mich in Bewegung. Der Flughafen war miserabel ausgeschildert. Ich fuhr Rolltreppen hinauf und hinunter, fand endlich den Ausgang - und war wie betäubt von der feuchtheißen Luft.

Die Taxifahrer weigerten sich, nach Sarasota zu fahren. Ich musste einen Mietwagen nehmen. Nachdem ich fast eine Stunde lang über Zu- und Abfahrtsstraßen und undurchsichtig nummerierte Highways gefahren war, hielt ich an einem Drugstore. Ich schlang zwei Empanadas in mich hinein, die, wie mir schien, nach dem Erwärmen im Mikrowellenherd irgendwie auch nach Desinfektionsmittel rochen. Dann kaufte ich eine Straßenkarte. Nach Sarasota würde ich, so erklärte man mir, ungefähr fünf Stunden brauchen. Ich fluchte über Dieter Leicht, dem zu Florida nichts anderes eingefallen war als Miami. Vom Flughafen Tampa aus hätte man Sarasota in ungefähr einer halben Stunde erreicht.

Herr Mangold hatte seine Geschäftsräume in einem Bungalow, der sich an einen bizarren, mit riesigen Kakteen bewachsenen Hang schmiegte.

Er breitete meine Papiere auf dem Tisch aus, sortierte sie zu Häufchen und verglich sie mit Musterbögen, die er einem Rolltürschrank entnommen hatte.

„Es tut mir leid für Sie, "sagte er, „diese Papiere werden Sie nicht einlösen können."

„Drei Banken haben mir die Echtheit bestätigt. Sie sehen ja hier die Zertifikate."

„Oh, sie sind echt. Die Firmen wollen sie aber um jeden Preis
wiederhaben, und die Behörden unterstützen sie dabei. Diese
Geschichte ist auch für mich sehr dubios, ich weiß nicht, worum es
hier geht. Diese Papiere könnten widerrechtlich in Umlauf gebracht
worden sein, aber davon hätte man in der Regel die Händler
unterrichtet. Es scheint, dass hier amerikanische Interessen berührt
sind und Einzelheiten nicht an die Öffentlichkeit dringen sollen. Das
alles ist, wie ich schon sagte, sehr undurchsichtig."
„Und was würde mir passieren, wenn man sie bei mir findet?"
„Ich würde Ihnen dringend abraten, diese Papiere weiterhin bei sich
zu tragen. Der Vorfall am Flughafen zeigt, dass man Sie auf vage
Weise im Zusammenhang mit den Papieren verdächtigt, anderseits
aber unsicher in der Vorgehensweise ist. Das kann sich aber schnell
ändern. Gast in einem Staatsgefängnis von Florida zu sein, ist,
glaube ich, eine Erfahrung, auf die man verzichten sollte. Lassen Sie
die Papiere bei mir, ich übergebe sie den Firmen, wenn Sie die
Staaten verlassen haben. Vielleicht können sie nach der Klärung der
Angelegenheit doch noch eingelöst werden."
Ich warf einen sehnsüchtigen Blick zum Golf von Mexiko, der von
einer Anhöhe aus in der Ferne zu erkennen war. Dann fuhr ich
zurück zum Hotel San Isabel, um in Windeseile meine Sachen zu
packen. Herrn Mangold war es zuvor noch gelungen, für mich ein
Ticket von Orlando nach London Gatwick zu buchen. Den Flughafen
von Miami wollte ich auf jeden Fall meiden, und auf eine Umbuchung
des Tickets von Dieter Leicht verzichtete ich ebenfalls.
Vier Stunden später saß ich in einer Chartermaschine zwischen
sonnengeröteten britischen Touristen und schwebte wieder über
dem Atlantik.
Ich hatte den grauenhaftesten Jetlag, als ich in Berlin ankam.
Schultern und Kniescheiben fühlten sich an wie aus den Gelenken
gebrochen. Im Taxi fielen mir ständig die Augen zu, obwohl mein
Geist auf Hochtouren arbeitete. Gedanken kamen bruchstückhaft
und zerflatterten sofort, sobald ich versuchte, sie zu logischen
Schlussfolgerungen zu ordnen. Während des Fluges von London
nach Berlin war ich eingenickt und hatte geträumt, dass ich in Miami
verhaftet und nach Nordkorea ausgeliefert werden sollte. Polizisten,
die mich im Traum in Empfang nahmen, vollführten mit der flachen
Hand die bekannte Geste an der Stelle, wo der Kopf vom Rumpf

getrennt wird. Die Erinnerung daran machte mich noch unruhiger.
Ich bat den Taxifahrer, mich nun doch nicht nach Charlottenburg,
sondern nach Biesdorf zum Rapsweg zu fahren.
Dort war der Teufel los. Ich rieb mir die Augen, aber das war kein
Traum mehr. Ein Staatsanwalt hielt mit zwanzig Polizisten die
Räume besetzt und ließ alles auf den Kopf stellen, was an Akten und
Möbeln vorhanden war.
„Was liegt vor?" fragte ich.
„Betrugsverdacht durch Handel mit gestohlenen Wertpapieren."
„Und die suchen Sie jetzt."
„Wo sind sie?"
„In Sarasota, Florida, wo sie auf meine Veranlassung hin den
amerikanischen Behörden übergeben wurden."
Der Staatsanwalt legte Block und Kugelschreiber aus der Hand und
musterte mich mit einem Barracuda-Blick. „Bevor Sie mir hier etwas
vorflunkern, nehmen Sie bitte zur Kenntnis, dass Ihr Komplize Vögeli
gestern in Zürich verhaftet wurde."
„Auf diese Nachricht, Herr Staatsanwalt, werde ich jetzt eine Flasche
Champagner öffnen. Trinken Sie ein Gläschen mit?"
Ich schrieb die Telefonnummer von Herrn Mangold auf einen Zettel
und reichte ihn dem Staatsanwalt. „Der Mann spricht deutsch.
Vielleicht erreichen Sie ihn schon. Dort ist es jetzt acht Uhr
morgens."
Der Staatsanwalt verschwand in einem Raum, der für die UNITEQ-
Mitarbeiter gesperrt worden war und kam zehn Minuten später
wutschnaubend wieder heraus. - „Abbrechen!"
Die Polizisten ließen Akten und Disketten fallen und sammelten sich
im Flur.
„Möchten Sie mir denn wirklich nicht sagen, was mit diesen Papieren
los ist, Herr Staatsanwalt? Ich würde es zu gern wissen."
„Sie sind vor mehr als zehn Jahren eingelöst worden und auf dem
Weg zur Papiervernichtung abhandengekommen."
„Das ist ja'n Ding!" Und das meinte ich nicht ironisch. Ein
Staatsanwalt, der in Wirtschaftsdelikten ermittelt, hätte eigentlich
wissen müssen, dass Aktien bei ihrer Einlösung sofort mit einem
Stempel entwertet werden. Er hätte auch davon ausgehen können,
dass mir diese Prozedur bekannt sein dürfte. Am darauffolgenden
Tag wurde mir dann offiziell mitgeteilt, dass gegen mich ein

Ermittlungsverfahren wegen gestohlener Wertpapiere eröffnet sei.

Merkwürdigerweise hatte dieser Schritt aber keinerlei Folgen. Es wurde nichts beschlagnahmt, ich erhielt keine Vorladungen, wir konnten ungehindert weiterarbeiten. Und genauso erging es auch Dieter Leicht. Der Staatsanwalt war für uns nicht zu sprechen, und ein Anruf bei der Kriminalpolizei ergab, dass sie keinerlei Fragen an uns hatte. Anrufe nach Sarasota waren ebenfalls erfolglos, ich war immer nur mit Herrn Mangolds Anrufbeantworter verbunden. Als wir eine Woche später schließlich erfuhren, dass Vögeli freigelassen und das Ermittlungsverfahren gegen ihn von den Schweizer Behörden eingestellt wurde, war ich entschlossen, solange bei Herrn Mangold anzurufen, bis ich ihn persönlich erreichen würde. Fast stündlich sprach ich meinen Vers auf den Anrufbeantworter, und kurz vor Mitternacht erhielt ich seinen Rückruf:
„Eine äußerst delikate Sache, in die Sie beinahe hineingeraten wären. Seien Sie froh, dass Sie diese Papiere wieder los sind. Das Schatzamt in Washington hat darauf bestanden, dass sie den Firmen übergeben werden, und ich weiß noch nicht, wie die finanzielle Regelung aussehen soll. Schließlich sind diese Papiere weder gestohlen noch gefälscht."
„Aber was ist denn nun los mit den Dingern?"
„Eine heikle Sache, ich sagte es ja gerade."
„Das habe ich auch verstanden. Die finanzielle Regelung betrifft mich zwar nicht direkt, indirekt aber umso mehr. Mit Herrn Vögeli stehe ich in geschäftlichem Kontakt, ich müsste unbedingt wissen, wie ich mich ihm gegenüber zu verhalten habe. Und das gilt auch für mein neues Ermittlungsverfahren."
„Die Sache ist auf keinen Fall für die Öffentlichkeit bestimmt. Wenn das an die Presse gelangt, bekommen wir alle mächtigen Ärger, verstehen Sie?"
„Ich kann Ihnen versichern, dass mir der Ärger, den ich bereits habe, völlig reicht. Ich bin nicht im Geringsten an zusätzlichen Schwierigkeiten interessiert."
„Die Papiere gehören der jugoslawischen Regierung. Belgrad hat über Jahrzehnte Wertpapiere gekauft, insgesamt wohl für mehrere Milliarden. Die meisten sind in der Schweiz deponiert. Die Regierung in Belgrad hat im Moment offensichtlich vor, alle mit einem Mal auf

den Markt zu werfen. Vermutlich um Waffen zu kaufen. Haben Sie eine Vorstellung, was das auf den Finanzmärkten auslösen würde? Das wäre vergleichbar mit dem Crash von '87. Außerdem ist man in NATO-Kreisen nicht daran interessiert, dass Belgrad sich weiter hochrüstet. Sie haben ja sicher schon gehört, dass es in einigen Landesteilen Separationsbestrebungen gibt. Man fürchtet, dass es da zu einer Explosion kommen könnte." Jetzt war ich aber froh, nicht mehr im Besitz der Papiere zu sein. Von der US-Regierung als jugoslawischer Waffenhändler verdächtigt zu werden, stellte ich mir nicht gerade attraktiv vor. Allerdings konnte ich nun auch meine Hoffnung, mich von der DABA freizukaufen, endgültig begraben. Und die Frage, warum Herr Vögeli in der Schweiz nicht mehr belangt wurde, wollte ich gar nicht erst stellen. Das ging mich nichts an, ich wollte nichts darüber wissen!

Schlag aus dem Hinterhalt

Der Arbeitsablauf bei UNITEQ war durch die letzte Durchsuchung
kaum beeinträchtigt worden. Wir hatten unsere Fertigungsstraße
eingerichtet, und es war jetzt schon abzusehen, dass wir innerhalb
der nächsten Wochen acht bis zehn weitere Leute einstellen
konnten. Mit der Firma TREST in Leningrad war ein Besuchstermin
für den 10. August vereinbart worden, sie wollten neue Computer für
Devisen kaufen. Das UNITEQ-Konzept schien trotz allem seine
Bestätigung zu finden. Wir hatten die RGW-Zeit genutzt, um uns
einen Markt zu erschließen, und die Firmen, die wir mit einer
Grundausstattung beliefert hatten, würden sich auch weiterhin an
uns wenden.
Und nicht nur Firmen, auch hoffnungsvolle Firmengründer! Völlig
überraschend klopfte eines Tages Sascha Matwejew an die Tür. Er
war in Begleitung eines Mannes gekommen, der aussah wie der
junge Al Pacino. Noch bevor ich den Wodka aus dem Kühlschrank
holen konnte, hatte der Unbekannte schon eine Flasche auf den
Tisch gestellt, deren Etikett mit seltsamen, mir absolut unbekannten
Schriftzeichen bedruckt war. Russisch war das jedenfalls nicht. Das
konnte ich seit einem Jahr schon lesen und, wie ich bei der
Begrüßung mit Genugtuung feststellte, auch etwas sprechen und
verstehen. Trotzdem bat ich natürlich Gero Damm, der sich gerade
im Nebenzimmer aufhielt, uns beim Übersetzen zu helfen.
So erfuhr ich, dass Sascha im Militär-Zug von Wünsdorf nach
Moskau mit seinem Kopierer und seinem Telefaxgerät im Gepäck
ziemliches Aufsehen erregt hatte und dabei auch von einem nach
Georgien heimkehrenden Wehrdienst-Entlassenem angesprochen
wurde. - Von Oleg Salamatin, der jetzt neben mir saß und gerade die
Cognac-Gläser nachfüllte. Noch bevor der Zug in Moskau
eingetroffen war, hatten die beiden beschlossen, den
Computerhandel gemeinsam von Woronesch und Tbilisi aus zu
starten.
Georgien. Den Namen dieses Landes hatte ich schon gehört. Aber
wo genau befand sich das? Irgendwo südlich von Russland. In
Europa? In Mittelasien? Der Name klang so trügerisch vertraut.

Mit Hilfe ihrer Hände und der Utensilien auf dem Schreibtisch erteilten mir meine Gäste eine kurze Lektion in Geographie.

„Das ist der Kaukasuskamm." (Ein quer aufgestellter Aktenordner) „Und das" (Oleg Salamatins flach auf den Tisch gelegte Hand) „das ist Georgien." Saschas und Geros Hände formten sich zu Armenien und Aserbaidschan. „Da oben" (jenseits des aufgestellten Ordners) „das ist Russland."

Georgien hatte sich im April für unabhängig erklärt, und man rechnete nicht mehr mit einer ernsthaften Intervention der Zentralmacht. Vor allem aber erwartete man für die nahe Zukunft eine prosperierende Entwicklung. Die Georgier schienen entschlossen zu sein, die politische Unabhängigkeit mit einer größeren wirtschaftlichen Selbständigkeit zu untermauern. In den letzten Jahren hatten sie ohnehin einen höheren Lebensstandard als Russland gehabt. Aber, so klärte man mich auf, die wirtschaftlichen Kontakte zu Russland würden natürlich nicht gekappt werden. Das würde man sich auch während der kommenden Jahre nicht leisten können. Georgien war ebenso wie Russland nicht gerade reich mit Devisen gesegnet, und diese Tatsache würde auch ein neugegründeter Computerhandel zu spüren bekommen. Rubel hatten die potentiellen Käufer genug. Sie mussten nur eine Bank finden, die ihnen Dollar verkaufte.

„Gibt es denn offiziell die Möglichkeit zum Umtausch?" fragte ich meine beiden künftigen Geschäftspartner.

„Nein", übersetzte Gero. „Aber selbst wenn dieses Gesetz morgen erlassen werden sollte, würde sich in der Praxis überhaupt nichts ändern. Es ist ausgesprochen schwierig, eine Bank zu finden, die zum Verkauf von Dollar bereit wäre. Man braucht sehr gute Verbindungen. Und hat man die, ist der Dollarkauf auch heute kein Problem."

Ich wunderte mich über die ungezwungene Art, in der mir das vorgetragen wurde. „Seht Ihr vor diesem Hintergrund denn überhaupt eine Chance für einen Computerhandel?"

Weder Sascha noch sein Kompagnon wirkten auf irgendeine Weise bedrückt. Oleg Salamatin lächelte zurückhaltend und achtete darauf, dass unsere Gläser immer gefüllt blieben, während Sascha mich über eine andere Eigenart Georgiens informierte.

Das Land war in Einflusssphären verschiedener Clans aufgeteilt, die schon seit Jahrhunderten das Sagen hatten. Mit diesen alten Familien, die auch die Sowjetherrschaft unbeschadet überstanden haben sollen, musste man verwandt oder verschwägert, zumindest aber in deren Umfeld hineingewachsen sein, wenn man es zu irgendetwas bringen wollte. Geschäftliche Aktivitäten dürften außerhalb der Patronage eines solchen Clans nur schwer zu entfalten seien.

Die Verbindungen der mächtigsten dieser Familien beschränkten sich natürlich nicht auf das Territorium von Georgien, sie reichten bis nach Moskau und in andere ertragreiche Teile der alten Sowjetunion. Kontakte zu Banken waren in diesen Kreisen selbstverständlich.

Sascha wies mit kaum übersehbaren Stolz auf seinen neuen Partner: Oleg Salamatin war Mitglied eines der einflussreichsten Clans von Georgien.

„Ich würde mich freuen", sagte Oleg, „Sie bald in Tbilisi begrüßen zu können. Vielleicht ergibt sich diese Möglichkeit schon eher als wir denken."

Durch das Fenster wehte eine milde Sommerbrise, und im Büro hatte sich ein Optimismus breitgemacht, der fast an die guten alten Zeiten erinnerte. Die beiden Jungunternehmer strahlten, als hätten sie soeben den hunderttausendsten Computer verkauft, und ich spürte, wie sich von meiner Brust ein tief verankerter Druck löste. UNITEQ würde mit Hilfe eines georgischen Clans allem Anschein nach ein neues Standbein gewinnen.

Nur Gero Deich blickte angestrengt in sein Glas und übersetzte die Trinksprüche, ohne uns dabei anzusehen. In letzter Zeit wirkte er zunehmend in sich gekehrt. Selbst Frau Müller, seine Sekretärin, konnte ihn nicht mehr aufheitern. Sie verfügte über den gleichen schlagfertigen Witz wie Christine Kreis, und dem zurückhaltenden Gero war die Zusammenarbeit mit einem so konträren Charakter bisher gut bekommen. Doch jetzt schien ihm niemand mehr ein Lächeln entlocken zu können. Ich ahnte, was in ihm vorging, hielt es aber für besser, ihn nicht von selbst darauf anzusprechen.

Als wenige Tage nach Saschas und Olegs Abreise auch noch Valentin anrief, jubelte ich fast vor Freude. Valentin ging es blendend, er hatte es doch tatsächlich geschafft, wenige Wochen nach seiner Ankunft in Moskau eine Aktiengesellschaft zu gründen.

Die Servo AG handelte mit elektrotechnischen Ersatzteilen, und welche Produktpalette mit dem Begriff 'Elektrotechnik' abgedeckt wurde, brauchte mir Valentin nicht noch zu erklären. Sie reichte vom Kraftwerksgenerator bis zum Chip. Wenn Valentin über Kontakte zu nur einer Bank oder einem einzigen Devisenhändler verfügte - und das war ganz gewiss der Fall - brauchte er sich über das Gedeihen seiner Firma keine Sorgen zu machen. „Was hältst du von einem Joint-Venture?", fragte er ohne Umschweife.

„Das halte ich für eine ausgezeichnete Idee."

„Dann komm am besten gleich nach Moskau. Wir könnten morgen schon die Details besprechen."

„Das würde ich gern tun, aber in der Tourismus-Branche ist jetzt Hochsaison. UNITEQ TOURISTIK ist noch im Aufbau begriffen, und trotzdem haben wir jetzt schon 40% des bulgarischen Marktes gewonnen. Du kannst dir vorstellen, was ich im Moment zu tun habe. Ich fliege aber am 10. August nach Leningrad. Anschließend könnten wir uns treffen und die Gründung der, ja, wie nennen wir sie?... der 'Servo Trading GmbH' besprechen."

„Im August werde ich voraussichtlich nicht in Moskau sein." „Dann schicke ich jetzt einen kompetenten Verhandlungspartner nach Moskau, an den du dich sicher noch erinnern wirst."

„Einen, dem du vertraust?"

„Einem Mann, dem ich absolut vertraue."

Gero Deich saß wie immer in den letzten Wochen schweigsam an seinem Schreibtisch und bearbeitete die neuen Vereinbarungen mit Djneprpetrowskaja GES.

„Komm doch mal bitte in mein Zimmer", bat ich ihn, „wir müssen etwas Wichtiges besprechen. Ich nehme an, dass du dir schon seit Monaten Gedanken über deine Perspektiven bei UNITEQ machst."

Geros Blick wurde lebhaft, er richtete sich auf und musterte mich abwartend.

„Hast du überlegt, dich selbständig zu machen?"

„Täglich. Zumindest dachte ich an eine selbständigere Position. Ich frage mich aber, warum Manager und Geschäftsleute aus den neuen Ländern nirgendwo richtig ernst genommen werden. Woran liegt das deiner Meinung nach?"

„Einige Ost-Manager haben Schwierigkeiten, ihre Position korrekt einzuschätzen. Manche treten nassforsch auf und überschätzen sich

maßlos, andere halten sich ungerechtfertigt zurück und verstehen nicht, ihre Fähigkeiten angemessen ins Spiel zu bringen."
„Sowas lernt man früh oder nie."
„Irrtum. Das beruht lediglich auf Erfahrung, und die kann man immer gewinnen. Deshalb sehe ich das auch als vorübergehendes Problem an."
Wir schwiegen beide einen Augenblick, dann sagte ich.
„Valentin und ich werden ein Joint-Venture gründen. Willst du die Geschäftsführung übernehmen?"
„Ist das dein Ernst?"
„Du hast alle Voraussetzungen. Und du wirst so gut wie alles selbständig entscheiden müssen. Die Servo Trading steht und fällt mit dir."
Gero war um fünf Zentimeter gewachsen. Er warf eine Mappe in die Luft und fing sie lässig wieder auf. „Na endlich! Wann geht's los?"
„Sofort. Du fliegst morgen nach Moskau. Eine Bitte habe ich aber noch. Kannst du nebenbei den Kontakt mit Elektromontaz im Auge behalten? Herr Hendler hat das gut im Griff aber es gibt hier niemanden, der so perfekt polnisch spricht wie du."
Wir umarmten uns wie zwei alte Politbüromitglieder.
Am nächsten Tag bekamen wir unsere Tickets nach Leningrad von der Aeroflot zugeschickt.
Und am Tag darauf erfolgte der Schlag. Ich hatte gespürt, dass so etwas im Anzug war und es als vermeintliche Paranoia verdrängt. Es war ja alles so gut gelaufen während der letzten Wochen.
Es war der bisher heftigste Schlag.
Die Deutsche Außenhandelsbank, die ihre Anweisungen von der Bundesbank erhält, dehnte ihre Rückforderungen auf sämtliche Geschäfte aus der RGW-Zeit aus. Amtlich und juristisch vorschriftsmäßig auf dem gerichtlichen Klageweg.
Und Monate nach dem erzwungenen Vergleich. Wir waren ja dabei, uns wieder zu erholen. Wir hatten ja gerade wieder einen Fuß auf den Boden bekommen. Wir hatten schon wieder Illusionen entwickelt. Unser Treiben ließ den Verdacht aufkommen, dass wir nicht aufgeben wollten. Deshalb mussten sie einen neuen Schlag aus dem Hinterhalt führen.
Als Begründung dienten die immer wiederholten und widerlegten und von der Justiz so bereitwillig aufgenommenen Behauptungen,

UNITEQ hätte gegen Zoll- und Devisenbestimmungen verstoßen und die DABA mit betrügerischer Absicht geschädigt. Neu war lediglich der nun auch schriftlich vorliegende Vorwurf des Verstoßes gegen die sozialistische Moral. Die offizielle Aufnahme dieser Behauptung in den Klage-Katalog war seitens der DABA sicher nur folgerichtig; war ihr doch diese Formulierung von einem bundesdeutschen Richter geradezu angeboten worden.
Zugestehen musste ich der DABA auch, dass sie mir gegenüber konsequent gehandelt hat. Ich selbst hatte schließlich immer betont, dass von den fünfzehn großen Export-Geschäften, die UNITEQ während der RGW-Zeit getätigt hatte, nur ein einziges beanstandet wurde: Das Acumen-Geschäft, das sich im Ablauf von den anderen nicht unterschied. Damit wollte ich auf die Unlogik der Argumentation verweisen.
Doch was ich wollte, oder mir gedacht hatte, oder zu erklären und zu beweisen versucht hatte, war in jeder Hinsicht egal. Die neuen Forderungen beliefen sich auf weit über hundert Millionen Mark, ein Betrag, den ich als Gesamtsumme nie besessen hatte. Von den jeweiligen Erlösen wurden neue Waren gekauft, Transport- und Versicherungskosten bestritten, Steuern gezahlt, Investitionen getätigt und Gerichtskosten bestritten. Wenn dieser Klage stattgegeben werden sollte, oder, wahrscheinlicher noch, in einem Vergleich münden würde, dann wäre UNITEQ tot, mausetot, und das Engagement von mehr als vierzig Leuten, die über ein Jahr lang bis an die Grenze ihrer völligen körperlichen Erschöpfung gearbeitet hatten, um einer Ost-Firma zum Erfolg zu helfen, wäre umsonst gewesen. Der Einsatz, das steigende Selbstvertrauen, die Euphorie und der anschließende Wille, jeder Schikane zu trotzen, das alles wäre vergeblich gewesen. Umsonst, vergeblich, sinnlos, überflüssig. Und ich war derjenige, der die Hoffnung erzeugt hatte. Der Prediger der Zuversicht.
Einen Moment lang dachte ich daran, mir den Strick zu nehmen. Aber nur einen Moment lang.
Ich rannte durch die Räume, blieb an jedem Tisch stehen, las die Klage vor, die Mitarbeiter musterten mich besorgt und versuchten, mich zu beruhigen. „Das kann man doch nicht ernst nehmen, das meinen die nicht so, das machen die doch nur ... nur der Vollständigkeit halber."

Das hatte ich schon begriffen. Die Bundesbank hatte ihr Töchterchen angehalten, möglichst vollständig abzuräumen. „Dem Steuerzahler ist ein Schaden entstanden..." Ich schrie beim Lesen dieser Satzfetzen. Zu den Steuerzahlern zählte ich ja nicht, dafür zahlte ich zu hohe Steuern.
„Im sich schwierig gestaltenden Prozess der Einheit...", den ich sabotiert hatte. - Mit meinem Investitions-Tick! Wenn UNITEQ hätte unbehelligt arbeiten können, wären wir jetzt eine Firma mit 500 Mitarbeitern gewesen. Eine Provokation angesichts der Bemühungen zur De-Industrialisierung der alten DDR. Konkursverwaltung war für die neuen Länder vorgesehen, durchgeführt von der Treuhand, dem Tummelplatz für abgehalfterte Bonzen und halbseidene Gestalten aus den Altbundesländern.
Ich musste an den Schwachsinn denken, der von der Treuhand allein auf dem früheren EAB-Gelände verzapft worden war. Ein voll funktionsfähiges Gehäusewerk wurde auf deren Veranlassung hin abgerissen und durch ein sündhaft teures, neues Werk ersetzt, das von niemandem genutzt wurde. Und das war nur ein harmloses Beispiel. Der Bund der Steuerzahler würde gewaltige Kopfschmerzen bekommen, wenn er eines Tages die Kosten addieren würde, die durch die Streiche der Treuhand im gesamten Territorium verursacht wurden.
Ich sank auf einen Stuhl und vergrub das Gesicht in den Händen. So hatten mich meine Mitarbeiter noch nie gesehen. Lothar Wendland fuhr mich nach Hause. Nun bekam Eva meine Wutanfälle mit. Sie hatte in den letzten Monaten alles getan, um mir den Rücken zu stärken, doch jetzt wusste sie auch keinen Rat mehr.
„Hör auf damit", sagte sie. „Lös' diese Firma auf!"
„Das ist doch das, was sie wollen!"
„Dann tu es! Du kommst nicht gegen sie an, begreif das doch. Die können dich verhaften lassen, die können dich zermürben, bis nur noch ein Wrack von dir übrig ist. Also trenn' dich von dieser Firma!"
„Das kann ich nicht."
„Ja was glaubst du denn noch ausrichten zu können? Du störst ihre Politik. Sie wollen keine neuen Firmen im Osten. Sie wollen, dass du von der Bildfläche verschwindest. Begreifst du denn das nicht? Jeder politische Laie hat es schon kapiert: Im Osten werden nur die Firmen erhalten, die sich in das westliche Wirtschaftssystem

einfügen, die keine Konkurrenz darstellen. Sie wollen nicht, dass da
irgendwas Neues entsteht, wie du dir das vorgestellt hast. Also löse
deine UNITEQ auf!"
„Ich kann es nicht. Ich kann nicht einfach aufgeben." „Dann tu es für
mich und für deine Tochter. Ihr gegenüber hast du auch
Verpflichtungen."
„Ich habe auch Verpflichtungen für mehr als 40 Mitarbeiter. Das sind
keine beliebigen Angestellten, die irgendwo anders hingehen
könnten. Sie sind mit UNITEQ verwachsen. Sie haben sie mit
aufgebaut. Ja, ich weiß, das hört sich pathetisch an, aber nur für
den, der das nicht miterlebt hat."
„Versprich mir wenigstens, dass du nochmal in Ruhe darüber
nachdenken wirst. Das Für und Wider abwägen wirst, und dabei
auch an deine Tochter denkst. Sie braucht keinen Vater, der im
Gefängnis sitzt oder von der Mafia erschossen wird. Wirst du
darüber nachdenken?"
„Ja."
„Versprichst du es?"
„Ja."
„Dann versuche dich jetzt bitte zu beruhigen." Ich konnte mich nicht
beruhigen. Ich wusste nicht, wie ich die Dinge lockerer sehen sollte,
wie mir auch der Anwalt empfahl.
Ich hatte mich in seinem Büro eingefunden, weil zur gleichen Zeit ein
anderes Gerichtsurteil zum Thema UNITEQ ergangen war, nämlich
das Urteil des Berliner Kammergerichtes zur Klage auf
Provisionsnachzahlung von Henry Klotz. Sein Anspruch wurde
anerkannt; das Kammergericht war zu dem Schluss gekommen,
dass die Geschäfte auf XTR-Basis völlig legal gewesen seien.
„Das heißt", schlussfolgerte ich, „dass Bundesbank und
Bundeswirtschaftsministerium diesen unbedeutenden Aspekt einer
Klage auf Provisionsnachzahlung übersehen und deshalb versäumt
haben, dem Richter mitzuteilen, wie er sein unabhängiges Urteil zu
fällen hat."
Mein Anwalt schüttelte den Kopf. „So dürfen Sie das nicht sehen. Es
gibt Richter, die ihre Unabhängigkeit ernst nehmen, und andere, die
eine Konformität mit bestimmten politischen Tendenzen
signalisieren. Richter, die um jeden Preis Karriere machen wollen.
Offiziell kann man diesen Richtern natürlich nicht einfach die

entsprechenden Fälle zuteilen. Inoffiziell gibt es aber Möglichkeiten
der Manipulation."
„Wie muss man sich das vorstellen?"
„Es gibt festgelegte Zuteilungsverfahren. Richter X zum Beispiel hat
in einem Zeitraum vom 1. bis zum 31. eines Monats alle Fälle mit
den Anfangsbuchstaben A bis D zu übernehmen, Richter Y dann alle
mit den Buchstaben E bis H und so weiter. Durch eine plötzlich
erforderliche verwaltungstechnische Änderung bekommt dann
Richter X nur noch die Fälle von A bis C und Richter Y dann die von
D bis F. Sie verstehen schon."
„Ich brauche mich also nicht der Illusion hinzugeben, jemals Recht
zu bekommen."
„Diese Tricks lassen sich nicht unbegrenzt anwenden. Deshalb hat
der Staatsanwalt auch durchblicken lassen, dass er ihr Verfahren auf
Eis gelegt hat. Die suchen jetzt unter den vielen Transferrubelfällen
verzweifelt nach einem, der Aussicht auf Verurteilung hat. Auf eine
Verurteilung, die rechtlich halbwegs solid erscheint und als
Präzedenzfall dienen kann. Das ist ihr Fall mit Sicherheit nicht.
Schon gar nicht nach dem Urteil zu dieser Henry-Klotz-Sache."
„Ich dachte eigentlich, dass damit der erzwungene Vergleich
angefochten werden kann."
„Das ist nach dem Zivilprozessrecht nicht möglich."
„Nein. Nicht, wenn es darum geht, Unrecht zu beheben. War nur
so'n dummer Gedanke von mir. Aber die Bundesregierung, die
Anspruch auf über eine Milliarde an Firmengeldern erhebt, fordert
diese Summe gleichzeitig von den RGW-Staaten zurück. Auf
welcher rechtlichen Grundlage können diese Politiker versuchen,
doppelt zu kassieren?"
„Fragen Sie mich nicht! Ich teile Ihre Meinung, und wir können nur
deutlich genug darauf hinweisen, wenn es denn irgendwann mal
zum Prozess kommen sollte. Fünf Jahre lang darf ein Prozess
seitens der Staatsanwaltschaft verschleppt werden. Wie ich schon
sagte, ist in die Reihen der Justiz ein Hauch von Unsicherheit
eingezogen." Bei mir war ebenfalls ein gewisser Hauch eingezogen,
ein spürbarer Hauch von Staatsverdrossenheit.

Leningrad

Die Aeroflot-Maschine rollte über die Startbahn in Schönefeld, beschleunigte und hob ab. Wir flogen nach Leningrad. Ich saß zwischen Heidi und Lothar und schloss die Augen. Zum ersten Mal seit über einer Woche empfand ich kein Grausen mehr vor der gallertartigen Zeit, die vor mir lag, und die Stunde um Stunde überstanden werden musste. Das Gefühl der totalen, absoluten Sinnlosigkeit aller Anstrengungen in Vergangenheit, Gegenwart und Zukunft wirkte paralysierend. Es nützte auch nichts, zu wissen, dass diese Resignation die Lage nur verschlechtern würde.
Doch jetzt befand ich mich in einem angenehm erwartungslosen Zustand. Der Flug führte über die Ostsee, gelegentlich waren die baltischen Küsten zu erkennen. Die Reise nach Leningrad würde eine Lockerung in irgendeiner Form herbeiführen, und irgendetwas musste ich ja unternehmen, auch wenn das Ergebnis in den Sternen stand.
Heidi würde die Verhandlungen mit TREST führen, meine Anwesenheit war aus Repräsentationsgründen nötig und Lothar begleitete uns, um die angefallenen Garantiearbeiten durchzuführen. Um 12.44 Uhr landeten wir in Leningrad. Schon an der Gepäckausgabe fiel uns unter den Wartenden jenseits der Zollschranke eine besondere Gruppe mit einheitlich weißen T-Shirts auf. Nach Passieren der Passkontrolle erkannten wir, dass diese T-Shirts alle mit dem Wort UNITEQ bedruckt waren. Wir wurden vom Direktor, dessen Stellvertreter und zehn leitenden Kadern der Firma TREST begrüßt. Der Direktor und sein Stellvertreter stellten sich mit „Boris" vor, die anderen Mitglieder des Begrüßungskomitees mit vollem Namen und ihrer Position. Nur eine ausgesprochen gutaussehende Frau, die auch das optische Zentrum der Gruppe bildete, stellte sich mit dem einprägsamen Namen „Ala" vor. Von vorangegangenen Begegnungen mit sowjetischen Firmen wusste ich bereits, dass Alas Position in ihrer Präsenz bestand. Ihr Name bezeichnete gleichzeitig ihre Tätigkeit.
Mit den Firmenwagen von TREST wurden wir zum Hotel „Leningrad" gefahren, wobei es vor Beginn der Fahrt noch ein kleines Problem

gab. Ich sollte mit Boris, dem Direktor, und Ala einen Wagen besteigen, doch Ala sprach, wie nicht anders erwartet, nur russisch. Der Direktor hätte sich nicht mit mir unterhalten können. Zum wiederholten Male bedauerte ich meine ungenügenden Russisch-Kenntnisse.

Lothar Wendland wurde das Vergnügen zu Teil, neben Ala zu sitzen, und an meiner Seite nahm Heidi Platz. „Tut mir aufrichtig leid für dich", flüsterte sie mir mit verständnisvollem Lächeln zu.

Das Hotel „Leningrad" lag direkt an der Mündung der Newa. Am Ufer unterhalb unserer Fenster ankerte der Panzerkreuzer „Aurora", jenes berühmte Schlachtschiff, das mit einem Kanonenschuss den Sturm auf das Winterpalais eröffnete. Ich vermutete, dass fast jeder, der in diesem Jahr durch dieses Fenster den Panzerkreuzer erblickte, sich die Frage gestellt haben wird, ob demnächst von diesem Schiff aus noch ein zweiter symbolischer Schuss abgefeuert werden würde, als Signal zum offiziellen Ende der sozialistischen Epoche.

Die Verhandlungen mit TREST waren für den nächsten Morgen anberaumt, und an diesem Abend sollten wir zu einem Empfang in größerem Rahmen abgeholt werden. Heidi und Lothar wollten jedoch schon am Nachmittag einen Schnupperbesuch bei TREST machen, so dass wir beschlossen, uns nach dem Mittagessen im Hotelrestaurant zu trennen.

Schon im Foyer des Hotels zog uns ein Geruch in die Nase, der uns zu vielsagenden Blicken veranlasste. Es war ein übler Geruch. Wir beschlossen, trotzdem den Speisesaal zu betreten.

Das Essen bestand aus einem Stück bleigrauem Fisch, der in einer grauen Soße ruhte und aussah wie ein verfaulter Schwammpilz, und einem Stück Fleisch, das nur aus einem Fettschwabbel bestand. Wir bemühten uns, die wenigen Sekunden, die wir am Tisch verbrachten, nicht auf die Teller zu gucken. Stattdessen amüsierten wir uns über die beiden Herren am Eingang, die die Zimmernummern der Gäste kontrollierten und auf einer Liste abhakten, damit sich niemand ein zweites Mittagessen erschlich.

Ich fragte mich aber, ob das Wahrnehmen solcher Details nicht noch Ausdruck meiner desolaten Stimmung war. Um dem Charakter der Stadt gerecht zu werden, würde ich mich grundlegend umstellen müssen.

TREST hatte mir zwei Dolmetscherinnen geschickt, zwei mütterliche

Wesen im undefinierbaren Alter, die mich durch die Stadt begleiten sollten.

Mit Anja und Nadja an meiner Seite schlenderte ich durch das Zentrum von Leningrad, am Ufer der Newa entlang und über die weitläufigen Plätze der klassizistischen Stadtanlage. Es war wunderschön. Die Gebäude und Paläste waren in mildes Licht getaucht, die Sonne stand schon seit Stunden in einem ungewöhnlich tiefen Winkel, die Temperatur betrug ungefähr 20 Grad und vom Finnischen Meerbusen wehte eine angenehme Brise herüber.

Leningrad war von Kanälen durchzogen. Ich wollte gern in eine der Seitenstraßen einbiegen und an einem der Kanäle entlanglaufen, doch Anja und Nadja verhinderten diese Abstecher auf eine äußerst resolute Art.

„Ich weiß doch", argumentierte ich, „dass nicht alle Gebäude so perfekt restauriert sind wie das Winterpalais. Keine Stadt der Welt hat das Geld, ihre historischen Stätten in angemessener Form zu pflegen. Haben Sie eine Vorstellung, wie es in Venedig aussieht? Da blättert und bröckelt es..." Es nützte nichts. Sie wüssten schon, welche Wege interessant seien.

Nur wenig später, als ich meine Aufmerksamkeit mehr den Passanten zuwandte, verstand ich, was sie meinten. In Eingängen, Passagen, Gebäudenischen, an Haltestellen und Kanalbrücken drängten sich Heerscharen von Bettlern. Vor den Läden standen Rentnerinnen mit versteinerten Gesichtern, die mehrere zerschlissene Mäntel übereinander trugen. Sie froren vor Hunger. Ich sah Gruppen von Kindern, von zehn- bis zwölfjährigen Jungen, die keinesfalls auffällig waren, mich aber an die Kindergangs erinnerten, die ich vor längerer Zeit in der kolumbianischen Hauptstadt Bogota gesehen hatte. Jungen mit Blicken, denen schon ein Maß an Elend und Gewalttätigkeit vertraut sein müsste, das jenseits unserer Vorstellungskraft liegt. Sie beobachteten die amerikanischen und japanischen Geschäftsleute, mit besonderer Aufmerksamkeit aber die jüngeren amerikanischen Touristen mit Shorts und Rucksäcken. Sobald sich einer der Rucksackträger von seiner Gruppe entfernte, setzten sich die Kindercliquen in Bewegung, langsam und scheinbar absichtslos - und verschwanden blitzschnell von der Bildfläche, wenn in der Ferne eine

Polizeilimousine aufkreuzte.

Ebenso erstaunt war ich über die vielen selbstbewussten jungen Russen in Armani-Anzügen, und ich wäre der Letzte, der etwas gegen frischerworbenen Wohlstand hätte, doch die Art, wie sie sich zwischen den Rentnerinnen mit den leeren Einkaufsbeuteln bewegten, war das extreme Gegenteil von Understatement.

Unsicher und, wie ich glaubte, vorsichtig, wandte ich mich an meine Begleiterinnen: „Die sozialen Kontraste sind ja viel schärfer als ich erwartet hätte."

„Nun, Gorbatschow..." Nadja widersprach. Es entspann sich ein kurzer Disput auf Russisch, bei dem es unschwer zu erraten war, um was es ging: Um die Schuldfrage.

Ich bat nicht um eine Übersetzung und nahm mir fest vor, diese Themen nicht mehr anzuschneiden.

Um sieben Uhr abends wurden wir, frisch geduscht und hergerichtet, von einem Chauffeur der Firma TREST abgeholt. Wir fuhren durch die Außenbezirke von Leningrad und erreichten nach einer dreiviertel Stunde ein Palais, das in einem Waldgebiet lag. Das Schlösschen hatte die Zarin Katharina als verschwiegenen Ort für ihre Rendezvous bauen lassen. Es lag im Schatten der Bäume, deren Wipfel noch von der Sonne bestrahlt wurden.

Man sah sofort, dass es erst vor wenigen Jahren restauriert worden war. Die Innenräume leuchteten unter dem Blattgold, dem Stuck und den Intarsien, die das Licht der Kronleuchter reflektierten.

„Es war im Krieg schwer beschädigt worden", sagte Boris, „so wie die ganze Stadt. Es war unmöglich, Leningrad in einem Zug wieder aufzubauen. "

Im größten der Räume, der durch die Wandspiegel noch gedehnter erschien, waren Tische aufgebaut, die schon mit Geschirr gedeckt waren. Nachdem Heidi, Lothar und ich den meisten Anwesenden vorgestellt wurden, führte Boris mich zu einem älteren, ungefähr siebzigjährigem Herrn. „Mein Vater."

„Dobry wetschr!", sagte ich. „Guten Abend."

Er schaute mich eindringlich an, ohne ein Wort zu antworten. Boris sagte leise „Papa!" und ich versuchte so freundlich und zurückhaltend, wie ich nur konnte, zu lächeln. Der Vater gab dem Dolmetscher durch einen kurzen Wink zu verstehen, dass er zurücktreten sollte, dann streckte er mir die Hand entgegen.

„Ich hatte geschworen, nie mehr mit einem Deutschen zu sprechen.
Aber Boris hat immer viel Gutes von Ihnen gesagt."
Ich sagte auf Russisch, dass ich mich freue, ihn begrüßen zu dürfen.
Eine auswendig gelernte Floskel, aber ich wollte unbedingt mit
einem russischen Satz antworten.
Boris zog mich zu sich und winkte den Dolmetscher wieder heran.
„Mein Vater hat die Belagerung von Leningrad nicht verwinden
können."
Heidi hatten mir im Flugzeug Einzelheiten über die dreijährige
Belagerung erzählt. Ich konnte mir gut vorstellen, dass Boris' Vater
nicht der einzige war, der sie nicht verwinden konnte. Ich hätte auch
nicht zu fragen gewagt, wo er seine Deutsch-Kenntnisse erworben
hatte.
Wir tafelten den ganzen Abend. Es wurde eine Menüfolge
aufgetragen, die sich wahrscheinlich kaum von den früheren
Zarenmahlzeiten unterschied. In dieser Stadt herrschten wirklich
gewaltige Kontraste.
Während des letzten Ganges, einer Kollektion von Eisbomben, zu
denen türkischer Mokka gereicht wurde, wanderten die Gäste bereits
von Tisch zu Tisch und gaben sich zunehmend ausgelassener.
Wodka wurde natürlich schon den ganzen Abend über getrunken,
und so wusste ich auch nicht mehr genau, wie es kam, dass ich
wieder neben Boris' Vater saß. Er erzählte mir, wie Leningrad im
Laufe der Jahre gewachsen war und welche lauschigen Plätzchen
die Natur hier ganz in der Nähe immer noch für den Ausflügler
bereithielt. Dann fragte er mich unvermittelt, ob wir Deutschen denn
nun mit unserer Vereinigung wieder glücklich seien.
Ich versuchte, so ausweichend wie möglich zu antworten.
Meine Aufgabe bei den Verhandlungen bestand darin, dass ich am
nächsten Morgen um zehn Uhr frisch rasiert im Konferenzraum von
TREST erscheinen und mit den leitenden Kadern 100 Gramm
Wodka kippen musste. Dabei wurde erwartet, dass ich aufrecht
stehen blieb und lächelte. Alles Weitere war Heidis Part, die mit
einem Glas Tee begrüßt worden war.
Ich fragte mich, soweit ich überhaupt mit meinem verkaterten und
von neuem gepeinigten Kopf zu einem einzigen Gedanken fähig
war, warum so häufig meine Vertrauenswürdigkeit betont wurde. Ich
hatte nichts weiter getan, als Computer verkauft, die übliche

Gewinnspanne berechnet und für die handelsüblichen Service-
Leistungen gesorgt. Genau aus diesem Grund waren wir ja mit
Lothar Wendland angereist.
Einige westliche Firmen, nicht wenige vermutlich, mussten ihre
sowjetischen Partner auf die gemeinste Weise über den Tisch
gezogen haben. Vermutlich scherten sie sich auch nicht im
Geringsten darum, dass die sowjetischen Wirtschaftsbedingungen
eine andere Lesart der Vertragstexte erforderten. Wieder wurde mir
bewusst, dass ich ohne Heidis Hilfe, ohne das Engagement der
UNITEQ-Mitarbeiter, kaum in der Lage gewesen wäre, mich so gut
an die sowjetische Situation anzupassen. Und das alles sollte bald
vorbei sein?
Ich musste an die DABA denken, und das war gar nicht gut im
alkoholisierten Zustand. Gestern hatte ich keine Sekunde lang an
diesen Raubritterverein gedacht, das wollte ich als positives Zeichen
sehen. Selbst wenn in meiner Abwesenheit das ganze UNITEQ-
Gelände beschlagnahmt werden sollte, wäre die Lieferung an
TREST nicht gefährdet. Dafür hatte ich vor der Abreise noch
gesorgt!
Nachdem ich tapfer die Begrüßung durchgehalten hatte, wurde ich
von Anja und Nadja abgeholt, die darauf brannten, die Führung
durch Leningrad fortzusetzen.
Im Hotel hatte ich jedoch ebenso wie Heidi und Lothar auf das
Frühstück, das dem Mittagessen vom Vortag ähnelte, verzichtet.
Jetzt dachte ich an nichts anderes mehr als an eine kräftigende
Mahlzeit. Ich müsste dringend die fatale Wirkung des Wodkas auf
nüchternen Magen bekämpfen.
Doch in Leningrad war es unmöglich, spontan ein Frühstück zu
bekommen. Daran konnte selbst die Organisationsleitung von
TREST nichts ändern. Cafés existierten nicht in der Stadt, und die
Hotels, bei denen angefragt wurde, sagten „njet". Dolmetscherin
Anja öffnete ihre Tasche und reichte mir die Hälfte ihrer
Frühstücksstullen. Frisches Brot mit fetter Wurst. Ich biss hinein wie
der Wolf in die Gänsekeule. Danach war ich gestärkt für die
Eremitage.
Mittags gegen eins war ich wieder im Hotel. Ich hatte mich mit Heidi
im Foyer verabredet, um die Lieferungswünsche von TREST zu
besprechen. Für den Nachmittag war ein Ausflug nach Zarskoje Selo

geplant, der Sommerresidenz der Zaren, die in ihrer Pracht mit Versailles verglichen wird.

Wir rechneten gerade aus, was wir für 160.000 Dollar alles würden liefern können, als ein Herr vor unserem Tisch stehen blieb. Ich blickte auf und erkannte Oleg Salamatin. Das war eine Überraschung, mit der ich nicht gerechnet hätte!

Oleg lächelte einnehmend und Heidi imitierte ungewollt Olegs melodiöse Art zu sprechen:

„Zufälle gibt es, das glaubt man nicht. Möchtet Ihr nicht meinen Onkel Omar kennenzulernen, Omar Tamsuradse, er sitzt dort drüben. Er ist das Oberhaupt unserer Familie."

Omar Tamsuradse wirkte auf den ersten Blick wie ein griechischer Tankerkönig, der sich ins Hotel Leningrad verirrt hatte. Seine beiden Ringe waren mit einem Smaragd und einem Saphir bestückt, und die Rolexuhr an seinem Handgelenk entsprach ungefähr der Summe, die die Maschinenfabrik TREST für Computer ausgeben konnte. Ich war nicht ganz unbefangen, als ich einem der einflussreichsten georgischen Clanchefs gegenübertrat.

Zu meiner nochmaligen Überraschung bot Omar Tamsuradse Heidi und mir gleich an, ihn beim Vornamen zu nennen, da wir ja Geschäftspartner seines Neffen seien. Er wusste überhaupt so gut wie alles über mich, und die Frage, was wir denn in Leningrad täten, wurde meiner Vermutung nach nur pro Forma gestellt. Wenn diese Begegnung als Zufall bezeichnet wurde, dann war das eine georgische Form von Humor, an den ich mich möglichst schnell gewöhnen wollte.

Omar bestellte Erfrischungsgetränke und weihte uns in den Grund seines Aufenthalts in Leningrad ein.

Zwischen Kanada und der Sowjetunion war ein Wirtschaftsabkommen geschlossen worden, dass die Bürgschaft der kanadischen Regierung für Investitionen in Höhe von 600 Millionen Dollar vorsah. Ein kanadisches Bauunternehmen hatte daraufhin beschlossen, in Leningrad ein Krankenhaus für 200 Millionen Dollar zu bauen. Jetzt musste eine russische Bank gefunden werden, die diese 200 Millionen Dollar in Rubel umtauschte. Dieses Switching war notwendig, weil Zulieferer und Arbeitskräfte in Rubel ausgezahlt werden mussten, doch es gab auch noch einen anderen Grund: Der offizielle Kurs zum Dollar betrug 80 Rubel, aber in der Praxis war der

Umtauschkurs Verhandlungssache. Gesucht wurde eine Bank, die in der Lage war, eine so hohe Summe zu tauschen und das möglichst zu einem höheren Kurs als dem offiziellen. Die kanadische Firma und ihre russischen Partner fanden auch bald diese Bank.
Omar machte eine bedeutsame Pause. Mir war aufgefallen, dass er Heidi nicht nur als Übersetzerin betrachtete. Er bezog sie ebenso in das Gespräch ein wie mich.
„Der Direktor der Bank ist ein naher Verwandter von mir. Er fragte mich, was man mit 200 Millionen Dollar machen könne. Wir überlegten ein wenig, und die beste Idee kam von meinem Neffen Oleg. Die Firmen, die bei ihm und seinem Freund in Woronesch Computer kaufen wollen, können die Bezahlung über das 200 Millionen-Dollar-Konto abwickeln. Sagen wir, es bleibt exklusiv für die reserviert, die sich entschließen, bei Oleg und Sascha zu kaufen. Und geliefert werden die Computer von UNITEQ. Ausschließlich von UNITEQ. Bei Einverständnis könnten wir nächste Woche den Vertrag abschließen."
Mir blieb der Atem aus. So ein Geschäft hatte ich noch nie abgeschlossen. Es hatte den doppelten Umfang vom Acumen-Geschäft. Wenn das zustande kommen sollte, konnte ich der DABA den gestreckten Mittelfinger zeigen.
„Wie lange bleibt ihr noch in Leningrad?" fragte Omar.
„Zwei bis drei Tage."
„Wollt ihr nicht anschließend nach Georgien kommen?"
Ja, das wollten wir.
Omar blinzelte mir zu. „Ich könnte mir vorstellen, dass sich dort auch noch andere lohnenswerte Vereinbarungen treffen lassen."
Ich hatte geglaubt, dass es schon zu spät sei für den Ausflug nach Zarskoje Selo, doch in Leningrad ging die Sonne selbst im August erst gegen elf Uhr unter, so dass wir noch ausreichend Zeit hatten. Zarskoje Selo ist vielleicht die größte Sehenswürdigkeit von Leningrad, auf jeden Fall aber die beliebteste. Die Massen von Besuchern, die sich am Eingang drängten, verteilten sich in der unglaublich weitläufigen Schloss- und Gartenanlage. Ohne Wegweiser hätten wir uns niemals zurecht gefunden. Wir schlenderten über Terrassen, umkreisten die zahllosen Springbrunnen und wanderten zu den versteckt liegenden Pavillons. Über die Alleen flanierten junge Damen in Rokoko-Kostümen, die

sich für ein Entgelt fotografiert ließen.

Wir fuhren in das abendliche Leningrad zurück. Die Atmosphäre
dieser Stadt übte einen regelrechten Zauber auf mich aus. Ich
träumte vor mich hin und genoss die Pracht des rosa-goldenen
Himmels, dessen Licht die Häuser und Brücken wie Backwerke aus
Zuckerguss erscheinen ließ. Wir fuhren zu einem Palais am Ufer der
Newa, wo uns ein Abendessen in größerer Gesellschaft erwartete.

Die Verhandlungen mit der Maschinenfabrik TREST wurden am
nächsten Vormittag abgeschlossen. Boris, der Direktor, lud Heidi
und mich zu einem Ausflug an die finnische Grenze ein. Lothar
Wendland konnte uns leider nicht begleiten, er musste nach Prag,
um bei dortigen Firmen Garantiearbeiten auszuführen.

Mit einem VW-Bus, den UNITEQ vor einem Jahr geliefert hatte,
verließen wir zusammen mit den beiden Boris und der schönen Ala
in den Mittagsstunden Leningrad. Gesteuert wurde der Bus von
einem Chauffeur, der die undankbare Aufgabe hatte, bis zum Abend
des nächsten Tages nüchtern zu bleiben. Zwei Stunden lang fuhren
wir über eine Chaussee, die von Birkenwäldern und Seen gesäumt
war. Dann bogen wir in einen Waldpfad ein und erreichten die
Datscha des Direktors. Ich war betäubt von der Schönheit der
Landschaft.

Der Himmel war an diesem Nachmittag blassblau, wurde wieder
leuchtend rosa in den Abendstunden und ging in ein Purpur über,
das die ganze Nacht anhielt. Wir badeten im See, Karpfen
schwammen unter unseren Bäuchen entlang. Wir lagen im Gras und
verdrückten archaische Mengen von Fleisch, das an zwei Meter
langen Grillspießen gegart wurde.

Ich bekam nicht heraus, zu welchem der beiden Boris die schöne
Ala gehörte und wurde nervös, wenn sie mit mir flirtete, sehr nervös,
und beobachtete ungewollt, wie gut sich Heidi mit den beiden Boris
verstand.

Ich war betäubt vom Wodka. Ich war betäubt von der grenzenlosen
russischen Gastfreundschaft.

Wir wachten auf vom Sonnenlicht und dem Vogelgezwitscher, das
die Blockhütte durchdrang. In Pfannen, die ich kaum anheben
konnte, wurden Rühreier mit Speck gebraten. Dazu tranken wir
Kaffee und Wodka.

Zwei Stunden lang ruderte der Direktor Heidi und mich über den

See. Ich bot an, ihn abzulösen, doch das wurde energisch zurückgewiesen. Dafür war ich ihm dankbar. Er ruderte und Heidi und ich saßen dösend im Boot und ließen die Hände ins Wasser hängen. Als wir zurück an das Ufer kamen, drehten sich die Grillspieße über dem Feuer. Eine neue Wodkaflasche wurde geöffnet.

Die Kaukasus-Expedition

Der Flug von Leningrad nach Tbilisi dauerte fünf Stunden und
kostete umgerechnet 3,50 DM. Wir flogen fast drei Stunden lang
über die nordrussischen Wälder, deren Ausdehnung so unendlich
erschien, dass ich mir die Erde unter mir bald nur noch als
baumbewachsene Fläche vorstellen konnte, an deren Westrand sich
irgendwo weit hinter dem Horizont eine kleine Siedlung namens
Europa befand.
„Du hättest jetzt lieber jemand anderes neben dir sitzen, stimmt s?"
Heidis Lächeln entzog sich jeder Deutung.
„Wen meinst du denn?"
„An die Dolmetscherinnen hatte ich im Moment nicht gedacht."
„Nicht?.. Ich glaube, wir sind schon über der Ukraine."
Die Ausdehnung der ukrainischen Steppen und Felder erschien
ebenso grenzenlos, wie die der russischen Wälder. Doch die
Ukraine war dichter besiedelt, gelegentlich sah man eine Ortschaft,
und eine Zeitlang durchschnitt der Dnjepr die Ebene in zwei
puzzelförmig zueinander passende Teile.
Plötzlich befanden wir uns über dem Schwarzen Meer und kurz
darauf flogen wir auf die Höhenzüge des Kaukasus zu.
Bis zu dem Augenblick, an dem die Iljuschin-Maschine die Räder auf
dem Rollfeld ausfuhr, hielt ich es für undurchführbar, in der
zerklüfteten Umgebung Tbilisis zu landen, und selbst auf der
Landebahn glaubte ich noch, dass wir gleich in eine Schlucht
stürzen würden. Heidi und ich mussten ziemlich blass ausgesehen
haben, als wir am Flughafen von Oleg und Omars Sohn Dato
empfangen wurden. Dato sprach ebenso fließend Russisch wie
Omar, so dass es keine Probleme mit der Verständigung geben
würde. Heidi schien russisch ebenso perfekt wie deutsch zu
sprechen, in Leningrad hatte sie fast simultan übersetzt.
Der Höhenunterschied in der Umgebung von Tbilisi betrug mehrere
hundert Meter. Wir fuhren mit Datos Renault über
Serpentinenstraßen, vorbei an den Berghängen, die mit Wehrtürmen
und burgartigen Villen bestückt waren. Nach zwanzig Minuten
Fahrtzeit öffnete sich vor uns ein breites Tal, das von einem riesigen

Stausee ausgefüllt war. Wir hielten auf einem kleinen Parkplatz. Die Ufer des Stausees verschwammen in der Ferne. Die umliegenden Berge waren schneebedeckt. In tieferen Regionen war die Vegetation mediterran, überall standen Obstbäume, Bäume mit Pflaumen, Äpfeln und Zitrusfrüchten. An vielen Hängen wurde Wein angebaut. Mir fiel auf dass die Temperatur nicht höher als in Leningrad war, obwohl sich Tbilisi auf einem Breitengrad mit Neapel befand.

Jetzt erkannte ich auch, dass sich an dem zur Stadt hin gelegenen Ufer des Stausees ein breiter Sandstrand erstreckte. Er war aber absolut menschenleer.

„Das ganze Gebiet hier", sagte Oleg, „wartet darauf, touristisch erschlossen zu werden."

Hoffentlich nicht wie in Mallorca, dachte ich, während Oleg und Dato mir das Terrain schilderten.

„Unter den Bäumen stehen teilweise schon Blockhütten, aber nur in der Nähe der Zufahrtsstraßen nach Tbilisi. Der Sandstrand ist mehrere Kilometer lang. Das dahinter liegende Gelände mit den Bäumen ist Teil einer 600 Meter breiten Erholungszone. Unter den Bäumen könnten Bungalows gebaut werden. Mit Strom- und Wasseranschluss."

Diese Idee gefiel mir dann doch.

„Das Haus meines Vaters liegt auf einem der höchsten Berge von Tbilisi", sagte Dato. „Wollen wir noch einen Umweg durch das Stadtzentrum machen?"

Der neuere Teil von Tbilisi bestand fast nur aus Prachtstraßen, aus Alleen mit platanenbewachsenen Fußgängerzonen zwischen den Fahrbahnen. Hier pulsierte das Leben noch intensiver als in Sofia. Die Atmosphäre erinnerte mich an Frühlingsnachmittage in italienischen Städten. Der Verkehr war ebenso rasant, und die Passanten stürmten an genau den Stellen über Straßen, an denen es am gefährlichsten aussah. Es gab kein Haus, das nicht einen Balkon gehabt hätte und keinen Zentimeter Erde, auf dem nicht Blumen oder Gemüse wuchsen. Und keine Straße verlief nur annähernd eben, Steigungen zwischen zehn und zwanzig Grad bestimmten das Bild der Stadt.

Wir parkten den Wagen, schlenderten zu Fuß über den Rustaweli-Boulevard und durchquerten die Altstadt Maidam, die im fünften

Jahrhundert als Residenz der georgischen Könige entstanden war. Hier herrschte eine durchweg orientalische Atmosphäre. Ich fühlte mich wie in einem marokkanischem Basarviertel, obwohl die Georgier keine Gelegenheit ausließen, ihr Christentum zu demonstrieren. Überall sah man Bilder, Fahnen und Plakate, die den heiligen Georg beim Drachentöten zeigten, und in der Mitte der Altstadt erhob sich die Kathedrale des Patriarchen der Georgisch-Orthodoxen Kirche.

Am frühen Abend trafen wir in Omars Haus ein, einem großzügigen Domizil, von dem aus man einen Weitblick über die gesamte Stadt hatte. Es war von einem riesigen Garten umgeben, in dem bereits ein Spanferkel gegrillt wurde. Omar stellte uns seine Familie vor, seine Frau, die mühelos mit der Gattin des früheren Schahs von Persien hätte konkurrieren können, und seine beiden Töchter, zwei wunderschöne, selbstbewusste Teenie-Prinzessinnen, die die Kaukasus-Region von ihrer eindrucksvollsten Seite repräsentierten. Dann führte Omar uns durch sein Haus.

Es gab für jedes Familienmitglied einen eigenen Zimmertrakt, aber auch einen Billardsalon, einen Partykeller mit Anbindung an die Gartenterrasse, sowie Räumlichkeiten für die verschiedensten Sportarten. Dieser Wohlstand konnte nicht erst in den letzten Monaten entstanden sein. Oberhäupter georgischer Clans hatten sich offenbar auch unter der Sowjetmacht häuslich einrichten können.

Die Gästezimmer lagen im ersten Stock, doch Heidi und mich trieb es gleich wieder hinaus in den Garten.

„Wie gefällt es dir in Georgien?" fragte mich Omar.

„Ich hatte geglaubt, Leningrad sei die schönste Stadt der Sowjetunion. Aber wenn ich Tbilisi sehe..."

„Vorsicht", lachte Omar. „Georgien gehört nicht mehr zur Sowjetunion."

„Ich weiß. Ich muss mich nur noch daran gewöhnen."

„Wir auch. Nur können wir uns damit nicht viel Zeit lassen. Wir müssen so schnell wie möglich auch eine wirtschaftliche Unabhängigkeit erreichen. Eine gewisse Unabhängigkeit zumindest, sonst bleiben wir ewig an der langen Leine Russlands."

„Wie stehen die Chancen dafür?"

„Wir haben reiche Bodenschätze, die auf dem Weltmarkt gefragt sind. Erdöl, Gold, Wolfram, Mangan und natürlich eine reiche Landwirtschaft. Obst, Gemüse, Wein, Baumwolle, Tabak, Tee. Du kannst die gesamte diesjährige Tomatenernte Georgiens für den Verkauf nach Europa bekommen. Einschließlich unserer Ketchup-Produktion."

„Es dürfte sehr schwierig sein, Lebensmittel aus Nicht-EG-Ländern in Westeuropa zu verkaufen. Die Einfuhrzölle sind hoch und das vor allem bei Obst und Gemüse, das in der EG selbst angebaut wird. Ich glaube nicht, dass ich die Tomaten mit Gewinn verkaufen könnte. Vielleicht sollten wir eher prüfen, wie die Chancen für georgischen Tee stehen."

Die Dächer von Tbilisi erstrahlten in rotgoldenem Licht, dann verschwand die Sonne hinter den Bergen im Westen, und es wurde mit einem Schlag dunkel. Ein kräftiger Windstoß pfiff über die Terrasse, wir mussten uns Pullover holen, bevor wir uns um das Spanferkel versammelten. Omar wies seine Töchter an, russisch zu sprechen, damit die Kommunikation direkt über Heidi laufen konnte. Wir tranken das erste Glas Wein. Er schmeckte fantastisch. Ich hatte einen schweren, alten Wein erwartet, doch dieser stammte von einer mehrfach veredelten Rebe, einem Ergebnis systematischer Verfeinerung.

„Unser bester Wein", sagte Omar. „Auch den würden wir gern exportieren. Er ist allerdings nicht ganz billig."

„Kann ich mir denken. Wieviel kostet den die 0,7 Liter-Flasche?"
Omar nannte den Preis. Er betrug umgerechnet 40 Pfennig.
Nach dem zweiten Glas gestalteten sich die Gespräche schon häufiger über Zeichen und Gesten, und nach fünf Gläsern zeigte sich wieder die rätselhafte Kraft, mit der der Alkohol sprachliche Barrieren verschwinden lässt.

Der nächste Tag stand ganz im Zeichen geschäftlicher Sondierungen. Wir fuhren zusammen mit Omar und Dato an den Stausee und besichtigten die vor dem Strand liegende „Erholungszone". Sie war menschenleer wie am Vortag. Zwischen Tannen und kleineren Nadelbäumen standen Blockhütten von ca. 100qm Grundfläche. Der Boden war teils sandig, teils mit Gras bewachsen. Die Hütten hatten Stromanschluss und einen Wasserhahn vor der Tür.

„Gibt es überhaupt keine Touristen hier?", fragte ich.

„Die Anlage ist erst vor kurzem errichtet worden. Ursprünglich war
der Stausee ja nur zur Gewinnung von Wasserkraft gedacht. Aber
die Badeorte am Schwarzen Meer waren total überlaufen, und
Intourist suchte an anderen Stellen nach Alternativen. Doch dann
blieben die Russen weg. Sie haben kein Geld mehr."
Ich überlegte, ob es noch andere Gründe gegeben haben konnte.
Am Vortag waren wir durch Tbilisi spaziert. Wir hatten uns russisch
unterhalten, eine andere Möglichkeit hätten wir gar nicht gehabt.
Kein Mensch hatte sich daran gestört, es gab keine feindseligen
Blicke oder ähnliche Reaktionen. Die sinkende Kaufkraft der Russen
schien wirklich der Hauptgrund für ihr Fernbleiben zu sein.
Omar wies mit einer Geste über See, Strand und Waldpflanzung.
„Wäre das nichts für UNITEQ TOURISTIK? Du kannst das ganze
Gebiet für dich haben, aber nur unter einer Bedingung. Du musst
dich vertraglich verpflichten, es touristisch zu erschließen. Hier muss
unbedingt investiert werden."
Ich brauchte nicht erst darüber nachzudenken, ob ich mich hier als
Urlauber wohlfühlen würde. Es war ein lauschiges Plätzchen. Die
Blockhütten müssten modernisiert werden, an anderer Stelle
könnten Flachbungalows mit größerem Komfort entstehen und ein
oder zwei Zeltplätze würden ebenso gut in dieses Gebiet passen.
Ein Freilichtkino müsste noch gebaut werden und natürlich eine
Disco. Eine Disco mit Restaurantkomplex an der Zufahrtsstraße
nach Tbilisi. Das würde ein gemischtes Publikum garantieren, und
der Lärm würde nicht bis zu den Hütten vordringen. Auch der
Charakter dieses Landstrichs wäre in keine Weise beeinträchtigt.
Ausflüge in die Bergwelt und Rundfahrten durch Georgien könnten
zusätzlich noch angeboten werden. Die Leute würden nach Tbilisi
hineinfahren, und ihr Erscheinen würde die Gründung weiterer Cafés
und Restaurants nach sich ziehen. Da kämen schon einige Devisen
ins Land. Das Programm würde Touristen ansprechen, die sich
erholen und gleichzeitig ein fremdes Land kennenlernen wollen. Für
Reisende, die einen Urlaub abseits der eingetretenen Pfade
schätzen.
„Ich wäre interessiert", sagte ich zu Omar, „aber ich müsste noch mit
Viktor Fürstenberg sprechen. Ich könnte mir aber vorstellen, dass
ihm das auch gefallen würde. Mit seinen Beziehungen zu Aeroflot
könnten wir vorteilhafte Angebote machen."

„Aus rechtlichen Gründen kann ich das Gebiet nicht verschenken.
Aber für den symbolischen Preis von 1000 Deutschen Mark kannst
du es erwerben."
Allmählich bekam ich den Eindruck, dass Omar die Wirtschaft des
Landes kontrollierte. Wir fuhren am Stausee entlang und schauten
uns einige Hotels an. Am Spätnachmittag kehrten wir in sein Haus
zurück. Zusammen mit Oleg Salamatin besprachen wir noch einmal
das 200-Millionen-Dollar-Geschäft. Dieses Geschäft, das mich
unabhängig von der DABA und immun gegen die Schikanen der
deutschen Justiz machen sollte. UNITEQ würde ein neues
Fundament erhalten. Das Geld und den Warenverkehr würde ich
über das Ausland laufen lassen. Über die Einzelheiten brauchte ich
mir im Moment noch keine Gedanken zu machen.
Wir suchten auch nach Möglichkeiten für Barter-Geschäfte, bei
denen Ware mit anderer Ware bezahlt wird, Tauschgeschäfte
sozusagen. Für die devisenarme Sowjetunion und ihre
Nachfolgestaaten eine gute Gelegenheit, in den Weltmarkt
einzusteigen. Bei diesen Geschäften sind der Phantasie keine
Grenzen gesetzt, sie ist im Grunde die Voraussetzung für das
Zustandekommen. So könnten doch, überlegten wir uns, Computer
mit Holzpaletten bezahlt werden, eben jenen Paletten, die in
Westeuropa teuer sind, weil die Skandinavier die Preise diktieren.
Russland hingegen würde gern etwas von seinem Holz exportieren,
im Tausch gegen die unzähligen Dinge, die dort knapp und nicht zu
bezahlen sind.
Wir saßen im Garten, und von der Terrasse wehte uns der Duft von
zwei knusprig werdenden Fasanen entgegen. Mir lief das Wasser im
Mund zusammen. Für den Abend wurde eine größere Anzahl von
Gästen erwartet, Verwandte von Omar, Mitglieder seines Clans.
„Ich werde mich dafür aussprechen", meinte er, „dass UNITEQ die
Erlaubnis erhält, sich in Georgien niederzulassen."
„Das hört sich ja richtig kompliziert an."
„Diese Erlaubnis hat bisher nur eine einzige westliche Firma
bekommen. Eine österreichische Firma."
„Aber woran liegt das?"
„Wir wollen nur Firmen ins Land lassen, von denen wir auch einen
Vorteil haben."
„Ich hoffe, dass ich das glaubhaft darlegen kann."

„Morgen bekommst du die Genehmigung. Das
Wirtschaftsministerium wird von meinem Schwager geleitet."
Unmittelbar vor dem Essen wurde ich von Dato in eine stille Ecke
gezogen, in der schon Heidi wartete. „Mein Vater möchte gern mit dir
Brüderschaft trinken. Bist du einverstanden?"
Aus den Erklärungen konnte ich entnehmen, dass unser bisheriges
Duzen im Georgischen einem lockeren Siezen unter Bekannten
entsprach. Das formellere 'Sie' ist dem Umgang mit Fremden
vorbehalten.
Drei Stunden später trank ich vor den Augen aller Gäste mit Omar
Brüderschaft nach georgischem Ritual.
Ich richtete mich im Bett auf, draußen war es noch dunkel. Das
Fenster stand offen, es lag nach Südosten. Über den Bergen setzte
ein erstes Morgengrauen ein. Wodurch war ich aufgewacht?
Gestern hatten wir die Verträge unterzeichnet. Den Vertrag über das
200-Millionen-Dollar-Geschäft und einen Vertrag über die Option auf
den Tourismus-Komplex. Dieses Ereignis wurde gefeiert nach alter
Clans-Art.
War da ein Geräusch draußen? Ein Brummen? Oder war das in
meinem Kopf? Was sollte da draußen brummen!
Ich wachte wieder auf, und es war taghell.
Das Gästebad befand sich bei uns im ersten Stock. Heidis
Zimmertür stand offen, sie musste schon unten in der Küche sein. Im
Haus war nicht das geringste Geräusch zu hören. Das war
ungewöhnlich, in Omars Haus ging es immer recht munter zu.
Ich putzte mir die Zähne und ging hinunter in die Küche. Omar, seine
Frau, Heidi und Dato saßen am Tisch und sprachen kein Wort. In
ihren Gesichtern stand das nackte Entsetzen.
„Mein Gott, was ist denn hier los?", fragte ich.
„Gorbatschow ist heute Nacht gestürzt worden."
„Soll das ein Scherz sein?"
„Von einer Gruppe von Generälen." Ich sank auf einen Stuhl nieder.
„Wo ist...Gorbatschow jetzt?"
„Wird auf der Krim festgehalten."
„Aber was heißt das? Eine Gruppe von Generälen?"
„Sie waren bis jetzt so gut wie unbekannt. Außer dem KGB-Chef
Krjutschkow. Der langjährige Freund und Vertraute Gorbatschows."
„Was soll jetzt werden?"

Achselzucken.
Omars Frau schenkte mir Tee ein. Auf dem Tisch stand das würzige
Gebäck, das jeden Morgen zum Frühstück gegessen wurde. Im
Fernsehen lief eine Balettvorführung zu getragener Musik.
„Könnte man denn nicht das georgische Fernsehen einschalten?"
„Das ist das georgische Fernsehen."
„Um welche Zeit kommen denn Nachrichten."
„Überhaupt nicht. Das geht schon den ganzen Morgen so. Nur
einmal wurde ein Kommuniqué der Generäle verlesen."
„Und wie lautet das?"
„Die gesamte politische Entwicklung der letzten fünf Jahre soll
revidiert werden."
„Um Himmels Willen ... Aber das ist doch ausgeschlossen!"
Heidi warf mir einen müden Blick zu. „Du kannst ja KGB-Chef
Krjutschkow anrufen und ihm das mitteilen."
„Mich wundert nur", sagte Omar, „dass das Kommuniqué nicht
regelmäßig verlesen wird. Das war nach Chruschtschows Sturz so,
klassische Musik und regelmäßige Verlautbarungen, damals hatten
wir nur Radio, dann zum Einmarsch in Prag, und das gleiche wieder
zu Afghanistan."
Dato hatte ein Kofferradio in die Küche geholt. Er kurbelte an der
Senderskala und fluchte auf Georgisch, fand aber dann einen
Sender, auf dem nur gesprochen wurde. Er und seine Eltern
lauschten einige Minuten, dann übersetzten sie Heidi das soeben
Gehörte: Jelzin hielt sich versteckt und rief zum Widerstand gegen
die Putschisten auf. Den Militärangehörigen, die auf deren Befehle
hörten, wurde schwerste Bestrafung angedroht.
Niemand am Küchentisch wusste, wie er das kommentieren sollte.
Eigentlich hätte man erwartet, dass Jelzin zusah, wie er sein Leben
retten konnte.
Das Telefon klingelte, Omar stürzte an den Apparat. Dato flüsterte
uns zu, dass am Morgen die Leitung tot gewesen war.
„Die georgische Armee hat die Telefonzentrale in Tbilisi
übernommen", rief Omar uns zu. „Die Verbindungen über die
georgischen Grenzen hinaus sind aber nach wie vor gesperrt."
Er winkte seinen Sohn zu sich, beide rannten die Treppen hinunter
und fuhren mit Omars Wagen davon.
Von Omars Frau ließen wir uns erklären, was es mit der georgischen

Armee auf sich habe.

Sie war einen Monate nach der Unabhängigkeitserklärung aufgestellt worden. Da Georgien, im Unterschied zu den baltischen Ländern, die im Lande lebenden Russen als georgische Bürger betrachtete, dienten in der georgischen Armee auch Russen. Darüber hinaus hatten sich einige Einheiten der Roten Armee den georgischen Verbänden angegliedert. Natürlich war die Rote Armee selbst noch in Georgien stationiert, in der wiederum auch georgische Wehrpflichtige dienten. Es klang nach vorprogrammiertem Chaos.

Ich trat auf die Terrasse hinaus. Über der Stadt kreisten unzählige Hubschrauber. An einer Kreuzung in der Ferne konnte ich Panzer erkennen.

Heidi war zu mir auf die Terrasse getreten. „Wie sollten wir uns deiner Meinung nach verhalten?"

„Wir können unsere Gastgeber nicht im Stich lassen."

„Das möchte ich auch nicht."

Wir standen an der Terrassenbrüstung und wussten sehr gut, dass unsere Loyalitäts-Gefühle in keinem Verhältnis zur Realität standen. Wir würden hier niemanden unterstützen können. Wir würden eher zur Belastung werden.

„Sollen wir die Entscheidung nicht Omar überlassen?"

„Nein", sagte Heidi, „wir würden die ganze Familie in Verlegenheit bringen. Lass uns die Koffer packen."

Nach zwei Stunden traf Dato wieder im Haus ein.

„Wir haben eine Verbindung nach Moskau bekommen, und dort sieht es so aus: Jelzin ist ins Weiße Haus zurückgekehrt, in das Parlament der Russischen Republik. Die Reformer und Anhänger der demokratischen Parteien haben sich ebenfalls dort versammelt. Jelzin hat die Bürger zur Verteidigung des Weißen Hauses aufgerufen. Zur Zeit sollen sich auf dem Platz vor dem Gebäude zehntausend Moskauer versammelt haben, um diesem Aufruf Folge zu leisten. Die Verbände der Putschisten stehen in den Außenbezirken von Moskau. In der Innenstadt strömen tausende ungehindert zu Jelzins Amtssitz."

„Aber was wollen Unbewaffnete gegen eine Armee ausrichten?"

„Nichts. Sie können ihr Ärger bereiten, das ist alles. Es scheint aber, dass die Putschisten ihren Sieg erst als vollständig ansehen, wenn sie Jelzin haben. Bis dahin ... Nun, ich glaube, dass das nur noch eine Frage von Stunden sein wird."

„Und was bedeutet das für Georgien?"

„Die Regierung hat heute Vormittag beschlossen, dass unsere Armee bei einem Sieg der Putschisten den Kampf gegen sie in Georgien aufnehmen wird."

Wir erklärten Dato, dass wir unter diesen Umständen keine andere Möglichkeit sähen, als nach Berlin zurückzukehren.

„Es tut mir so leid für euch." Dato schüttelte den Kopf und ließ den Blick über die Dächer von Tbilisi schweifen. „Und meinem Vater auch. Er mag euch sehr. Wir hätten uns einen anderen Abschied gewünscht." Er hatte Tränen in den Augen und Heidi ebenfalls. Dato war zweiundzwanzig Jahre alt; kein Alter, um sich auf bewaffnete Auseinandersetzungen zu freuen.

„Ich rufe jetzt beim Flughafen an", sagte er mit fest entschlossenem Ton. Zum Flughafen ließ sich aber keine telefonische Verbindung herstellen.

„Dann fahren wir eben hin", rief Dato. „Kommt, steigt ein!"

Der Flughafen lag am anderen Ende der Stadt. Wir mussten zuerst durch die oberen Stadtteile hinunter ins Zentrum fahren. Die Einwohner hielten sich keineswegs nur in ihren Häusern auf, wie ich erwartet hatte. Die Straßen waren belebt, nur war die Atmosphäre nicht mehr ausgelassen, sondern düster und teilweise schon bedrohlich. Menschen standen in Gruppen zusammen, unter ihnen waren junge Männer in Uniformen.

„Das ist die georgische Armee", erklärte Dato. Wir fuhren über eine Straße, die auf eine Allee zuführte, mehrere Autos rasten von der Gegenseite an uns vorbei, blinkten und streiften uns fast. Dato bog in die Allee, vor uns an der Kreuzung standen Panzerspähwagen, Dato riss den Wagen herum und trat aufs Gaspedal. Heidi und ich stießen mit den Köpfen gegen die Scheibe, Datos Gesicht war schweißnass.

„Die Verfügungstruppen des Innenministeriums. Des sowjetischen Innenministeriums." Er beugte sich zu uns, während er weiterfuhr. „Diese Verfügungstruppen haben noch eine spezielle Einheit. Omon, die Miliz für besondere Verwendung. Man erkennt sie an ihren schwarzen Baretten. Es sind die größten Schweine, die die Sowjetmacht seit Stalin hervorgebracht hat. Sie werden von jedem gehasst; von uns, von den Russen, selbst von der Roten Armee."

An der Zufahrtsstraße zur Kreuzung, von der wir zurückkamen, stand inzwischen schon die Polizei und lenkte den Verkehr um. Offensichtlich sollte ein Zusammenstoß mit den Verfügungstruppen vermieden werden. „Vor zwei Jahren", erzählte Dato, „hat es in Tbilisi eine große Demonstration für die Unabhängigkeit gegeben. Sie verlief friedlich und endete in einem Volksfest. Nach Mitternacht beschossen die OMON-Einheiten die Feiernden plötzlich mit Giftgas-Granaten." Dato sprach schnell, hastig, sein Russisch vermischte sich mit Georgisch, für Heidi wurde es schwierig, zu übersetzen. „Hunderte lagen auf der Straße und wanden sich unter Erstickungsanfällen, und die OMON-Leute schlugen mit Spaten und Äxten auf sie ein. Ich weiß nicht mehr, wieviel Tote und Verletzte es dabei gegeben hat. Viele sind nachher in den Krankenhäusern gestorben. Die Art des Gases wurde nicht bekannt gegeben und die Ärzte wussten kein Gegenmittel. Aus Genf sollte eine Rot-Kreuz-Delegation kommen, um sich das anzuschauen, aber Gorbatschow hat sie nicht reingelassen."
Für den Rest der Fahrt verstummte das Gespräch. Am Flughafen angekommen, erfuhren wir, dass sämtliche Flüge nach Moskau oder in andere Teile der Sowjetunion gestrichen waren. Es gab keinen Luftverkehr mehr. Dato legte die Arme um unsere Schultern. „Jetzt fahren wir erstmal zurück ins Haus. Mein Vater wird schon eine Lösung finden."
Als wir zurück in das Stadtgebiet kamen, kreisten die Hubschrauber der Sowjetmacht über den Hauptverkehrsstraßen in kaum mehr als zehn Meter Höhe. Die Polizei fuhr mit Lautsprecherwagen herum und ermahnte die Bevölkerung, ruhig die Anordnungen der georgischen Regierung abzuwarten.
Wir hatten das Zentrum von Tbilisi schon hinter uns gelassen, als wir plötzlich Schüsse hörten. Schüsse in unmittelbarer Nähe. Dato drückte auf die Bremsen, der Wagen drehte sich zur Seite, die anderen Autos bremsten ebenfalls. Einige Fahrer verließen ihre Wagen und zogen beim Aussteigen eine Maschinenpistole mit heraus. Sie hatten ruhige, gesammelte Gesichter und verteilten sich hinter Nischen und Mauervorsprüngen. Einige Minuten passierte nichts, dann kam ein Mann aus der Richtung gerannt, aus der die Schüsse gekommen waren. Die Kampfentschlossenen verließen ihre Deckung und gingen zu ihren Autos zurück. Leute, die in ihren

Wagen geblieben waren, stiegen aus, andere fuhren schon wieder
weiter. Dato hatte die Scheibe heruntergekurbelt und unterhielt sich
kurz mit den Umstehenden.
„Kleiner Zusammenstoß ohne Folgen", informierte er uns. Wir fuhren
weiter und wurden von Polizisten umgeleitet. Über eine breitere
Straße fuhren gepanzerte Fahrzeuge der georgischen Armee, über
ihnen ratterten in fünf Meter Höhe die Hubschrauber der
Verfügungstruppen.
Noch vor der Haustür wurden wir von Oleg abgefangen. Er redete
auf Dato ein, wechselte dann ins Russische, so dass Heidi mich
über die Entwicklung der Situation in Moskau unterrichten konnte.
Vor dem Weißen Haus hatten sich mittlerweile mehr als
fünfzigtausend Leute versammelt, die nicht gewillt waren, sich den
Putschisten zu beugen.
Omar erwartete uns im Haus. „Ihr braucht euch nicht zu
beunruhigen. Ich versichere euch, es besteht kein Grund dazu.
Kommt mit", sagte er zu uns, „Ich zeige euch jetzt meinen Keller."
Der Keller strotzte vor Waffen. Handgranaten, Maschinenpistolen,
Munitionskisten stapelten sich bis zur Decke.
„Du siehst, Waffen haben wir genug. Ihr seid wirklich sicher bei uns."
Mir wurden die Knie weich. Omars Versuch, mich zu beruhigen,
hatte die gegenteilige Wirkung ausgelöst. Ich wusste nicht, was in
Heidi vorging, in Omars Gegenwart konnte ich auch keinen Blick mit
ihr wechseln.
„Omar", sagte ich, „ich kann überhaupt nicht mit Waffen umgehen.
Ich fühle mich einer bewaffneten Auseinandersetzung nicht
gewachsen."
Omar nickte. „Du hast Recht. Es ist besser, ich lasse euch an einen
sicheren Ort bringen. Oleg! Dato!" Es folgte ein Wortschwall in
Georgisch.
Heidi und ich gingen in die erste Etage hoch und holten unser
Gepäck. Wir könnten uns Zeit nehmen, war uns gesagt worden, da
wir erst mit Einbruch der Dunkelheit losfahren würden. „Wärst du
lieber geblieben?", fragte ich Heidi.
„Spinnst du? Die Waffenkammer hat mir einen Schreck eingejagt.
Ich hoffe nur, dass der Ort, an den wir jetzt gebracht werden,
sicherer ist."
„Wir werden sehen."

Oleg und Dato standen in der Küche und warteten auf uns. Sie waren mit Stiefeln und dicken Parkerjacken bekleidet und hielten jeder eine Kalaschnikow in der Hand. Omars Frau drückte uns Lunchpakete in die Hand.

Omar umarmte mich. „Ich habe ein Haus in Kabuleti, am Schwarzen Meer. Dort seid ihr absolut sicher. Mein Sohn und mein Neffe werden euch begleiten. Ich weiß nicht, ob wir uns wiedersehen, aber ich hoffe es. Ich hoffe es!"

Wir fuhren los. Heidi und ich saßen auf der Rückbank, unsere beiden Beschützer saßen vorn, Dato am Steuer, Oleg neben ihm. Ich wusste zwar nicht, was sie gegen OMON-Einheiten und Verfügungstruppen ausrichten wollten, hätte es aber noch unangebrachter gefunden, ihr Engagement in Frage zu stellen. Sie waren offenbar bereit, ihr Leben für uns zu riskieren.

Wir fuhren durch die Oberstadt, näherten uns sogar dem Zentrum und bogen plötzlich ab in eine Straße, die geradewegs ins Gebirge führte. Es war eine schmale, schlecht ausgebaute Straße, die sicher nicht als Hauptverkehrsader angesehen wurde. Dato fuhr mit abgeblendetem Licht und die Straße ging bald in einen Steilpass über. Die beiden vor uns unterhielten sich leise. Erst jetzt wurde mir bewusst, dass ich die ganze Zeit schon Heidis Hand hielt.

Und allmählich begriff ich auch Datos Streckenwahl. Wir befanden uns hoch im Gebirge und hatten eine weite Sicht auf die vor uns liegende Gegend. Straßen, die durch tieferliegende Waldgebiete führten, wurden von ihm gemieden. Er drosselte das Tempo noch ein wenig und schaltete die Scheinwerfer ganz aus.

Heidi lehnte sich an meine Schulter und döste ein. Ich schloss ebenfalls die Augen, blieb aber mehr oder weniger wach. Nach ungefähr zwei Stunden hatte ich den Eindruck, dass der Gebirgszug an Höhe verlor. Links von der Fahrtstrecke erstreckte sich ein Tal, das dicht mit Nadelbäumen bewachsen war. Wir fuhren etwas abwärts, dann wieder ein Stück bergauf, ich erkannte sogar einen Pfad, der in den Wald hinein führte und konnte auch schon sehen, dass der vor uns liegende Hügel gleich wieder abwärts führen würde. Wir erreichten die Hügelspitze und unmittelbar hinter ihr erhob sich die Silhouette eines Panzerfahrzeugs. Soldaten sprangen vom Boden auf. Dato riss den Wagen herum. Hinter uns ertönten Rufe, „Stoi! Stoi!".

Schüsse peitschten über das Autodach, Dato raste auf den
Waldpfad zu. Heidi und ich waren blitzschnell von der Rückbank
geglitten, ich umklammerte sie, presste ihren Kopf gegen meine
Brust, ein metallenes Geräusch klickte gegen die Wagentür. Oleg
hatte die Scheibe heruntergekurbelt und den Lauf der
Maschinenpistole über die Fensterkante gelegt. Die Bäume
schossen auf uns zu, ich schloss die Augen.
Dann begann der Wagen wie ein Hase zu hüpfen. Ich blinzelte und
schloss die Augen sofort wieder. 'Tod durch Aufprall auf georgische
Tanne'. Zweige schlugen gegen die Windschutzscheibe. Heidi
stöhnte mehrmals auf und klammerte sich an mir fest.
„Alles in Ordnung?", fragte Oleg. Heidi reagierte nicht, und ich quälte
mir ein kurzes Lächeln ab. Wir fuhren über eine Landstraße in ein
Dorf hinein.
Dato hatte die Scheinwerfer, soweit ich das mitbekommen hatte,
schon mit dem Eintreffen im Wald eingeschaltet. Er hielt auf einem
größeren Platz und hupte. Wir stiegen aus. Überall schlugen Hunde
an. Dato rief laut einige Sätze in verschiedene Richtungen.
Oleg wandte sich uns zu. „Sie haben nicht gewagt, uns zu verfolgen.
Wäre ihnen auch schlecht bekommen." Er streichelte den Lauf
seiner Kalaschnikow. Der feine, zurückhaltende Oleg, den ich als
Musterbeispiel eines jungen Geschäftsmannes kennengelernt hatte.
Ein älterer Mann streckte uns den Lauf einer Bärentöter-Büchse
entgegen und trat auf Dato zu. Sie unterhielten sich kurz, und der
Ortsbewohner senkte den Lauf seines Gewehres.
„Der Landweg nach Kabuleti ist versperrt. Wir müssen nach Batumi."
Dato untersuchte noch kurz den Wagen. Er hatte Streifschüsse
abbekommen und in der Hintertür an meiner Seite steckte eine
Kugel.
Die Weiterfahrt verlief ohne Zwischenfälle. Im Morgengrauen sahen
wir von einer Straßenbiegung aus das Schwarze Meer. Vor uns
erstreckte sich Batumi, die größte georgische Hafenstadt.
Hubschrauber waren nur über dem Hafengebiet zu sehen. Dato fuhr
langsam in den sich am Berghang erstreckenden Stadtteil hinein.
Oleg hatte wieder das Fenster geöffnet und hielt seine Waffe über
den Knien. Ich hatte immerhin begriffen, dass Dato mit dem Wagen
schneller war als ein Panzerfahrzeug, das erst sein Geschützrohr
ausrichten musste.

Wir klingelten an einem Hotel, das Omar gehörte.

Der Portier bot Heidi und mir eine Gemeinschaftssuite an. Wir taumelten hinein, zogen die Schuhe aus, ließen uns auf das Bett fallen und schliefen sofort ein.

Um zwei Uhr mittags wurden wir von Oleg mit einem Kännchen Tee geweckt. „Was gibt es neues aus Moskau?" fragten wir verschlafen.

„Nichts. Die gleiche Situation wie gestern Abend. Ungefähr fünfzigtausend Moskauer haben die Nacht vor dem Weißen Haus ausgeharrt und ein Angriff ist nicht erfolgt. Ich würde sagen, dass das die Position von Jelzin entschieden gestärkt hat. Man munkelt auch von Uneinigkeit unter den Putschisten."

„Und in Georgien?"

„Haben sich die Positionen verfestigt. Hier in Batumi halten die Verfügungstruppen das Hafengebiet besetzt. Die ganzen oberen Stadtteile stehen unter der Kontrolle unserer Armee. Beide Seiten warten noch ab. Wenn die Putschisten siegen, beginnt hier der Krieg."

„Werden sie denn siegen?"

Oleg hob vielsagend die Schultern. „Gestern war noch jeder davon überzeugt. Aber jetzt ... heute Abend werden wir erfahren, ob die Küstenstraße nach Kabuleti frei ist."

„Oleg, jetzt habe ich noch eine andere Frage."

Heidi und er schauten mich erwartungsvoll an.

„Was wäre passiert, wenn wir gestern im Gebirge unbewaffnet gewesen wären und einfach die Kontrolle passiert hätten. Wir hätten unsere Papiere gezeigt und wären weitergefahren." Oleg lachte laut auf. „Kennst du die Gesetze der Sowjetunion? Die Reisegesetze zum Beispiel? Es hält sich niemand mehr daran, aber sie sind noch in Kraft. Dein offizielles Reiseziel ist Leningrad. In Georgien darfst du dich gar nicht aufhalten. Was machst du hier? Illegale Geschäfte? Mit Verwandten einer illegalen Regierung?" Oleg beugte sich zu mir.

„Das ist der Geist der Putschisten, dem jetzt wieder Nachdruck verliehen werden soll. Und noch etwas: Lange Zeit wurden Ausländer höflich in der Sowjetunion behandelt. Es sollte ein gutes Bild vermittelt werden. Für die OMON-Offiziere sind aber alle Ausländer Verbündete der Verräter Gorbatschow und Jelzin. Ich habe meinem Onkel schwören müssen, dass euch nichts zustößt. Und bevor hier der Krieg beginnt, bringen wir euch sicher in die

Türkei."
Ich schämte mich fürchterlich und suchte nach Entschuldigungen.
Oleg legte mir die Hand auf die Schulter: „Es wird alles wieder gut.
Ich spüre es."
„Sag' mal, Telefonverbindungen ins Ausland..."
„...Sind alle gesperrt."
„Und ein Telex-Gerät? Ich glaube, man macht sich in Berlin Sorgen
um uns."
„Da müsste ich mich erkundigen."
Es gab tatsächlich ein Hotel in Batumi, ein Hotel oberhalb der
Hafengegend, das ein Telex-Gerät besaß. Zusammen mit Dato
schlenderten wir durch die 'georgisch verwalteten' Straßen zum
Hotel. Das Schwarze Meer war von allen Ecken aus zu sehen. Die
Sonne ließ das Wasser silbern glitzern, das Meer erschien
verheißungsvoll nah. „Ach...", seufzte Heidi, „jetzt mit einem Boot da
draußen, das könnte mir gefallen..."
Zwei Stunden lang betätigten wir die Tastatur des Gerätes im Hotel,
dann ging unser Telex nach Berlin ab. „Uns geht es gut. Wir sind in
Sicherheit. Bitte benachrichtigt auch..." Es folgte die Aufzählung aller
Freunde und Verwandten.
Dato und Oleg entschieden, dass der Weg nach Kabuleti erst am
nächsten Morgen fortgesetzt werden sollte. Die Küstenstraße wurde
für sicher befunden, für die sogenannten Verfügungstruppen schien
sie strategisch wertlos zu sein. Trotzdem hatten die beiden noch
arrangiert, dass zwei Getreue aus Omars Clan ungefähr einen
Kilometer vor uns herfahren sollten, um uns gegebenenfalls zu
warnen.
Wir beugten uns alle vier über Datos Kofferradio. Der Sender aus
Tbilisi mit dem heißen Draht nach Moskau war in Batumi schlecht zu
empfangen, doch wir konnten ihm immerhin entnehmen, dass sich
Jelzins Position von Stunde zu Stunde stärkte. Wir waren umringt
vom gesamten Hotelpersonal, Gäste gab es hier, wie man mir sagte,
schon seit Wochen nicht mehr. Heidi stieß mich an: „Mir geht es
nicht besonders. Ich habe mir ein Einzelzimmer genommen."
„Was ist los? Hast du Schmerzen?"
„Nein. Ich bin nur völlig fertig. Ich hatte noch nie eine Reise unter
Maschinenpistolenbeschuss unternommen."
Sie ging in ihr Zimmer. Ich blieb bei den Georgiern sitzen, trank Wein

mit ihnen und lauschte dem Klang der fremden Sprache. Sie nickten mir aufmunternd zu, obwohl eigentlich sie diejenigen waren, die eine Aufmunterung gebrauchen konnten.

Morgens in aller Frühe fuhren wir dann nach Kabuleti. Schon kurz hinter Batumi musste Dato den Wagen zum ersten Mal stoppen. Das Hindernis war diesmal kein quer stehender Panzerwagen, sondern eine Kuh. Dato hupte, die Kuh erhob sich und trottete zum Strand. Dort saßen schon drei ihrer Artgenossen.

Irgendwann hörten wir auf, die Kühe zu zählen, die von der Straße gescheucht werden mussten. Im Vergleich zu denen, die sich an der sandigen Küste tummelten, waren es aber nur wenige.

„Was machen diese Viecher nur am Strand?" fragte ich.

„Gibt es dafür eine Erklärung?" Es gab kein Gras am Strand und ich sah, wie die Kühe mit den Schnauzen im feuchten Sand wühlten.

„Sie sind aus den Sowchosen abgehauen, den Staatsgütern. Die wurden aufgelöst und niemand kümmert sich mehr um sie."

„Und wer melkt sie jetzt?"

„Die müssen sich schon selbst melken." Dato und Oleg lachten schallend. Sie standen unter enormen Stress, das merkte man ihnen an. Die Ablenkung war uns allen willkommen. Wir scherzten über die georgischen Wunderkühe, die sich als einzige der Welt von Schalentieren ernähren konnten.

Am Nachmittag erreichten wir Omars Haus in Kabuleti. Es war kleiner als das in Tbilisi, aber kaum weniger luxuriös eingerichtet. Vor allem war es reich gefüllt mit Vorräten aller Art, dafür hatte der Verwalter gesorgt.

Selbstverständlich gab es auch einen Fernseher im Haus. Oleg schaltete ihn ein, es flimmerte einen Moment, Dato machte eine höhnisch klingende Bemerkung, in der das Wort Ballett herauszuhören war, und auf dem Bildschirm sahen wir plötzlich den Platz vor dem Weißen Haus.

Mir fiel die Reisetasche aus der Hand. Wir starrten alle vier auf den Fernseher, sahen die fünfzigtausentköpfige Menschenmenge, die nur bruchstückhaft von der Kamera einzufangen war, sahen die Massen von ausländischen Journalisten, die Barrikaden, die mit der blau-weiß-roten Flagge bepflanzt waren und die Soldaten, die aus den Panzern stiegen und sich unter die Demonstranten mischten. Was es bedeutete, dass das sowjetische Fernsehen diese Bilder sendete, brauchte mir niemand zu erklären. Das war die Einschätzung der sowjetischen Medienzentrale über den Ausgang des Putsches.

Wir ließen den Fernseher durchgehend laufen, packten zwischendurch unser Gepäck aus, Heidi und ich hatten wieder zwei nebeneinanderliegende Zimmer im ersten Stock, wir duschten uns reihum, aßen etwas und versammelten uns wieder vor dem Bildschirm. Dato öffnete die erste Weinflasche. Heidi fragte ihn, ob das nicht etwas zu voreilig sei. Er schüttelte den Kopf, Oleg zuckte mit den Achseln und nahm sich ebenfalls ein Glas. Heidi knabberte Kekse, ich löffelte einen Hühnersalat. Plötzlich war das Bild weg. Einen Augenblick später erklang klassische Musik und auf dem Bildschirm erschien die Balettgruppe.

Wir saßen wie versteinert. Keiner sagte ein Wort, niemand wagte sich zu rühren. Eine Stunde lang saßen wir unbeweglich vor dem Fernseher.

Dann erschien ein Sprecher, alle drei im Raum verfolgten seine Worte mit offenem Mund. Das Fernsehen schaltete zurück zum Platz vor das Weiße Haus, zeigte den missglückten Panzerdurchbruch und die Aufnahmen von den Truppen, die aus der Moskauer Innenstadt abzogen.

Oleg stieß einen Schrei aus, warf sein Weinglas gegen die Wand und sprang in die Luft. Dato schüttelte abwechselnd Heidi und mich, küsste uns, Oleg kam mit einer Sektflasche aus der Küche zurück, riss den Korken heraus, die Hälfte des Getränkes schwappte auf den Boden, Dato hatte schon eine neue in der Hand.

Wir gerieten in einen Rauschzustand, leerten alle fünf Minuten eine neue Flasche, rannten hinaus an den Strand, tanzten um eine Kuh herum, die sich verdrossen erhob und abmarschierte, sprangen mitsamt unserer Sachen in das Wasser und rannten wieder zurück in das Haus. Oleg und Dato sangen halb russisch, halb georgisch und tanzten mit uns. Es war ein Tanz, der fast nur aus Sprüngen bestand. Wir umarmten uns, zu zweit, zu dritt, zu viert. Dato und Oleg stürmten wieder hinaus an den Strand. Türen und Fenster standen offen, wir hörten das Meer rauschen und Dato und Oleg in der Ferne singen.

In den späten Mittagsstunden wachten wir auf. Durch die offenen Fenster drang das Schlagen von Autotüren, Begrüßungsrufe und

Omars Stimme, die mit jedem Wort ausgelassener klang.
In der Küche sah es aus, als hätten gestern Nacht fünfzig Leute
gefeiert. Der Fernseher lief bereits wieder, er blieb der Mittelpunkt,
um den sich alle Aktivitäten gruppierten. Von den Putschisten hörte
man, dass einige geflohen und andere schon verhaftet worden
waren.
Omar und ich umarmten uns jede Minute von neuem. Wir drückten
und umarmten uns alle miteinander pausenlos. Heidi und ich ließen
uns in einen Sessel fallen. Niemand erwartete mehr von uns, dass
wir die Rolle der würdig beherrschten Geschäftsleute spielten.
Wir bauten Stühle, zwei Tische und einen transportablen Fernseher
auf der Terrasse auf, die sich direkt über der Küste des Schwarzen
Meeres erhob. Dato öffnete alle verfügbaren Kaviardosen, Oleg
packte Stangen von frischem Brot auf den Tisch und stellte drei
Sektflaschen in den Kühlbehälter. Omar musste seinen ganzen
Wagen mit Vorräten bepackt haben.
Der zweite Teil der Feier konnte beginnen.
Der Feier über das Ende des Albtraums vom Krieg gegen die
Zentralmacht. Dieser Schrecken schien für immer gebannt. Mit
Georgien würde es jetzt aufwärts gehen, davon waren wir überzeugt.
Wir stießen auf die Moskauer Demonstranten an und versuchten uns
vorzustellen, welche Gefühle ihr Sieg über die Putschisten in
Russland ausgelöst haben mochte. Wir füllten die Gläser nach und
waren kurz darauf schon wieder kräftig angeheitert. Wir torkelten
zum Strand hinunter, sanken in den Sand, zwischen die Kühe, die
uns jetzt nicht mehr beachteten. Die erste Wodkaflasche des Tages
machte die Runde, Heidi trank aus einem Glas, einem Pokal mit
goldenem Rand, wir Männer tranken aus der Flasche. Die DABA fiel
mir ein.
Für einen Augenblick lang fühlte ich mich ernüchtert. Die DABA in
Berlin, die drauf und dran war, UNITEQ zu zerstören. Meine
UNITEQ, mein Kind, das ich zur Welt gebracht und hochgepäppelt
hatte. Weil ich aus dem alten Trott ausscheren und mich auf den
großen Umbruch einlassen wollte. Und mit welchem Ergebnis? Ich
hatte nur einen Schritt nach Ostberlin setzen wollen, war dabei ein
wenig in Schwung geraten und saß jetzt an der Küste von Georgien.
Ich wunderte mich, warum ich nicht auf der Stelle in exzessives
Gelächter ausbrach. Eine Filiale der deutschen Bundesbank

versuchte, meine Firma zu zerfleischen, während ich in einem für Ausländer fast unzugänglichem Land gerade einen Vertrag über ein 200-Millionen-Dollar-Geschäft unterzeichnet hatte. Ich war engagiert in einem Land, von dessen Existenz ich vor zwei Jahren noch nichts gewusst hatte.

Die Wodkaflasche wurde mir gereicht. Ich hatte die Schuhe ausgezogen und bohrte mit den Zehen im georgischen Sand. Vor einem Monat noch hätte ich beinah resigniert. Jetzt konnte ich mir diesen Zustand überhaupt nicht mehr vorstellen.

Omar war aufgesprungen und eilte ins Haus zurück. Das Telefon klingelte schon seit mehreren Minuten.

Unsere Gespräche wurden leiser, je lauter wir Omar im Haus brüllen hörten. Er stürmte auf die Terrasse heraus und stieß den Frühstückstisch um. Dann versetzte er dem Fernseher, der die Ansprachen von Jelzin übertrug, einen Tritt, und es war plötzlich still am Strand. Nur das Meer rauschte noch.

Omar setzte sich wieder zu uns.

„Es war ein Anruf aus Leningrad. Die Kanadier ziehen sich von dem Projekt zurück. Die politische Situation in der Sowjetunion ist ihnen zu unsicher."

Er umklammerte meinen Arm. „Zu unsicher! Was meinen die damit? Der Putsch ist doch verhindert worden!"

„Die meinen damit, dass ein Land, in dem die Bürger sich gegen Putschisten erheben, ein Land mit unsicherem Investitionsklima ist. In einem Land mit sicherem Investitionsklima bleiben die Leute zu Hause und nehmen hin, was passiert."

Omar richtete sich auf und spuckte schwungvoll in die Wellen. Er tat es, wie es schien, mit der Hoffnung, dass dieser Gruß bald die nordamerikanische Küste erreichen würde.

„Was machen wir jetzt?", fragte er, „wir brauchen doch das Geld."

„Wir suchen uns eine andere Finanzierungsquelle."

„Was?" So verblüfft hatte ich ihn noch nie gesehen.

„Wir finden einfach was anderes!" Omar hatte plötzlich eine zweite Wodkaflasche in der Hand. Er lachte, sprang auf, wir umarmten uns und stießen mit den Flaschen an.

„Wir finden einfach was anderes!" Heidi setzte ihr Glas im Sand ab.

„Ihr seid ja verrückt!" Und leise fügte sie hinzu:

„Du bist ja völlig verrückt."

Epilog

Im Herbst schied Winfried Woite aus der Geschäftsführung von UNITEQ im Interesse des Unternehmens aus. Er war auch nach der Rückkehr aus Georgien von einer Inhaftierung bedroht, deren Folgen für die Firma und die Mitarbeiter katastrophal gewesen wäre.

Im Herbst 1992 musste die Geschäftsführung der UNITEQ das Handtuch werfen. Der Deutschen Außenhandelsbank war es gelungen, UNITEQ über Prozesskosten in Millionenhöhe zu zerstören. Alle Mitarbeiter mussten entlassen werden.

Im Herbst 1993 stellte die Staatsanwaltschaft beim Landgericht Berlin das Ermittlungsverfahren gegen Winfried Woite ein.

Die internationale Schiedsstelle der RGW-Länder, angerufen vom Institut für Steuerprobleme in Moskau, hat die UNITEQ zur restlosen Erfüllung ihrer Lieferverpflichtungen verurteilt, eine Einschränkung der Warenlieferung bezüglich der Herkunft gegen transferable Rubel sei offenkundig eine Erfindung der DABA, so etwas habe es zu keinem Zeitpunkt gegeben.

Im Herbst 1994 hat die Deutsche Außenhandelsbank den Zivilprozess um das auf dem Notarander-Konto hinterlegte Geld in erster Instanz gewonnen. Der Richter am Landgericht Berlin war in seiner Urteilsbegründung der Ansicht, dass die Verträge über die Lieferung von nicht in der DDR hergestellten Waren gegen Transfer-Rubel nichtig seien. Zwar hätte es eine solche Vorschrift nicht gegeben, es hätte einer solchen auch nicht bedurft. Außerdem sei die Gründung der UNITEQ geradezu darauf ausgelegt gewesen, das Trasferrubelsystem für den Handel mit Westwaren zu nutzen. Die DABA würde ja arglistig handeln, wenn sie einen Schaden einklagte, der ihr nicht entstanden sie. Gegen dieses Urteil wurde Berufung eingelegt.

Im November 1994 wurde der Präsident der Deutschen Außenhandelsbank wegen Verdachts auf Prozessbetruges verhaftet.

UNITEQ-TOURISTIK entwickelte sich unter der Leitung von Viktor Fürstenberg zu einem gutgehenden Reiseveranstalter mit einer starken Position im Osteuropa-Tourismus. Allein in Bulgarien hatte UNITEQ-TOURISTIK 1993 23.000 Gäste. Viktor Fürstenberg musste im Frühjahr 1994 aus gesundheitlichen Gründen die Geschäftsführung niederlegen.

Valentin leitet erfolgreich die SERVO AG in Moskau.

Heidi Bernert widmet sich jetzt ihrer Familie. Lothar Wendland arbeitet in der Technischen Abteilung der Humboldt-Universität. Dr. Braun, Herr Bayer, Herr Hendler und Herr Achtel sind selbständig in der Hard- und Softwarebranche tätig. Viele ehemalige UITEQ-Mitarbeiter sind bis heute arbeitslos.

Herr Vinnitski war überaus großem Druck seitens seiner Kunden ausgesetzt, da deren geleistete Zahlungen bzw. Anzahlungen keine Warenlieferungen folgten. Er hat bis jetzt überlebt.

Sascha Matwejew betreibt in seiner Heimat eine Handelsfirma.

Dir Firma Martronik musste den Geschäftsbetrieb wegen Schadensersatzansprüche ihrer Zulieferer einstellen. VIDEOTON, der größte ungarische Elektrobetrieb und Zulieferer von Martronik, geriet ebenfalls ins Trudeln und musste schließen. Über 30.000 Arbeitsplätze gingen verloren.

Oleg Salamatin, Dato und Omar Tamsuradse haben den Krieg in Georgien überlebt.

Nachspiel

In den sechziger Jahren war für den Zahlungsverkehr des RGWs eine Verrechnungswährung, der sogenannte transferable Rubel, eingeführt worden. Exporte und Importe mussten lizensiert werden, und konnten nur dann vorgenommen werden, wenn zu keinem Export- oder Importüberschuss kam.

Im Oktober des Jahres 1990, kurz nach der Vereinigung der beiden deutschen Staaten, geriet der „Devisenbetrug mit Transferrubeln" in den Blickpunkt zahlreicher, selbst von seriösen Tageszeitungen zum Teil reißerisch aufgemachter Presseberichte.

Mit der Einführung der D-Mark in der damaligen DDR zum 1. Juli 1990 wurde es indes möglich, den Außenhandel - wie in anderen marktwirtschaftlich verfassten Staaten üblich - auf der Basis von konvertierbaren Devisen durchzuführen. Eine sofortige Umstellung des Außenhandels der DDR mit ihren östlichen Partnern auf konvertierbare Devisen war jedoch nicht möglich, da die Sowjetunion ihre Zustimmung zur deutschen Vereinigung von der Einhaltung sämtlicher mit RGW-Ländern auf Transferrubel-Basis abgeschlossenen Verträge abhängig machte.

Mit dem deutschen Einigungsvertrag, wurde den Firmen der Noch-DDR, im Gegensatz zur Verpflichtung zur Einhaltung der abgeschlossenen Verträge mit den RGW-Ländern nahegelegt, Waren aus dem Bundesgebiet zu beziehen, was zu Differenzen in der Außenhandelsbilanz der Noch-DDR führte. Die Exporte wurden durchgeführt, die Importe nicht und so entstanden enorme Ansprüche in Transferrubel, die in DM umgetauscht werden sollten. Die Staatsanwaltschaft beim Landgericht Berlin eröffnete weit über 100 Ermittlungsverfahren, einige Personen wurden zum Teil längere Zeit in Untersuchungshaft genommen, Privat- und Geschäftsräume durchsucht, Konten beschlagnahmt und Anklagen erhoben. Der Vorwurf, den man den Geschäftsleuten machte, war, dass sie verbotenerweise Waren exportiert hätten, die nicht in der DDR hergestellt waren (sogenannte Reexporte). In einigen Fällen wurden auch Scheingeschäfte angenommen, bei denen überhaupt keine Waren geliefert werden sollten. Teilweise wurde eine unberechtigte

Teilnahme von Unternehmen außerhalb der DDR durch
Einschaltung von „DDR-Strohfirmen" unterstellt.
Wenn auch die Bekämpfung jeder Form der Vereinigungskriminalität
zu begrüßen ist, so blieben doch die Urteilsbegründungen bis heute,
auch unter Juristen, höchst umstritten. Von den Experten des
Außenhandels und des Rechts der DDR werden sie nahezu einhellig
mit Kommentaren belegt, die von „elementare Fehler" bis zu
„vereinigungsbedingtes Wirtschaftsunrecht" reichen. Maßgeblichen
Anteil daran hatten von der Bundesregierung erstellte unzutreffende
„Gutachtliche Stellungnahmen", von deren Aussagen sich die
Bundesregierung mittlerweile zwar größtenteils vor dem Parlament,
nicht jedoch vor den Gerichten distanzierte.

Diese unglaubliche, dennoch wahre Geschichte während deutsch-
deutscher Umbruchszeiten ist, wegen der noch bisher fehlenden
Aufarbeitung für mehrere Berufsgruppen (Wirtschaftshistoriker oder
Juristen) interessant. Wir haben daher ergänzende Hinweise auf
folgender Webseite zur Verfügung gestellt:
http://wwoite.wordpress.com (Defamierung Transferrubel)
der Prozessverlauf bis zum Europäischen Gerichtshof beschrieben,
mit den Argumenten beider Seiten.

Abkürzungsverzeichnis

AG   Aktiengesellschaft

AHB   Außenhandelsbetriebe mit Lizenz in der DDR
Außenhandel zu betreiben

ARD   Arbeitsgemeinschaft der öffentlich-rechtlichen
Rundfunkanstalten der Bundesrepublik Deutschland -
Erstes Deutsches Fernsehen

CeBIT   Centrum für Büroautomation, Informationstechnologie
und Telekommunikation - Messe Hannover

CSSR   Tschechoslowakische Sozialistische Republik

DABA   Deutsche Außenhandelsbank

DDR   Deutsche Demokratische Republik

D-Mark   Währung der Bundesrepublik Deutschland

EAB   Elektro-Anlagen-Bau Berlin

ECB   Elektro Consult Berlin (ein Außenhandelsbetrieb der
DDR)

EDV   Elektronische Datenverarbeitung

EG   Europäische Gemeinschaft

FU   Freie Universität Berlin

GmbH   Gesellschaft mit beschränkter Haftung

GUM   Kaufhaus in Moskau

IHK   Industrie- und Handelskammer

KGB	Sowjetischer In- und Auslandsgeheimdienst
Kripo	Kriminalpolizei
LPG	Landwirtschaftliche Produktionsgenossenschaft
ND	Neues Deutschland - Tageszeitung der DDR
OMON	Spezialeinheit der russischen Polizei
RGW	Rat für gegenseitige Wirtschaftshilfe
Robotron	Kombinat im Bereich des Ministeriums für Elektrotechnik und Elektronik der DDR
SED	Sozialistische Einheitspartei Deutschlands
SU	Sowjetunion
TIR	Bulgarisches Touristik Unternehmen
TKB	Technisch kommerzielles Büro
TU	Technische Universität Berlin
VEB	Volkseigener Betrieb
XTR	Transferrubel war eine Rechnungswährung zur Verrechnung von Verbindlichkeiten, zur internationalen Warenwertbestimmung und als Einheit in bilateralen Handelsverträgen zwischen den staatlichen Planungsbehörden und Regierungen, die dem Rat für gegenseitige Wirtschaftshilfe(RGW) angehörten. Das System war so aufgebaut, dass Defizite und Überschüsse unmöglich entstehen konnten.
ZDF	Zweites Deutsches Fernsehen

Herstellung und Verlag:
BoD-Books on Demand, Norderstedt
ISBN: 978-3-7460-8064-2